中国社会研究叢書　**1**
21世紀「大国」の実態と展望

中国系新移民の
新たな移動と経験

世代差が照射する中国と
移民ネットワークの関わり

奈倉京子 [編著]

明石書店

刊行のことば

　21世紀「大国」の中国。その各社会領域——政治，経済，社会，法，芸術，科学，宗教，教育，マスコミなど——では，領域相互の刺激と依存の高まりとともに，領域ごとの展開が加速度的に深まっている。当然，各社会領域の展開は一国に止まらず，世界の一層の複雑化と構造的に連動している。言うまでもなく私たちは，中国の動向とも密接に連動するこの世界のなかで，日々選択を迫られている。それゆえ，中国を研究の対象に取り上げ，中国を回顧したり予期したり，あるいは，中国との相違や共通点を理解したりすることは，私たちの生きている世界がどのように動いており，そのなかで私たちがどのような選択をおこなっているのかを自省することにほかならない。

　本叢書では，社会学，政治学，人類学，歴史学，宗教学などのディシプリンが参加して，領域横断的に開かれた問題群——持続可能な社会とは何であり，どのようにして可能なのか，あるいはそもそも，何が問題なのか——に対峙することで，〈学〉としての生産を志す。そこでは，問題と解決策とのあいだの厳密な因果関係を見出すことよりも，むしろ，中国社会と他の社会との比較に基づき，何が問題なのかを見据えつつ，問題と解決策との間の多様な関係の観察を通じて，選択における多様な解を拓くことが目指される。

　確かに，人文科学，社会科学，自然科学などの学問を通じて，私たちの認識や理解があらゆることへ行き届くことは，これまでにもなかったし，これからもありえない。ましてや現在において，学問が世界を考えることの中心や頂点にあるわけでもない。あるいは，学問も一種の選択にかかわっており，それが新たなリスクをもたらすことも，もはや周知の事実である。こうした学問の抱える困難に謙虚に向き合いつつも，そうであるからこそ，本叢書では，21世紀の〈方法としての中国〉——選択における多様な解を示す方法　　を幾ばくかでも示してみたい。

2018年2月

日中社会学会会長　首藤　明和

中国系新移民の新たな移動と経験

世代差が照射する中国と
移民ネットワークの関わり

*

目　次

刊行のことば（首藤明和）／3

序　章 ── 中国系新移民の新たな移動と経験（奈倉京子）／9
　　1. はじめに◆9　2.「中国系新移民」◆11　3.「華人ディアスポラ」の批判的
　　検討◆17　4. 中国のナショナリズムと中国系新移民◆23　5. 本書の構成◆27

第一部　中国から／への新たな移動，そこから逆照射される
　　　　　新たな中国像／35

第1章　「中国新移民」の現状（朱　東芹）／36
　　1.「新移民」とは？◆37　2. 新移民の基本状況とその特徴◆43　3. 近年に
　　おける新移民の変化の特徴，直面している問題および思考◆58

第2章　フィリピンへ向かう中国新移民─歴史，現状と展望─
　　　　（朱　東芹）／75
　　1. はじめに◆75　2. フィリピン新移民形成の歴史と背景◆76　3. フィリピ
　　ン新移民の時代区分とその特徴◆85　4. フィリピン新移民の現状◆97
　　5. フィリピン新移民が直面する問題および展望◆109

第3章　現代中国の移民政策─移民受け入れ国への転換─
　　　　（呂　雲芳）／121
　　1. 来華外国人の歴史◆122　2. 現在の移民の類型◆126　3. 新中国成立以
　　降の移民政策◆135　4. 結　び◆142
　　コラム　日本と中国を単身で移動する中国人女性─新たな越境家族のあり
　　　　方─（大石かさね）／149

第二部　中国系新移民の経験と葛藤／157

目　次

第4章　中国－スペイン間を移動する華人子孫（イレネ・マスデウ・
トルエジャ）／158

　1.はじめに◆158　2.スペインへ向かう華人の変容◆159　3.世代を超え
て：移民子孫の移動経路の多様性◆162　4.「トランスナショナルな家庭教
育」と青田人の移民ハビトゥスの変容◆168　5.中国への移住と帰国：異
世代移民カップルの中国への移住◆175　6.結　論◆184

第5章　在オランダ華人二世の宗教信仰―仏教徒を例に―
（呂　雲芳）／189

　1.はじめに◆189　2.先行研究の論点と問題意識の所在◆192　3.調査の
概要◆200　4.考　察◆203　5.おわりに◆211

第6章　在マレーシア華人の海外移住（何　啓才）／215

　1.はじめに◆215　2.マレーシアから海外への移住◆217　3.在マレー
シア華人の海外移住の原因◆227　4.おわりに◆237

第7章　家のない女たち――ロウ・イエ『パリ、ただよう花』
とグオ・シャオルー『中国娘』に見られる中国人女性の移動
（及川　茜）／241

　1.はじめに◆241　2.家族・同胞との断絶◆242　3.接線としての性関係・婚
姻関係◆247　4.銀行口座と通じない言葉◆253　5.歩き続ける女◆256
　6.おわりに◆265

第三部　中国政府の移民ネットワークの援用と創出／269

第8章　中国の文化外交における中国系移民の媒介的作用
（牟倉京了）／270

　1.はじめに◆270　2.公共外交と華人社会◆276　3.中国留学・訪問の増
加◆282　4.中国系移民組織の媒介的作用◆292　5.おわりに◆297

7

第9章　在アメリカ華人と中国の「文化的ソフト・パワー」
　（李其栄・沈鳳捷）／303
　1.はじめに◆303　2.在アメリカ華人が中華文化を伝達するルートとその
　方法◆306　3.在アメリカ華人による中国の「文化的ソフト・パワー」向
　上の主要な方法◆322　4.おわりに：中国の「文化的ソフト・パワー」を
　向上させるために◆329

おわりに／341
索　引／347

序　章　中国系新移民の新たな移動と経験

奈倉　京子

1．はじめに

　本書は，「中国系新移民」の新たな移動と経験に着目し，各執筆者が実証的な調査研究に基づき，彼／彼女らの生の経路，日常生活の中で創造・実践されている文化，そして中国との関わりについて論じたものである。考察を通して得られた知見から，「華人ディアスポラ」を批判的に検討し，中国系新移民のヴァナキュラーな文化（下記参照）と「中国文化」がどのような相互作用を展開しているかについて探求することを目的とする。

　改革・開放以降，海外華人の中国に対する投資が経済発展の道を開く一つの先駆けとなった。しかし，彼／彼女らの世代交代が進むにつれて，中国語ができず，現地の国民としてのアイデンティティを強くもつこと等を特徴とする現地化した若い世代が増加した。中国に対するノスタルジックな思いやルーツへの愛着といった感情的要素だけではこのような世代を「祖国」中国へ引き付けることは難しくなった。他方で，中国国内に目を向けると，中国は目覚しい経済発展を遂げる一方で，地域格差，貧富の差，環境問題，民族問題等が深刻となり，中国政府は対応に迫られている。

こうした中国内外の社会背景の下に2012年から発足した中国の習近平政権は，「中華民族の偉大な復興」というスローガンを掲げた。中華民族は，漢民族と55の少数民族を合わせた呼称であるが，個人の実質的な身分証明となっているというよりは，人民を統一するための政治的な概念「装置」として考えられてきた。習近平政権では，中華民族に中国大陸の外に定住する「海外の同胞」，すなわち，台湾，香港，マカオの人々および世界各地に居住する華人の人々も含めて語られる傾向にある。つまり，民族を主軸に内外の「中国人」（中華民族）を束ね，国内ではともに「中国の夢」を実現させようと人民の一致団結を謳い，国外では，海外在住の中国系移民のネットワークを援用・構築することを通して現代中国のグローバル化を推し進めようとしている。

　本書のねらいは，国民国家を超えて展開されるこうした「中華圏」における相互作用を，中国を「中心」，海外在住の中国系移民を「周辺」として捉えるのではなく，海外在住の中国系移民を「中心」とする立場から考察することである[1]。とりわけ，現地化の進んだ若年世代に注目し，彼／彼女らが中国とどのように出会い，目の前にどのような中国像が浮かび上がってくるのか，その諸相を考察することに力点を置いている。

　本章では，本書を貫く問題意識と考察の視座について言及する。まず，対象とする人々を本書では「中国系新移民」と総称することについて述べる。次に，「中国系新移民」のそれぞれの特徴を紹介するために，①華人ディアスポラの批判的検討とヴァナキュラーな文化の自覚，②中国政府の移民ネットワークの援用と創出，③移民

1　ここでいう周辺とは，韓国人研究者の白永瑞が提唱するように，地理的な意味での周辺ではなく，価値観としての周辺を意味する（呉小保・黄麒達編（2015）「専訪・対話　専訪白永瑞：従周辺看中国」『当代評論』1：69-75）。「周辺（華人）―中心（中国）」の関係性を問い直すことが「華僑・華人」の概念を問い直すことにつながると考える。

受け入れ国としての中国，の三つの視座を設けて論じることにする。

2．「中国系新移民」

（1）定　義

　まず，「中国系新移民」の定義に入る前に，本書で用いる「移民」の意味について言及しておく。中国語において「移民」は必ずしも「外国」に限らない。「移民」という言葉が最初に現れたのは，今から約2000年余り前の戦国時代後期に書かれたとされる『周礼』においてである。当時は名詞ではなく，動詞として，もし自国に食糧危機が発生した場合には特別救済措置として被災民を，より良好な環境のところに移住させるという意味で使われていた[2]。現在も中国では，「生態移民」「三峡移民」というように，国内を移動する人々を「移民」という語で表現する。また，外国へ移動した場合について，その時間的基準は曖昧で，1年間の留学から海外で永住権を取得した人まですべて「移民」と呼ぶ。本書では中国で用いられる「移民」の意味に従っている。

　次に，中国から海外へ出ていった人々の呼称として，これまで学術界では，「華僑」「華人」「華裔」といった語が使われてきた。ここで簡単に用語の説明をしておこう。「華僑」は，中国国籍を維持したまま海外に移住した中国人を指し，「華人」は移住先国の国籍を取得した中国人を指す。「華裔」も「華人」の一部であるが，移住先で生まれ育ち，移住先国の文化的影響を強く受けて現地化が進んだ若い世代を指す。アメリカやカナダといった多民族国家におい

2　シンジルト（2005）「中国西部辺境と『生態移民』」小長谷有紀・シンジルト・中尾
　　正義［編］『中国の環境政策　生態移民：緑の大地，内モンゴルの砂漠化を防げるか？』
　　昭和堂，p.4.

11

ては，中国語で「韓国裔」（コリアン系），「日裔」（日系），「亜州裔」（アジア系）と並んで「華裔」（チャイニーズ系）と使われることから，必ずしも「華僑」「華人」の概念と相対的にのみ使われるとは限らず，他の民族集団と相対的に使われることもある。さらに，荘国土等に拠ると，1980年代以降，東南アジア諸国を中心に，「華族」という呼び方も使われるようになったという。これは，「華人意識を維持する中国系移民およびその子孫で，現地のエスニックグループの一つと捉えられ，現地の民族構成の一部を成す」と定義されている[3]。

　本書では，考察の対象とする人々を「中国系新移民」と総称し，①改革・開放以降に中国（大陸）から海外へ移民した中国人[4]。②海外在住の中国系の人々で，別の国へ再移住した人々。③海外在住の中国系の新世代。④③の中で親戚訪問，留学やビジネスのために中国へやってきた人々，を指すものとする。①について，中国の学術界では，「中国新移民」と呼ばれている。「中国新移民」の現状については，朱東芹が第1章で全体の状況を詳細に紹介し，つづく第2章で移民を最も多く送り出している福建省とその移住先のフィリピンにおける実地調査をもとに論じているので，そちらを参照された

3　荘国土編著（2003）『二戦以后東南亜華族社会地位的変化』厦門大学出版社。第二次世界大戦後，東南アジア諸国の独立や国籍法の改定等により，東南アジア各国と中国の政治的関係に変化が起こった。この動きを背景に，「華僑」から「華人」へ変化すると，1980年代以降，中国人研究者が東南アジアの華人のアイデンティティとエスニックグループの関係に注目し始め，華人をエスニックグループの一つと捉える「華族」の概念を導入した。代表的な研究に，曽少聡（2004），梁英明（2001），劉宏［編著］（2003）等がある。彼らは東南アジア華人のアイデンティティの変化を，移民社会から定住社会への転換のプロセスと関連付けながら論じている。

4　一般的には改革・開放以降に中国から出て行った人々を指すが，朱東芹論文（第1章）が言及するように，広東，福建といった伝統的僑郷では，1971年から特別な条件により海外へ行くことが許可された者も，「新移民」と呼ばれた。また，日本では，日中国交正常化される1972年以降に中国から日本へやってきた人々を「新移民」と捉える傾向にある。

い。②の「海外在住の中国系の人々」とは，当事者の祖先が中国から移住し，当事者はその移住先で生まれ育ったため中国での生活経験をもたない者を指す。「再移住」は一度とは限らず，本書の第4章（トルエジャ論文）の事例のように，複数回の移動を経験した者も含む。③の「中国系の新世代」は，現地化が進み主流社会の一員としての意識が強くなった人々を指す。

　ただし，執筆者によって考察対象を表す用語にゆれがあることを断わっておきたい。

（2）国際移民を対象とする他の学術領域との交流

　本書に収められた論考に共通する特徴の一つは，中国系移民，とりわけ若年層が，中国的な文化習慣を必ずしも積極的に受け入れているとは限らない状況や葛藤を論じていることである。こうした考察も含め，上述した四つのグループを含む新たな移民を「中国系新移民」とし，「中国人（華人）性」を多かれ少なかれ有することを前提とした「華」を含む用語で形容することを避けたのは，次の理由からである。

　従来の華僑華人研究では，海外在住の華僑華人が，どの程度中国との関わりを維持しているかということが中心的関心の一つであった。華僑華人は，父方祖先の出身地（方言地域）からの伝統的な移民送出システムによって生まれ，祖先の出身地の家族（拡大家族）とのつながりを維持しながら生活しており，彼／彼女らの生世界は，故郷との家族関係の延長のもとにあるというのである[5]。しか

5　李亦園（1970），スキナー（1981），傅利曼（1985），Pan（1991），Li（1999），朱（2005）等がある。様々なディアスポラを定義し，それらの特徴を比較研究したコーエンは，中国系移民を「交易ディアスポラ」と称し，政府の後ろ盾がなかったために家族や宗族，同郷者間の忠誠心を頼りにし，連帯感を高め，祖国との手段的関係が必要であったと述べている（コーエン（2001）『グローバル・ディアスポラ』明石書店，pp.144-145）。

13

し，このような「華僑華人」は，世代を経るにつれて変化が生じている。中国を知らない世代は，必ずしも移住祖先の出身地（方言地域）に故郷認識があるとは限らず，北京，上海，広州といった経済発展都市に代表される「発展した中国」に故郷としての誇りを感じている。また，中国政府による対外中国語教育の普及や，華人社団等の民間組織による中国語教育の復興により，新世代の華人の間で中国語学習熱が起こっている。このような社会状況を背景に，これまでほとんど見られなかった香港，台湾，マレーシアから中国へ留学する中国系移民の若者も増加している。また，何らかの理由により，移住先国から別の国へ再移住した華僑華人やその子孫もいる。さらに，歴史的にみると，移民送出地は，広東，福建，上海，浙江といった中国の南方を中心としていたが，改革・開放以降は，東北地方や内陸部から海外へ移住する人々も増加した。これまで華僑華人史の文脈では語られてこなかった中国残留日本人帰国者の元居住地である黒竜江省ハルビン市方正県が「僑郷」として取り上げられるようにもなった[6]。もはやこれまでの地域とのつながりや組織に支えられた移民システムを分析枠組みとする歴史的な「華僑華人」研究の延長線上ではこうした新たな動向を理解するには不十分である[7]。

　そこで，伝統的な華僑華人研究の視座からでは解明することので

6　山下清海（2016）『新・中華街：世界各地で〈華人社会〉は変貌する』講談社，pp.158-168。

7　濱下武志も，近年の多様な移民現象に対して「華僑華人」という語を用いることに慎重な考えを示し次のように述べている。「近年中国の内と外とを問わずきわめて大量かつ多方向・多層にわたって現れる移民・移動現象は，「中国」の歴史的な変化を如実に示すものとして注目に値する。ただ本章でいう Chinese は，その中で中国本土を離れ海外に居住する，あるいは海外に移住する中国人全般を指す。その多様性・多義性を考慮するならば，従来の華僑・華人に加えて広く Chinese という用語を使う必要があると考えたからである」（濱下（2009）「Chinese の国際移動と国際秩序——歴史，現在，未来」『アジア研究』55（2): 56-69)。

きない新たな移動現象を考察するための第一歩として，彼／彼女ら
を華僑華人と括ることをやめ「中国系新移民」とすることから出発
してみたい。これは，華僑華人研究の視座から，他の移民の動向も
広く扱う国際移民研究の視座へ移行させ，「中国（華人）性」を基準
に集団の特徴を抽出するだけでなく，国際移民に共通する問題群を
参照しながら検討する必要があると考えるためでもある。こうした
視座から中国系移民を考察するイメージを与えてくれる好例に国際
社会学者である石井由香の以下の研究があるので紹介しておきたい。

石井は，オーストラリアで専門職をもつ移民が，文化を通じてど
のようにホスト社会と関わりをもとうとし，またホスト社会側は彼
／彼女らをどのように受け入れているか，その相互作用について，
カンボジア出身の華人系移民二世の女流作家[8]やマレーシア生まれ
の新華人系移民によって創設されたアソシエーション[9]の事例から
分析した。

カンボジア出身の華人系移民二世の女流作家のアリス・プンは，
カンボジア難民であった華人系の祖母，両親とともにオーストラリ
アで育ち，弁護士，作家として活躍する。彼女は自分の現実の生活
を「多文化的な日常のダイナミクス」として英語で自叙伝を綴っ
た。プンの作品は，オーストラリア国内で「アジア系オーストラリ
ア人」としてオーストラリアでの生活，経験を語る彼女のバイカル
チュラル，マルチカルチュラルな視点が評価されており，オースト
ラリアにおける「アジア系」としての経験と多様性を伝え，オース
トラリアのナショナル・アイデンティティを形成する不可欠な一員

8　石井由香（2016）「オーストラリア・アジア系専門職移民の文化・社会参加戦略
　　―ある作家の自叙伝と文化・社会活動に注目して」『国立民族学博物館研究報告』
　　40(3)：375-410。ここでは石井が使用する「華人系移民」，「新華人系移民」の語を
　　そのまま用いることにする。以下，引用部分も同様。

9　石井由香・塩原良和・関根政美（2009）『アジア系専門職移民の現在――変容する
　　マルチカルチュラル・オーストラリア』慶應義塾大学出版会，pp.71-97。

としてのアジア系の多様な姿を公の議論にのせようとすると評価されている[10]。加えて，マレーシア生まれの新華人系移民によって創設されたアソシエーションの活動を考察し，彼／彼女らの文化的活動は，華人系以外のオーストラリア人にも開かれており，華人としての起源よりも「第一にオーストラリア人（市民）であること」を優先していると述べている[11]。

　石井はこれらの考察の中で，「アジア系オーストラリア人」としてのアイデンティティを確立されていくプロセスに着眼しており，「中国系・華人であること」を前面に出しておらず，ハイブリッドな要素の一つとして捉えているにすぎない。さらに石井は，これまでの多文化主義の議論と突合せながら次のような見解を示している。「これまでの多文化主義には，結局のところマジョリティとマイノリティ，白人と非白人，アングロ・ケルティック系の文化とそれ以外の文化，といった二項対立の枠にとらわれる部分があったのではないか。グローバリゼーションが進み，文化の混淆が至るところで起こり，欧米の文化を内面化したアジア系の人々が多数生まれている現在，アジア系オーストラリア人作家の作品および文化・社会活動は，この二項対立の枠を越えた文化的多様性，ハイブリディティを前提とする多文化主義への一つの手掛かりを与えてくれるものであろう」[12]。「この二項対立の枠を越えた文化的多様性，ハイブリディティを前提とする……」という部分が，本書「中国系新移民」を理解するのに啓発を与えてくれる。すなわち，華人か非華人か，華人だとすれば中国文化にどの程度アイデンティティをもっているか，といった二項対立的視点を越えて検討しなければ，上述したような新たな移動現象を検証するのが難しいであろう。

10　石井，前掲論文，pp.375-410。

11　石井ほか，前掲書，pp.80-84。

12　石井，前掲論文，p.402。

以上の考えに基づき，本書は，中国から／への移民，並びに移住先から別の地への再移民の移動現象を「中国系新移民」と定位したその先に，従来の華僑華人研究を，国際移民を対象とする他の研究領域の方法や視点を参照しながら再検討することを射程に入れている。

3. 「華人ディアスポラ」の批判的検討

(1)「華語語系」という考え方

「中国系新移民」と定位したのは，上述の通り，海外に分散して居住している「華人」が中国に文化的・民族的アイデンティティをもつことを前提とし，その距離で集団や個人の特徴を考察するという，ディアスポラ論的見解を批判的に捉えるためである。こうした疑問は，1990年代以降提唱された「華語語系文学」(Sinophone Literature) をめぐる議論のなかにも呈されており，本書の問題意識を掘り下げてくれる。この主要な提唱者の一人の史書美 (Shih Shu-Mei。韓国で生まれる。台湾の大学を卒業。アメリカで修士博士課程を修了。UCLAで教鞭を執る) は，彼女の著書 *Visuality and Identity: Sinophone Articulations Across the Pacific* (2007) (中国語版『視覚与認同——跨太平洋華語語系表述・呈現』(2013)。ここでは中国語版を参照) の序論第三節 "Sinophone Articulations" (pp.23-39. 中国語版「華語語系表述」pp.46-69) と中国語論文「反ディアスポラ：華語語系の文化生産としての場」(2011) の中で，チャイニーズディアスポラと中国文化本質論を批判し，「華語語系」という概念を提唱することで「在地化」論を展開している。

　まず，著書の中で史書美は，チャイニーズディアスポラを華人から語り始めるのではなく，エスニックマイノリティ（少数民族）を

等閑視していることの問題から出発している。「中華民族」が漢族中心主義的概念であることが問題であり，そこに少数民族の多元性や差異性は排除されていることが問題で，この考え方の延長線上に海外華人も位置づけられていると考える[13]。つまり，華人も「中華民族」として一括りにされており，少数民族と同様に，多元性や差異性は考慮されず，漢族の特徴がどの程度見られるかで判断されているのである。「いわゆる中国性とは，民族を主とする分類である。チャイニーズディアスポラは，一方で中国の民族主義的な『海外華僑』を連想させ，僑民は『落葉帰根』で中国という故郷へ戻ると想定される。その一方で，永久に異国人であることを物語っている」[14]。彼女が「中国性」（Chineseness）と表現する意味には，漢族の特徴（漢化の程度）をもつ他に，中国の政治的な民族主義が含まれている。

　こうした民族主義的な「中国性」を基準にすることに疑義を呈し，「各地の『華語の人々』（the Sinophone people）はすでに『在地化』しその土地の一部となっている」「東南アジアに移民した人々が，タイ人，フィリピン人，マレーシア人，インドネシア人，シンガポール人，そしてその他の国民と同じようにただ多言語多文化の住民であるとみなされることを誰が阻止するのか[15]」「プラナカンやババは独自の文化混雑性を示しており，中国からくる『再中国化』の圧力を拒否している」[16] といった問題意識を表現するために「華語語系」という概念を提唱した。彼女は「華語語系」を「中国以外の華語言語文化とグループ，および中国内の少数民族グループを指す」[17] と

13　実際，少数民族出身の移民も多くいる。本書の第9章（李其栄・沈鳳捷論文）にも，アメリカで中国の少数民族であるタイ族が経営するレストランまで登場していることが紹介されている。

14　史書美（2013）『視覚与認同――跨太平洋華語語系表述・呈現』聯経，48-49頁。

15　史，前掲書，48-49頁。

16　史，前掲書，50頁。

17　史書美（2011）「反離散：華語語系作為文化生産的場域」『華文文学』第6期，8頁。

序　章　中国系新移民の新たな移動と経験

し、「チャイニーズディアスポラの概念とは異なり、『華語語系』は決して人種の身分を強調するものではない。繁栄したり衰退したりする華語語系グループの中で、彼／彼女がどんな言語を使用するかを分野とすることが強調されるものである。華語語系は最終的に国家や民族と結び付けられるものではなく、それは本来おそらく越境する国家や民族、グローバルなもので、中国と中国性の周縁に位置する様々な華語形式を含むものである」[18]と述べている。

「華語語系」とは華語を話す人々である。そして華語は、必ずしも標準中国語（「普通話」）を基礎としていないことを彼女は主張する。例えば、東南アジア華人の大部分は標準中国語ではなく福建語、客家語、海南語、潮州語などを話し、韓国に移住した山東人は、山東語と韓国語が入り混じった言語を使用しており、台湾政府が漢語教育を推進しているにもかかわらず、標準中国語は、書き言葉のみで使用され、二世、三世の話し言葉も先代の特徴的な言語を継承している。イギリス海峡植民地の海峡華人、例えばババは、英語かマレー方言を使用する。言うまでもなく、これらの言語はみな混淆化しており、同時に祖国中国の言語とは関係を絶っている[19]。さらに「華語」について、「中国と起源を同じくする華語を使用することで現代の中国と結びつける必要は決してない。英語を話す人が必ずしも英国と結び付けられる必要がないのと同じである」こと、そして「華語語系」でしばしば強調されるのは反中国主義のディスコースが氾濫するところでもあることを指摘する[20]。そして、華語は異なるレベルでの「クレオール語化」およびいかなる中国と関係する祖先の言語を徹底的に放棄した現象も存在すると述べている。例えば、マレーシア華人の話す「華語」の中には多くの香港テレビ番組や映画の影

18　史、前掲論文、9頁。
19　史、前掲書、55-56頁
20　史、前掲論文、9頁。

響が見られる。香港のテレビや映画で話される広東語は，中国広東省の広東語とは明らかに異なる香港風の広東語である。こうした華語は異なるクレオール化のレベルを表しており，それらは本質的に，国の民族の境界を超越した多言語的「華語語系」の世界を構成していると述べている[21]。

　史書美は，チャイニーズディアスポラが政治的（民族的）概念の「中国」に帰属することを批判的に論じているのである。彼女は，「華語を話す人々」は，個人の民族や種族ではなく，言語グループや移民コミュニティといった場所を拠り所としており，そのような場所は，日常生活の実践と経験や歴史の反映と転換によって形成されると述べている[22]。さらに，華語語系の表現については，いかなる人種の表現形式も有しており，その表現形式は，単に中国によって決められるといった単一の永久的な他者が作用を及ぼすだけでなく，多くの変動要素が影響を与えているとグローバルな視座から華語の変容を捉える必要性も提唱している[23]。つまり彼女は，「華語語系」の概念を用いて，チャイニーズディアスポラに対する批判を展開しながら，言語集団の動態的で開放的な性質や，ジェームス・クリフォードの移民 roots（起源）と routes（経路）の議論[24]に見られるように，移動のプロセスが文化を創造するという考え方を示しているのである。

　「華語語系」の議論は，アングの議論の一歩先を行くものと考えられる。アングは，従来の華人ディアスポラ研究の多くが，中心（中国）と周辺（海外華人）という認識枠組みの中で，周辺に居住す

21　史，前掲論文，9 頁。

22　史，前掲書，56 頁。

23　史，前掲書，56-57 頁。

24　クリフォード，ジェイムズ［著］，毛利嘉孝他［訳］（2002）『ルーツ——20 世紀後期の旅と翻訳』月曜社。

20

る華人の文化のあり方を出発点として中国本土とは異なる中国性を提示してきた。それにより本質主義的な中国性を脱中心化しようとしてきたが、そうした脱中心化の試み自体が、周辺華人の文化のあり方を本質化していると指摘している[25]。このアングの指摘のように、これまでの華僑華人研究は、個別の国家・社会背景を考慮しながら、様々なバリエーションをもつ華人像を提示する傾向にあった。しかし結局のところ、統一的な「華人像」からは脱却していなかった。史書美は、この統一的な華人像を崩そうとしたのである。文学者の山口守は、史書美の議論に対し、彼女の反ディアスポラおよび「在地化」の視点に賛同している。「いわゆる中国、中華、華人の多様性という言い方は、『華』の境界線を逆に強化して、各地域でどのように差異が生成されるかという重要問題を疎かにしてしまう危険性がある」と指摘し、彼女が注目する在地化実践は、中心＝周縁という不均衡関係を克服して、「華」の多様性よりも一歩進んだ複線性に注目していると評価する[26]。

(2)「華語を話す人々」によるヴァナキュラーな生活世界

「華語を話す人々」によって形成される複数のコミュニティでは、同じ言葉を話す集団独自の文化習慣が創り出される。後述するように、中国経済の発展と中国政府の対外的に標準中国語を普及させる文化外交政策により、移住先の華人コミュニティで「中国文化習慣を継承している」と信じて生きてきた「華語を話す人々」が、現代の中国と出会うことにより、各自のヴァナキュラーな生活世界が自

25　アング、イエン（2004）「ディアスポラを解体する──グローバル化時代のグローバルな華人性を問う」テッサ・モーリス＝スズキ・吉見俊哉編『グローバリゼーションの文化政治』平凡社、pp.274-308。

26　山口守（2015）「中国文学の本質主義を超えて：漢語文学・華語語系文学の可能性（2014年度大会シンポジウム 中国における規範と道徳）」『中国：社会と文化』30：40。

覚されている。以下では「ヴァナキュラー」の概念について参照しておきたい。

　イリイチは『シャドウ・ワーク：生活のあり方を問う』(1982)の中で，「ヴァナキュラー」について，この語を言語の領域にもちこんだヴァロの言葉を引きながら次のように述べている。ヴァナキュラーは，「『根付いていること』と『居住』を意味するインド―ゲルマン語系のことばに由来するものであり」，「実体＝実在的な領域，すなわち人間生活の自立と自存の領域を補足するもの」である。ヴァナキュラーな言葉は，専門化された言語（教会のラテン語，宮廷の古フランコニア語）と対立するもので，ヴァナキュラーな話し言葉は話し手自身の土地で育まれたことばと型式（言い回し，表現）からなるものであり，他の場所で育てられ，運び込まれてきたものとは対立するものだった[27]。

　つまり，ヴァナキュラーは，言語学的意味と社会学的意味を備えている。各地で生活する中国系移民がそれぞれの華語を使用することで形成された移民コミュニティを，筆者は「華語世界」と表現し，現代中国の「普通話（標準中国語）世界」と対比的に用いている。「華語世界」は，彼／彼女らが拠り所とする生活環境であり，文化体系である。上述した史書美の「華語語系」は政治的な「中国」やチャイニーズディアスポラに対抗するために提唱されたものであるが，それに対し「華語世界」は，中国系移民の移住先における日常生活や現地住民との相互行為により培われたものを表し，現代中国への訪問が増加し，普通話を話す人々と出会うことによって自覚された生活世界を表現するものである。

27　イリイチ・イヴァン［著］，玉野井芳郎・栗原彬［訳］(1982)『シャドウ・ワーク：生活のあり方を問う』岩波現代選書，pp.118-126。

4．中国のナショナリズムと中国系新移民

　以上，海外に居住する「華語を話す人々」のダイナミズムについて述べてきた。要するに，「華人」，チャイニーズと呼ばれてきた人々が中国に何らかの愛着をもち続けていることや，中国文化を日常的に実践していることを自明視してきた時代から，現在は新たな時代のステージに進んでいることを示している。そして，こうした新たな時代において，中国は，従来の望郷の念の対象とは異なる形で「華語を話す人々」の前に現れた。主に2000年以降，彼／彼女らが中国と出会う機会が増している。その背景には，中国の凄まじい経済発展が彼／彼女らを引き付けていることのほかに，二つの要因が考えられる。

　一つは，中国政府の文化外交（中国語で公共外交。以下では公共外交と表記する）が海外の中国系移民のネットワークを援用し，それによって中国系移民は中国との接点を多くもつようになり，中国へ行きやすくなったことがある。もう一つは，中国に居住する他の外国人が増加するにともない，政府が移民政策を整備し始めたのだが，その中で，中国系移民を優遇し各種便宜を図っていることがある。両者に共通するのは，構造的に中国系新移民をどう取り込むか，つまりナショナリズムの性格が浮き彫りになることである。しかし本書では，中国のナショナリズムに中国系新移民が無自覚に取り込まれていくという視点から論じるのではなく，移民の主体性に着目し，中国のナショナリズム的政策をいかに戦略的に利用しているかを実証的に示すことに重きを置いている。

　次に，上述した二つの要因について概観しておく。

（1）中国政府の移民ネットワークの援用と創出

　中国で公共外交の取り組みが強調され始めたのは，江沢民政権時代の1998年1月からである。その後，胡錦濤が2007年の中国共産党第17回大会で国家の「文化ソフトパワー」（中国語で「文化軟実力」）を向上させること，全民族の文化的創造力を掻き立て，中華文化を繁栄させることが必要であること等を述べた報告書を提出した[28]。具体的な内容は，政府主導で開催しているオフィシャルな文化行事（仏教フォーラム，各種伝統文化行事，映画・テレビ番組の輸出推進政策等）や孔子学院に代表される言語文化政策が挙げられる。こうした公共外交において，中国系移民（華僑華人）のネットワークを援用する動きもある。2011年の全国僑務工作会議において「僑務公共外交」という語が提唱された。これは，海外在住の中国系移民のための政策（＝僑務政策）を公共外交のなかに位置づけ，中国系移民の媒介的作用を利用してソフトパワーを向上させることを目的としている。

　さらに，国を超えて宗教や言語を同じくする少数民族の媒介的作用も注目されている。孫霞は中国企業の海外における経済活動（背景「走出去」「一帯一路」）の政治的リスクを軽減するために，中国の公共外交の有効性と華僑華人の媒介的役割に注目する。その中で少数民族出身の華僑華人が宗教や文化習俗の面で居住国の人々と同一であるメリットも取り上げている。例えば，中東や中央アジアに居住するウイグル族，カザフ族，回族出身の華僑華人の言語や宗教は居住国の人々と同じであるため，現地の人は彼らとの交流を通じて

28　中川涼司（2012）「中国のソフト・パワーとパブリック・ディプロマシー：Wang, Jian ed. Soft Power in China : Public Diplomacy through Communication, の検討を中心に」『立命館国際地域研究』35：72-74, 胡錦濤（2007）「胡錦濤中国共産党第17次全国代表大会上的報告」http://cpc.people.com.cn/GB/64093/67507/6429849.html, 閲覧日：2017年5月7日。

中国の宗教や民族政策，文化等を理解しやすく，中国の政策に対する認知を高め，ひいては海外展開する中国企業の活動を円滑にすることができると述べている[29]。中国回族研究者として著名な松本ますみも同様の現象に注目している。1980年代からイスラームの復興が進められるようになり，中国政府が中国人ムスリムのメッカ巡礼を許可したり，清真寺などのイスラーム建築の復興再建を促したりするようになった。このような背景の下，回族内ではアラビア語学習熱も沸き起り，アラビア語やイスラームの学習のためにアラビア語圏やイスラーム圏国家に出国する者が続き，その後中国でアラビア語教師に就く者や，中国・イスラーム圏間の貿易業務に従事する者も現れた。そのことは，世界の工場として活躍していた中国の製品をイスラーム圏に輸出する等，中国の文化的ソフトパワーとしても機能していると考察している[30]。

　しかし一方で，中国の公共外交は，国際政治学，メディア文化政策論，国際関係論といったマクロな視座から考察を行う海外の研究者や海外メディアにより，批判的に捉えられてきた（詳細は第8章を参照）。しかしそれらの論調は，人々の日常生活の中で実際に，どのように中国文化が受容され，浸透し，人々に影響力をもたらしてきたかという受容側の立場に立ったミクロな考察を欠いている。本書では，中国系移民の移住先国を対象に，公共外交の現場におけるアクター間の相互作用に焦点化し，具体的にどのように中国文化が浸透し，現地の中国系移民との間で相互作用を展開しているか，そのミクロなせめぎ合いの諸相をみていく。そして，文化外交の目的である国家イメージの向上に至るメカニズムの中で，中国系移民がどのような作用を及ぼしているのかを探る。

29　孫霞（2012）「中国海外利益的政治風険与僑務外交」『華僑華人歴史研究』第2期，26頁。

30　松本ますみ編（2014）『中国・朝鮮族と回族の過去と現在——民族としてのアイデンティティの形成をめぐって』創土社，p.7。

（2）移民受け入れ国としての中国

　中国人の海外移住は，対外貿易の発展した 8 〜 9 世紀の唐代から始まり，16 世紀の明代から増加し，清朝が混乱期に向かう 19 世紀以降に中国人の大量流出が本格化した。こうした中国人の移住の歴史により，世界各地に華僑華人が定住するようになり，中国は移民送り出し国として著名になった。

　ところが，改革・開放以降，経済発展の著しい中国は，世界中の若者を引き付け，留学や就労で中国を訪れる人は増加の一途を辿っている。近年では外国人の来華目的が多様化し，就労者，とりわけ高学歴・高技術を有する者については，以前は母国で退職した後に来る者が多かったのが，現在では労働年齢の若い世代が多く，高レベルな技術や学歴を有する者が増えている。滞在期間も短期滞在から長期滞在化している傾向にある。こうした動向を受けて，中国のなかの移民コミュニティの社会学的研究がなされるようになった。例えば，広州のアフリカ人集住コミュニティを考察対象に，宗教活動，貿易のネットワーク，婚姻関係，地元住民との関係，政府の政策や当局の取り締まりの問題等を調査した研究がある[31]。加えて，本書の執筆者の一人である呂雲芳は，福建省厦門をフィールドに，厦門で生活をする外国人（英語話者）を対象に，外国人住民による三つの組織—互助型組織，スポーツ娯楽型組織，宗教組織—を調査した[32]。このような来華外国人の長期滞在もしくは定住する外国人の法的資格，社会的な位置づけを確定する必要に迫られた中国政府は，外国人受け入れのための移民政策を整備し始めている。こ

31　李志剛，薛徳昇，Michael Lyons，Alison Brown（2008），許涛（2009），和崎春日（2012）等がある。

32　呂雲芳（2010）「厦門外籍基督教師的宗教活動研究」『世界民族』5：67-74，呂雲芳（2011）「超越『朋友圏』：正在形成中的在華外籍団体」『開放時代』5：29-40。

れについては，第3章の呂雲芳論文が詳細に紹介・考察しているので，そちらを参照されたい。

このような背景のもとで中国へやってくる外国人の中で，特に注目したいのは，海外の中国系移民の若い世代である。第2章の朱東芹論文で言及されているように，中国人が東南アジアへ移住した時代は，「豊かな生活を求めてフィリピンへ移民」したのであるが，時代を経て，中国と東南アジアの経済発展の状況は逆転した。中国系の若者は，中国語の基礎があることを武器に，その能力を向上させ，将来中国語能力を生かした仕事に就くために中国へ留学するようになった。これは外国人受け入れのための移民政策（出入国管理）において「中国政府は一貫して外国籍の華人系人材の取り込みを重視してきており，『民族優先』戦略が，華人系人材の中国本土への復帰を上手くリードしてきた」（第3章呂雲芳論文）ことも後押ししている。また，中国政府が中国系の若者の中国留学への便宜を図り，移民組織を媒介した中国政府や企業との連携も進められており，官民双方で中国系移民の中国への関わりを促進していることも有利に働いている（第8章奈倉京子論文）。

5．本書の構成

本書は，日本，中国，マレーシア，スペインと複数の国籍の執筆者により，歴史学，人類学，社会学，文学の視座から書かれたもので，対象地域も，中国，フィリピン，マレーシア，スペイン，オランダ，アメリカと多岐に渡る。海外の執筆者は，中国系移民の最前線に立つ組織で研究に従事しており，最新の現象を紹介している。その中でとりわけ中国の華僑大学所属の朱東芹と厦門大学所属の呂雲芳に言及しておきたい。彼女たちの所属する大学は，中国の中で華僑華人研究の基地となっている特色のある大学である。華僑大学（1960

年創設，福建省泉州市）は，高等教育機関の中で暨南大学（広東省広州市）とともに，国務院僑務弁公室直属の大学で，華僑学府として知られており，創設当初から多くの国外の華僑学生を受け入れる役割を担ってきた。加えて，厦門大学（1921年創設，福建省厦門市）はシンガポールで事業に成功した陳嘉庚（タン・カーキー）が，故郷の厦門で創設した史上初の華僑創設の大学である。両大学は，中国の華僑華人研究の重点基地となっており，その方面の研究では常に最前線に立っている。二人はこのような研究環境に身を置くことに加えて，海外での調査研究経験も豊富であり，中国国内と国外の双方の状況を踏まえて執筆している。

　本書はテーマ別に三部で構成し，全9章と一つのコラムからなる。以下に概要を紹介しておこう。

　第一部「中国から／への新たな移動，そこから逆照射される新たな中国像」は，改革・開放以降，とりわけ1990年代後半以降の中国の政治・経済・社会の変化とそれにともなう人々の志向性の変化によって現れた新たな移動現象を紹介している。その一つは，「中国新移民」の出現，もう一つは，中国を訪れる外国人の増加である。

　第1章「『中国新移民』の現状」（朱東芹）は，豊富な文献資料と自身の実地調査に基づき，「新移民」の定義，出現の背景，人数，類型，近年新移民が移住先で直面している問題等について詳細に紹介している。その中で，1971年に，中国国務院が帰国華僑と僑眷に対する新たな出入国審査を改めて開始したことを発端に，福建省，広東省，浙江省の伝統的な僑郷については1970年代初頭から新移民が発生したと考える必要があることを指摘している。こうした中国新移民の概況を踏まえ，つづく第2章「フィリピンへ向かう中国新移民—歴史，現状と展望—」（朱東芹）では，伝統的僑郷から東南アジアや北米等といった華人の伝統的な移住先へ移動する中国新移民に着目し，その中でも代表的な僑郷の一つの福建省からフィリピ

ンへ移住した新移民について論じている。フィリピンへ渡った中国新移民の中でも1970年代初頭から1980年代に移住したグループと1990年代半ば以降に移住したグループの差異に注意を払い，それ以前からフィリピンに定住している華人（「老僑」）との摩擦とその原因を丁寧に考察している。

第3章「現代中国の移民政策―移民受け入れ国への転換―」(呂雲芳)では，来華外国人の目的および中国政府の移民政策とその問題点について整理・分析している。その中で，中国政府は一貫して外国籍の華人系人材の取り込みを重視してきており，こうした「民族優先」戦略が，華人系人材の中国本土への復帰を上手くリードしてきたことや，投資目的移民の多くは中国周辺のアジア各国・地域の出身者で，海外華人がその多数を占めていることが指摘されている。

第一部の最後の「コラム」(大石かさね)は，中国に夫と子どもを残し単身で日本へやってきた中国人女性に着目し，ケーススタディに基づき現代の越境家族について斬新な考察を示している。一見，個人の自己実現のために日本への留学や労働を選択しているかのようだが，実際は，将来的に家族のより高い利益と地位を生み出すことを目的としているのだという。家族の発展のためという点において，伝統的な華人の越境家族との共通点も見て取れる。

第二部「中国系新移民の経験と葛藤」は，中国系新移民の人々が，移動した先でどのような経験をしているのか，その具体的な事例が取り上げられている。第4章「中国―スペイン間を移動する華人子孫」(イレネ・マスデウ・トルエジャ)は，様々な国々を転々とした経験をもつ移民子孫の社会化および中国認識の問題を，二つの家族の事例を中心に考察している。注目すべき点は，頻繁に移動する環境の下で社会化を経験した中国系移民の子孫が「移民二世」というカテゴリーに一括りにされてしまうことへの反論である。例えば，中国で社会化を経験しなかった中国系移民の子孫が，移住後一つの異

国だけで成長するとは限らない点に注目するべきであると主張する。さらに，従来の移民研究であまり注目されてこなかった「異世代移民カップル」（異なる移民世代に属した個人同士が結び付いたカップル）の事例を取り上げ，同じ中国系に属するカップルでも，移動経験によって帰属意識や価値観が異なることを論じている。

つづく第5章「在オランダ華人二世の宗教信仰—仏教徒を例に—」（呂雲芳）は，「佛光山」（台湾の星雲大師によって開かれ，台湾総本山の他に世界各地に別院を擁している）が推し進める漢伝仏教のグローバル化戦略を背景に，オランダの佛光山寺で仏教を信仰する華人二世に焦点を当て，エスニックグループ的特徴をもつ中国仏教と普遍的な仏教との間で葛藤する姿を考察している。在オランダ華人二世の仏教信仰は，積極的な選択と構築過程にあり，彼らは，エスニックグループ的伝統や宗教信仰が混在した中国仏教の信仰システムを受動的に受け入れるのではなく，仏教という世界的な宗教の中での漢伝仏教を選択し，日本の禅宗，チベット仏教，南伝仏教等の宗派の教徒とともに，オランダにおける仏教大家族の一員に加わろうとしている。華人二世が仏教という中国の伝統的信仰に帰依する際，血縁文化的アイデンティティを求めているのではなく，西洋の現代文化的アイデンティティを求めており，彼らの宗教的アイデンティティは，中国文化的アイデンティティをはるかに上回っていると分析している。

第6章「在マレーシア華人の海外移住」（Ho Kee Chye，中国名は何啓才）は，マレーシア華人の再移住現象について，豊富な統計データを用いて分析している。彼は，1976年にマレーシア・ペナンに生まれた華人四世である。詳細は明らかでないが，曾祖父が19世紀末から20世紀初めに中国海南島（現海南省）からマレーシアに移住した。マレーシア生まれの祖父は，結婚相手を探すために故郷の海南島に戻り，そこで1949年に父が生まれた。父が6歳の時に母とともにマレーシアへやってきた。父には弟（彼の叔父）がお

30

り，1956 年にマレーシア（ペナン）で生まれた。叔父は，大学で会計を勉強し，卒業後は華人の経営する会社に就職したが，1985 年から 1986 年にかけてマレーシアでは不景気となりリストラされる危機に直面した。そのため，1987 年，友人を頼ってニュージーランドへ移住し，会計士の資格を取得して就職した。現在はニュージーランドの永住権を取得しているが，マレーシア国籍を維持しているという。こうした自らのファミリーストーリーが着想の背景にある。本章では，在マレーシア華人の再移住について，とりわけ華人の若い世代の海外移住に着目し，その原因を歴史・政治・経済・社会の面から検討している。その結果，マレーシア華人の再移住の原因は近年の経済状況のみにあるのではなく，マレーシアが独立した 1963 年以来のマレー人を優遇する政治的政策の歴史が作り出してきた社会的状況に起因すると分析している。一方で，海外へ移住したマレーシア華人の一部分が移住先国の永住権は取得するものの，在マレーシア国籍を放棄しない点も指摘している。

　第二部の最後の論文，第 7 章「家のない女たち——ロウ・イエ『パリ，ただよう花』とグオ・シャオルー『中国娘』に見られる中国人女性の移動」（及川茜）は，移民文学・映画からみる中国系新移民の生活世界を描写している。及川は，単身ヨーロッパ（パリ，ロンドン）に赴く若い中国人女性を主人公とする二つの映画を取り上げ，家族・同胞との関係，ネットワーク，性・婚姻関係，現地への適応能力といった伝統的な華僑華人の特徴として取り上げられてきた諸要素から中国新移民の映画作品における表象を分析している。

　第三部「中国政府の移民ネットワークの援用と創出」は，2000 年以降，中国政府が力を注ぎ始めた文化外交（中国語では「公共外交」public diplomacy）と中国系移民の関わりについて論じた 2 本の論考からなる。第 8 章「中国の文化外交における中国系移民の媒介的作用」（奈倉京子）では，2011 年の全国僑務工作会議において提唱さ

れた「僑務公共外交」の議論を踏まえ，2000年以降の中国の公共外交と華人社会との関わりにおいて，中国系移民が三つのレベル―政府との関わりのレベル（孔子学院をめぐる華人社会との相互行為），個人レベル（中国系の若者の中国留学），組織レベル（移民が帰国後に創設した民間組織）―で媒介的作用を及ぼすケースを取り上げる。考察を通して中国系移民は，単に中国ナショナリズムに取り込まれる存在もしくは中国政府の経済目標達成のために利用される存在ではなく，主体的・戦略的に「華人性」を利用しながら「中国文化」を選び取っていると考察している。

つづく第9章「在アメリカ華人と中国の『文化的ソフト・パワー』」（李其栄・沈鳳捷論文）は，飲食文化・建築文化・中医文化・中華伝統的価値観・文学芸術・言語文化・風俗文化といった中国文化の資源が，アメリカ社会の中で，華僑華人を介してどのように伝播されているかについて具体的に論じている。伝播のプロセスにおいて，チャイナタウン，華人社団そして中国語メディアが中国の文化的ソフト・パワーの影響拡大をはかるための三つのツールとなっており，その中で華僑華人はソフト・パワーを高める力であり，「重要な資源」であると述べている。さらにアメリカの一部の州では，中国の春節を法定祝日と定めたことや，鍼灸治療がアメリカの医療保険システムに取り入れられるようになった事例を挙げ，こういった主流社会への中国文化の浸透が「ソフト・パワー」となると述べている。

以上，本書を通じて，中国系移民研究が新たな時代に突入したことを示すとともに，「中国系新移民」の新たな移動と経験を分析するためのパラダイムを探りたい。

参考文献

【日本語】

アング, イエン（2004）「ディアスポラを解体する——グローバル化時代のグローバルな華人性を問う」テッサ・モーリス＝スズキ・吉見俊哉編『グローバリゼーションの文化政治』平凡社, pp.274-308。

イリイチ・イヴァン［著］, 玉野井芳郎・栗原彬［訳］（1982）『シャドウ・ワーク：生活のあり方を問う』岩波現代選書。

石井由香（2016）「オーストラリア・アジア系専門職移民の文化・社会参加戦略—ある作家の自叙伝と文化・社会活動に注目して」『国立民族学博物館研究報告』40(3)：375-410。

石井由香・塩原 良和・関根 政美（2009）『アジア系専門職移民の現在——変容するマルチカルチュラル・オーストラリア』慶應義塾大学出版会。

クリフォード, ジェイムズ［著］, 毛利嘉孝他［訳］（2002）『ルーツ——20世紀後期の旅と翻訳』月曜社。

コーエン, ロビン（2001）『グローバル・ディアスポラ』駒井洋監訳, 角谷多佳子訳, 明石書店。

シンジルト（2005）「中国西部辺境と『生態移民』」小長谷有紀・シンジルト・中尾正義［編］『中国の環境政策　生態移民：緑の大地, 内モンゴルの砂漠化を防げるか？』昭和堂, pp.1-32。

スキナー, ウィリアム［著］, 山本一［訳］（1981）『東南アジアの華僑社会—— タイにおける進出・適応の歴史』東洋書店。

中川涼司（2012）「中国のソフト・パワーとパブリック・ディプロマシー： Wang, Jian ed. Soft Power in China : Public Diplomacy through Communication, の検討を中心に」『立命館国際地域研究』35：71-93。

濱下武志（2009）「Chinese の国際移動と国際秩序——歴史, 現在, 未来」『アジア研究』55（2）：56-69。

松本ますみ編（2014）『中国・朝鮮族と回族の過去と現在——民族としてのアイデンティティの形成をめぐって』創土社。

山口守（2015）「中国文学の本質主義を超えて：漢語文学・華語語系文学の可能性 (2014 年度大会シンポジウム 中国における規範と道徳)」『中国：社会と文化』(30)：18-44。

山下清海（2016）『新・中華街：世界各地で〈華人社会〉は変貌する』講談社。

和崎春日（2012）「アフリカへの中国人と中国へのアフリカ人——山本節の境界思想から越境を考える」,『「和諧社会」との対話．文化的公民権から見た華南における周縁的グループ』(2009 年度〜 2011 年度　愛知大学国際中国学研究センター共同研究事業報告書, 代表者：奈倉京子)。

【中国語】

傅利曼（著）（1985）『新嘉坡華人的家庭与婚姻』郭振羽，羅伊菲（訳）台湾正中書局。

胡錦濤（2007）「胡錦濤中国共産党第 17 次全国代表大会上的報告」http://cpc.people.com.cn/GB/64093/67507/6429849.html（閲覧日：2016 年 12 月 2 日。）

李亦園（1970）『一個移植的市鎮：馬来亜華人市鎮生活的調査研究』台湾正中書局。

李志剛，薛徳昇，Michael Lyons，Alison Brown（2008）「広州小北路黒人聚居区社会空間分析」『地理学報』第 2 期，207-218 頁。

梁英明（2001）『戦后東南亜華人社会変化研究』昆侖出版社。

劉宏（2003）『戦后新嘉坡華人社会的嬗変：本土情懐，区域網絡，全球視野』厦門大学出版社。

呂雲芳（2010）「厦門外籍基督徒教師的宗教活動研究」『世界民族』第 5 期，67-74 頁。

──（2011）「超越『朋友圏』：正在形成中的在華外籍団体」『開放時代』第 5 期，29-40 頁。

史書美（2011）「反離散：華語語系作為文化生産的場域」『華文文学』第 6 期，5-14 頁。

孫霞（2012）「中国海外利益的政治風険与僑務公共外交」『華僑華人歴史研究』第 2 期，19-27 頁

呉小保・黄麒達編（2015）「専訪・対話　専訪白永瑞：従周辺看中国」『当代評論』第 1 期，69-75 頁。

許涛（2009）「広州地区非洲人社会支持的弱化,断裂与重構」『南方人口』第 4 期，33-44 頁。

曾少聡（2004）『漂泊与根植──当代東南亜華人族群関係研究』中国社会科学出版社。

朱東芹（2005）『沖突与融合：菲華商聯総会与戦後菲華社会的発展』厦門大学出版社。

荘国土編著（2003）『二戦以后東南亜華族社会地位的変化』厦門大学出版社。

【英　語】

Lai, Hongyi. 2012. "China's cultural diplomacy: Going for soft power" in Hongyi Lai and Yiyi Lu(ed.) 2012. *China's Soft Power and International Relations*. Routledge. pp.83-103.

Li, Minghuan. 1999. *We Need Two Worlds: Chinese Immigrant in a Western Society*. Amsterdam University Press.

Pan, Lynn. 1991. *Sons of The Yellow Emperor*. Random House UK.

Shih, Shu-Mei. 2007. *Visuality and Identity: Sinophone Articulations Across the Pacific*. (中国語版史書美（2013）『視覚与認同—跨太平洋華語語系表述・呈現』聯経。)

第一部

中国から／への新たな移動,
そこから逆照射される
新たな中国像

第1章　「中国新移民」の現状

朱　東芹

大石　かさね　訳

「新移民」（new immigrants）とは，1970年代以降に海外に移住した中国大陸の住民を指す。新移民の登場は，1970年代始めに実施された中国外交政策調整がきっかけである。1971年，中国に帰国した華僑や僑眷（海外に親戚のいる中国国内居住者）に対する出国政策の緩和により，華僑出身地域において対外移民の幕が開き，華僑出身地における新移民形成が進んだ。1978年の改革・開放後，全国範囲で出国政策が緩和されたのにともない，出国ブームが巻き起こった。特に，自費留学でのアメリカ・オーストラリア・日本留学が相次いで一大ブームとなり，非常に多くの留学生グループが形成された。1990年代始め，世界がポスト冷戦時代に突入し，政治の壁が瓦解して国際関係が落ち着くにつれて，世界中でグローバル化が急速に進み，国を跨いだ人口流動もかつてないペースで加速し，さらに開放された政策やグローバル化がもたらすチャンスによって，中国の海外移民グループもますます大きくなった。勉学のために海外に行く知識型移民にしろ，投資や技術，さらには非正規ルートで「発展を求めて」出国した移民にしろ，その数は急増し，現在のような規模・実力・影響力ともに軽視することのできない新移民グループを形成している。

1.「新移民」とは？

「新移民」という概念は，アメリカの華人学者が1980年代中頃に初めて提唱した概念であり，その後，海外および中国国内メディアもこの概念を使用し始めた。1990年代以降，「新移民問題」は中国関連部門から注目されるようになり，外交部・国務院僑務弁公室・全国政治協商会議などの部門は，実務過程の状況に基づき，早い段階から新移民問題の存在とその重要性を意識し，新移民問題に関する調査研究および新移民事業の調整を重点とした。全国政治協商会議台湾・香港・マカオ華僑連絡委員会は，1995年11月から1996年5月に新移民に関する特別テーマ調査を実施し，1997年5月に「新移民に関する特別テーマシンポジウム」を開催してこの問題について深い研究をおこなった[1]。これにより，新移民問題は学界および社会各界からも注目を集めるようになったのである。

(1)「新移民」の概念に関する論争

中国の学術界において，1990年代中頃・後半以降，新移民問題は華僑・華人研究における争点となり，「新移民」という概念の定義をめぐり学者間でも議論がおこなわれた。その内容は主に次のようなものである。①時間の区切り：「第二次世界大戦以降」または「新中国成立以降」とすべきであると主張する人もいれば，「1970年代以降」または「20世紀後半」を時間の区切りとすべきであると主張する人もいる。「第二次世界大戦以降」または「新中国成立以降」を主張する理由は，第二次世界大戦後および新中国成立以降から1966年の「文化大革命」開始までの期間も，中国大陸におけ

1　張秀明（2001）「国際移民体系中的中国大陸移民──也談新移民問題」『華僑華人歴史研究』第1期，22頁。

る対外移民現象は存在しており，しかもそれ以前とは異なる特徴をみせていたからだとしている。「1970年代以降」で区切るべきであるとする理由は，1971年6月，国務院が「華僑，僑眷の出入国審査に関する規定」を発表し，中国に帰国した華僑や僑眷の出国審査を復活させたことで，中国に帰国した華僑や僑眷が出国申請をおこない，伝統的な華僑出身地域における対外移民が復活したからであるとしている。②地域範囲：「新移民」には中国大陸だけでなく，香港・マカオ・台湾の移民および東南アジアなどの華人の再移民も含めるべきであると主張する人もいる。③身分構成：「新移民」に，留学の名目で出国した人や学業を終えた後現地に残った元留学生，特に公費留学生を含めるべきではないと主張する人もいる。なぜなら，彼らは勉学を目的として渡航したのであり，移民を目的として出国したのではないからである。特に公費留学生は祖国に貢献するという責任・義務を担っており，彼らを移民として認めてしまっては，彼らが学業を終えて帰国し，国に奉仕することを奨励するのに不利であるためだ。④また，中には「新移民」という呼称に対して異議を唱える人もいる。彼らは「敏感な問題」を回避するため，また新移民と旧移民との問題発生を避けるため，「新華僑」と呼ぶべきであるなどと主張している。

　様々な議論が存在するものの，大多数の人は「改革・開放以降海外に移住した中国大陸の住民」に代わり，「新移民」という概念を用いるほうが理にかなっていると考えている。その理由は次のとおりである。①時間の角度からみると，改革・開放は中国大陸住民の移民活動における重要な分水嶺であるため。1949〜1978年，個人的な目的で出国した者はわずか21万人しかいなかったが，1978年以降になるとその数は400万人に達し，このうち，永住者にあたる人はすでに200万以上にのぼった。これほど大規模な移民活動の背景に改革・開放があるのは明らかである。したがって「改革・

開放」を時間的な区切りとするのは合理的である。②地域の角度からみると，香港・台湾移民は含めるべきではないと主張する。なぜなら，香港・台湾地域の移民と中国大陸の移民は，同じ中国移民の範疇に属し，文化的・種族的な共通性はあるものの，前者の移民背景・動機・タイプはどれも後者とは異なっている。つまり，香港・台湾の移民と中国大陸の移民はそれぞれ異なる特徴を備えているのだ。したがって，これらを「新移民」の範疇に含めるべきではないと主張する。東南アジアなどからの再移民は，なおさら中国新移民の範疇に含めるべきではない。なぜなら，彼らは第三国の移民活動にあたるためである。③身分構成に関しては，元留学生を新移民または新華僑の範疇に含めるべきか否かについて，関連部門がこれまでに議論したことがある。

　実際，留学を移民の手段にするというのは多くの発展途上国において広く一般的に存在する現象であり，中国に限った現象ではない。しかも，現実的な状況からみてみると，留学から始まって最終的に居留する留学生の多くは，所在国の居留権をすでに取得しているか，所在国の国籍を取得している場合がある。中国の国籍法の規定に基づくと，彼らは華僑・華人の身分を保有している。したがって，学業を終えた後現地に残る留学生は新移民とみなすべきである。④「新華僑・華人」または「新移民」のどちらの名称を採用するかという点については，多くの人が「新華僑・華人」ではなく「新移民」を採用するべきであると主張している。その理由は，「移民」というのは法律的な概念ではなく，社会学的な概念であり，そこに含まれる意味は非常に幅広く，世界でも通用する概念であるためである。したがって，「移民」という呼称のほうがより合理的であり，適切であるといえる[2]。

2　張秀明，前掲論文，23頁。

（2）「新移民」の概念の定義

上述したとおり，通常，「新移民」とは改革・開放，すなわち
1978年以降世界各地に移住した中国大陸の人々を指す。しかし，
福建・広東・浙江をはじめとする伝統的な華僑出身地域における新
移民について詳しく考察してみると，形成された時期にしろ，その
特徴にしろ，華僑出身地域の新移民と一般的な意味での新移民は，
それぞれ明らかな違いがあることに気づくであろう。

新移民

一般的な意味での新移民が改革・開放を区切りとする理由につい
て，時間的観点から述べると，改革・開放は中国大陸の移民活動に
おける重要な分水嶺であり，さらに「新移民」は改革・開放の産物
であるといえるからである。新中国成立から改革・開放まで，中
国政府は中国国民の出国に対して厳しい制限を設けてきた。加えて，
冷戦期には二大陣営が対抗し，中国と西側陣営の大部分の国との間
には国交が樹立されていなかった。これにより，中国国民の出国は
事実上ほぼ中断された状態となり，大規模な移民活動が再びみられ
るようになったのは改革・開放以降である。したがって，「改革・
開放」を時間的な定義とすることには合理性がある。

1978年に改革・開放政策が実施された後，中国の対外移民状況
は急速に変化した。改革・開放が新移民に対して与えた大きな影響
は，主に二つの面に表れた。一つは政策方面である。出入国政策
が緩和されたこと，特に1985年11月における「中華人民共和国
公民出入国管理法」の発布およびそれにともなう細則の登場によ
り，出国手続きが簡略化され，中国国民が移民活動をおこないやす
くなった。二つめは思想方面である。改革・開放は人々の思想に深
く大きな変化をもたらし，「海外関係」が「深刻な災い」だとみな

されることはなくなった。中国が再び国際体系の中に復帰し，長い間封鎖されていた国境のゲートが再び開かれると，人々は外の世界を知りたいという切実な願いから，チャンスを見つけては続々と出国し，それにより一波，また一波と「出国ブーム」の波が押し寄せ，そこから現在のような非常に大規模で影響力のある「新移民」グループが形成されることとなった。

伝統的な華僑出身地域の新移民

　一般的な意味での新移民が1970年代末の改革・開放後に誕生したのと違い，伝統的な華僑出身地域における新移民の登場は，1970年代始めまで遡ることになる。その理由は，この時間ポイントにおいて，国は華僑や僑眷の出入国政策に対して根本的な見直しをおこない，華僑出身地域における移民の発生に重大な影響をもたらしたためである。

　歴史上，福建・広東人は生計を立てるために国を出るという伝統をつくってきた。近代になり，大量の福建・広東人が南洋へ向かい東南アジアにおける華僑社会の形成を促し，中国東南沿岸地域と東南アジアとを結ぶ移民の道も構築した。20世紀に入っても「外国で生計を立てるため」に南洋に向かうことは，福建・広東人の生活においてスタンダードなことであり，この移民の道も「第二次世界大戦」中，戦争の砲火により中断されるまで日々成熟化し，スムーズな通行が実施されてきた。戦後，こうした移民の伝統は一度はいくらか復活したが，間もなくして冷戦期に突入し，中国国内において厳しい統制がおこなわれるようになるにつれて，再び中断されることとなった。

　1960年代末から70年代始めにかけ，アメリカの外交戦略の重大な見直しや中国・ソ連関係の徹底的な決裂にともない，中国の外交はターニングポイントを迎えることとなり，政府のコンタクトが

メイン，民間交流はサブとなった。中・米関係が氷解したことは，中国の外交が再び国際体系に復帰すること，また中国が実務的で融通の効く，非イデオロギー的な外交政策を実施しようとしていることを示唆していた。この時，華僑出身地域という外交交流の「窓口」において，出入国政策の復活・規制緩和は新たな外交戦略の先行・試行であるとみなすことができた。

1971 年 6 月 18 日，周恩来首相の努力により，国務院は「華僑，僑眷の出入国審査に関する規定」を公布し，中国に帰国した華僑や僑眷に対する出国審査を復活させた。これにより、夫婦が一緒に暮らすこと，または海外にて直系親族の事業を引き継いだり，業務管理サポートをおこなったりすることを求める中国へ帰国した華僑・僑眷に対して，「寛大な批准」という原則に従い，香港経由で出国し，海外に定住することが許可された。この政策の変化は，伝統的な華僑出身地域に対して非常に大きな影響をもたらした。この政策における出国の手続きは複雑で，条件も厳しいものであったが，中国へ戻ってきた華僑・僑眷たちは，これをきっかけとして合法的に出国申請するチャンスを手にすることができ，ここから華僑出身地域における新移民の歴史が開かれたのである。

したがって，一般的に，中国大陸における新移民は 1978 年の改革・開放後に登場し，政策の緩和にともない 1980 年代中頃より大規模な移民ブームが形成された。一方，福建・広東などの伝統的な華僑出身地域の場合は，この時間ポイントが 1970 年代始めまで遡る。華僑出身地域における新移民は 1971 年に登場し，1972 年，1978 年頃に小さなブームが起こり，1980 年代中頃以降，我が国の出入国政策の緩和拡大にともなってさらに大きなブームが起こったのである。

第 1 章 「中国新移民」の現状

２．新移民の基本状況とその特徴

　新移民は，中国華僑実務における重要な資源である。したがって，その数やタイプ，特徴などについて，華僑関連部門や学界も注目する焦点となっている。

（1）新移民の数

　新移民が一体どれぐらい存在するかについては，統計が困難であるため確実な統計データを出すことが難しく，論説ごとにそれぞれ異なる見解が示されているが，学者や関連部門が提供しているデータを元に推算することができる。荘国土教授の研究によると，世界の華僑・華人人口総数は，1950 年代始めは 1,200 ～ 1,300 万人で，90％が東南アジア地域に集中していた。1950 年代から 1970 年代末は，中国が国民の海外渡航を制限していたことに加え，冷戦期に多くの国が中国からの移民の受け入れを拒否していたこともあり，海外の華僑・華人の人数は主に自然増加によるもので，1980 年代始めには約 2,000 万人となった。その後，大量の新移民の登場により海外の華僑・華人人口は急増し，2008 年までに，世界の華僑・華人総数は 4,500 万人を超過した[3]。2011 年までには約 5,000 万人となった[4]。2014 年 3 月 5 日，中国国務院僑務弁公室の裴援平主任が

---

[3]　荘国土（2011）「世界華僑華人数量和分布的歴史変化」『世界歴史』第 5 期，0 10 頁。
[4]　2011 年 11 月 30 日，上海で開催された第 2 回中国華僑実務フォーラムで発表された研究成果は，全世界における華僑・華人人口の総数を初めて明確化した。2007 ～ 2008 年の間に 4,543 万人に達し，現在は約 5,000 万人となっている。国務院僑務弁公室の「華僑華人分布状況和発展趨勢」テーマ研究を主宰した荘国土教授が新華社記者に語った話によると，この二つの数字はこれまでの全世界の華僑・華人人口総数に関する「最も真実に近い統計」であり，国内外でこれまで推算された規模を大きく下回るが，「華僑状況の変化・発展を正確に知る上で重要な意義がある」という。

43

メディアの取材に応じた際，海外の華僑・華人人口は 6,000 万人余りであると回答した[5]。これらから，1980 年代始めから現在までに，世界の華僑・華人の総数は約 4,000 万人増加しており，この間の人口の自然増加に加えて大量の新移民も含まれていることがわかる。

　新移民は 1970 年代始めに登場し，1980 年代から徐々にその規模が大きくなり，1990 年代以降，我が国の出国政策，留学政策のさらなる緩和にともない，勉学やビジネス，労働のために海を渡る人々が急速に増加していった。2000 年代以降は，我が国の経済成長が継続的に安定して発展していったことから，移民ブームは引き続き加熱し，留学・ビジネス・労働・投資を中心とした移民は依然増加の勢いをみせた。推算によると，2007 年までの新移民総数は約 1,030 万人となっている[6]。2012 年始め，当時の国務院僑務弁公室主任であった李海峰氏は記者の取材に応じた際，「改革・開放後に中国大陸および香港・マカオ・台湾などの地域から渡航した新華僑・華人だけで約 1,000 万人いる。彼らが分布する地域は非常に広範囲にわたり，東南アジアなどの伝統的な華僑集中居住地域だけでなく，北米・西ヨーロッパ・ブラジル・オーストラリア・日本・南アフリカといった地域や国なども，海外華僑たちの新たな居住地域となっている。特に北米や西ヨーロッパは，新華僑・華人の主要な分布地域であり，新華僑・華人総数の 50％ 以上を占めている」と回答している[7]。

　（「約 5000 万：全球華僑華人総数首次得出較明確統計数字」(http://news.xinhuanet. com/overseas/2011-11/30/c_111206719.htm) 新華網，閲覧日：2011 年 12 月 1 日。

5　「海外華人華僑已超 6000 万，分布于 198 個国家和地区」(http://news.china.com. cn/2014lianghui/2014-03/05/content_31685623.htm) 中国網，閲覧日：2014 年 3 月 6 日。

6　荘国土，前掲論文，14 頁。

7　「解析中国 "新移民図譜"：専訪国僑弁主任李海峰」(http://www.chinanews.com/ zgqj/2012/01-17/3611919.shtml) 中国新聞網，閲覧日：2012 年 1 月 18 日。

第 1 章 「中国新移民」の現状

(2) 新移民のタイプ

　中国大陸の新移民は，主に家族団欒・留学・ビジネス・技術およ
び労働・非合法的な移民などいくつかのタイプがあり，出身地，移
住先，職業選択などがそれぞれ異なっている。具体的には次のとお
りである。

家族団欒型移民

　国際的移民という角度からみた場合，家族団欒型の移民は永久的
な人口移転が主流であり，中国の新移民も大部分がこのタイプの移
民である。中国人の家族団欒型移民には，主に二つのタイプが存在
する。一つは，小家庭団欒タイプの移民である。中国の人口の世界
移転は男性が中心で，男性は，現地で合法的な居住権と安定した
収入を手に入れた後，配偶者を呼び寄せて定住するようになり，小
家族の団欒を実現させる。二つ目は，大家庭団欒タイプの移民であ
る。移民の夫婦は，現地での生活が安定するか子どもをもつかした
後，両親を現地に呼び寄せて一家族で暮らし，家事や子どもの世話
を手伝ってもらい，大家庭の団欒を実現させようとする[8]。出身地に
ついては，家族団欒型移民の場合，福建・広東・浙江などの伝統的
な重点華僑出身地域が中心である。伝統的な華僑出身地域は，海外
に移民ネットワークをもっており，新移民の多くは家族型移民が中
心である。

　広東省関連部門が 1997 年に実施した調査によると，1980 年代
始めから 1996 年末までの，広東省における新移民の人数は 37.8
万人（香港・マカオへの移住者は含まない）で，主に家族・親族型移民
が中心となっており，新移民総数の 85％を占めている。また，広
東省江門市の場合は，新移民 18 万人のうち家族団欒型移民の割合

8　黄潤龍, 鮑思頓, 劉凌 (1998)「近十年我国大陸海外新移民」『人口与経済』第 1 期, 26 頁。

45

が91%にのぼる。浙江省では新移民20万人のうち94%が家族団欒型移民である。厦門大学南洋研究院が1997〜1998年に福建省の重点華僑出身地域である晋江にて実施した訪問調査の結果からも，改革・開放以降，多くの晋江人が親戚や友人を頼る・財産を引き継ぐ・国際結婚をするなどの方法により出国したことが判明している[9]。重点華僑出身地域でないその他の地域でも，家族型移民は一定の割合で存在する。たとえば，陝西省の関連部門が実施した調査によると，1978〜1998年の陝西省における出国者数は約8万人で，すでに海外に定住している人は1.3万人，そのうち親戚を訪ねての移住・国際結婚・その他などの割合が33.2%であった[10]。家族団欒型移民の主な移住先は，アメリカ・オセアニア・西ヨーロッパ諸国など西洋の先進国である。

留学移民

近代以降，中国人は「師夷之長技以制夷」（西洋人の優れた点を学んで西洋人を制する）という思想から出発し，大規模な海外留学を開始した。新中国成立後，留学生は主に東ヨーロッパの旧ソ連国家に派遣され，その中でもソ連への派遣が大多数を占めていた。人数は少なく，1950〜1965年の派遣者数は年平均559人であったが，帰国率は高く，同期間における帰国者数は年平均で513人（約92%）であった。「文化大革命」が始まると派遣留学は中断されたが，1972年に復活した。1972〜1978年の派遣者数は年平均297人，帰国者数は138人（約47%）であった。1978年，鄧小平が海外派遣留学生の人数を増やす政策を決定すると，海外派遣留学事業も復活し，再スタートを切った。改革・開放以降の留学生は，年代で4段階に分けることができる。

9　王付兵（2002）「福建新移民問題初探」『南洋問題研究』第4期，56頁。

10　張秀明，前掲論文，25頁。

① 1970 年代末から 80 年代始めまで。この期間は，中国の海外派遣留学事業が復活し，再スタートした段階である。大学や科学研究団体の公費留学が中心で，派遣される人の多くは年齢が高く，信頼できる思想をもった業務上中核を担う人物であった。彼らはみな学業を終えると帰国し，渡航先に残る人はほぼいなかった。②1980 年代始めから中頃まで。中国が自費留学を自由化したことにより「出国ブーム」，特に「アメリカ留学ブーム」が加熱した。この段階から，留学生の年齢が低下し始めた。③ 1980 年代中頃から1990 年代始めまで。「出国ブーム」はこの段階でも続き，「アメリカ留学ブーム」のほかに，「オーストラリア留学」「日本留学」ブームも次々と巻き起こった。留学生の質も玉石混淆と化しはじめ，中には自費留学の名目で渡航し，出稼ぎや海外定住という目的を達成する者も登場した。この段階より，帰国せず渡航先に残る留学生が見受けられるようになった。④ 1992 年から現在まで。中央政府は「留学支援・帰国奨励・行き来自由」な留学政策を打ち出し，留学政策はより緩和・合理化され，留学も安定的な成長と発展の段階へ突入した [11]。西洋の先進国へ渡航した留学生の多くは，学業を終えた後現地に残って発展し，最終的には移民となり，新移民の最も重要な構成要素となっている。

　家族団欒型移民の出身地が主に伝統的な華僑出身地域であったのに対し，留学移民の出身地は主に北京や上海などの大都市，そして大学や科学研究所が多い省政府所在都市および中核都市である。これは統計データからも明らかになっている。福建・広東・浙江などの伝統的な華僑出身地域における留学移民の人数は，当該地域における移民の 10％未満であった。これと明らかに対照的な例として，上海の場合，1978 ～ 1998 年だけで，約 13 万人の新移民のうち留

11　程希（2002）「関于全球化時代留学人員地位和作用的若干思考」『中国発展』第 1 期，57 頁。

学移民が 60％以上を占めていた。また陝西省は内陸に位置し，歴史的に海外移民の数は少ないが，省政府所在地である西安は西北地域における文化の中心地であり，有名大学や科学研究機関が集まっていることから，新移民は留学移民が中心で，全体の 60％前後を占めている[12]。留学移民の行き先については，世界 100 以上の国や地域に分布してはいるものの，やはりアメリカ・カナダ・イギリス・日本・オーストラリア・韓国などの先進国に集中している。

　統計によると，2013 ～ 2014 年度，中国人留学生受け入れ人数が最も多かった国は多い順からアメリカ 27.4 万人，カナダ 9.6 万人，日本 9.4 万人，イギリス 9.2 万人，オーストラリア 7.1 万人，韓国 5.4 万人，フランス 5.4 万人，ドイツ 2.6 万人となっている。2014 ～ 2015 年度は多い順に，アメリカ 30.4 万人，カナダ 11.1 万人，イギリス 9.5 万人，日本 9.4 万人，オーストラリア 7.6 万人，韓国 6.0 万人，フランス 6.0 万人，ドイツ 2.8 万人であった[13]。この中で，中国人留学生に最も人気のある国はアメリカであり，アメリカの国際学生の中で中国人留学生が占める割合も高く，2015 年には 31.9％に達した[14]。同様に，アメリカは中国人留学生が現地に残留し，定住する割合が最も高い国でもある。一般的に，留学移民は教育水準が良好で，家族団欒を目的として出国する教育水準の低い移民よりもよい境遇にある場合が多く，経済的地位，社会的地位，そして発

12　張秀明，前掲論文，25 頁。

13　中国教育在線，教育優選連盟が発表した「2016 中国出国留学発展趨勢報告」（データ出典：アメリカ「門戸開放報告」，カナダ移民局（CIC），イギリス高等教育統計局・英国独立学校委員会，オーストラリア移民局，日本学生支援機構，韓国法務部），中国教育在線（http://www.eol.cn/html/lx/report2016/yi.shtml）参照，閲覧日：2017 年 6 月 25 日。

14　中国教育在線，教育優選連盟が発表した「2016 中国出国留学発展趨勢報告」，中国教育在線 http://www.eol.cn/html/lx/report2016/yi.shtml 参照，閲覧日：2017 年 6 月 25 日。

展の将来性など，どの面においてもかなり良好である。

　もう一つの注目すべき現象は，留学生の帰国率である。初期の留学生の場合，当時の中国経済が比較的立ち遅れており，各方面における条件も西洋諸国には及ばなかったため，留学生の帰国率はやや低かった。ここ十数年は，中国の発展の見通しが良好であることから，卒業後，帰国して中国で発展しようとする留学生の数が明らかに増加している。中国教育部の統計によると，改革・開放から2007年までの中国における留学での出国者数は累計121.2万人，留学後の帰国者数は累計32万人で，帰国率はわずか26.4％でしかなかった。しかし2015年末までの各種留学出国者数は合計404.21万人に達し，留学後の帰国者数は221.86万人で帰国率54.8％と，2007年よりも倍増している[15]。こうした人たちは「海帰」(国へ帰るという意味の「海帰」と，海中で生活した後，陸に戻ってくる「海亀」が同音異義語であることから「海亀族」とも) と呼ばれているが，帰国後，予想と現実とのギャップといった一連の要因による影響を受けて，すぐにぴったりの仕事を見つけられず，「海待」(帰国後，仕事が見つかるまで待つという意味の「海待」と，海の中で漂うコンブを表す中国語「海帯」が同音異義語であることから「海帯族」とも) となる人もいる。また，中国の国内環境に失望したり，馴染めなかったりして再び出国する人や，海外と中国を行き来する生活スタイルを選ぶ人もいる。

　近年，中国の経済発展にともない，海外留学ブームは依然続いており，留学渡航者数も安定して増加し，留学先もより多様化している。また，大学院生に代わり，学部生が留学生の主体となっているほか，家庭の条件に恵まれた学生は小中学生の段階から海外で基礎教育を受ける道を選択するなど，留学の低年齢化現象もみられるようになっている。

15　「中国海帰回流率已過半，8年間提高一倍」(http://news.k618.cn/edus/201607/
　　t20160721_8232793.html) 未来網，閲覧日：2017年6月25日。

ビジネス移民（投資移民や各種商売人など）

自身の利益を考えて，西洋諸国では投資移民が歓迎されており，一般的に，それに応じた政策を設けて投資移民を積極的に受け入れている。中国の新移民の一部には，投資移民も含まれている。その割合は低いが，ここ数年は急速な増加傾向をみせている。投資移民の主な行き先はやはり，アメリカやカナダ・オーストラリア・ニュージーランド・イギリスといった西洋の先進国である。1990年代中頃以降，特に目立っているのはカナダだ。統計によると，ここ20年，カナダは30万人の投資移民を受け入れているが，これは世界中のどの国よりも多い[16]。カナダ以外では，1990年代中頃以降，ニュージーランド，オーストラリアなども多くの中国大陸からの投資移民を受け入れている。

ここ数年，中国の中産階級の台頭にともない，投資移民の手続きをおこなうことのできる富豪が増えており，それに加えて一部の西洋諸国は経済促進のために投資移民の受け入れを強化しているため，中国の投資移民の行き先の構造にも静かな変化が生じている。これまで中国からの投資移民が少なかった西ヨーロッパが新たな増加のホット・ポイントとなっているが，中でも最も目立っているのはイギリスである。2008年以降，イギリスが設けた新たな移民規則は，富裕層やエリート階級をより引き付ける内容となっており，これにより，イギリスでは中国からの投資移民の割合が増加している。

初期の投資移民は主に個人事業主や商工業者で，まだ本当の意味での「投資家」に該当しないものであった。その目的は海外で成功するため，または外国商人の身分を取得した後帰国して経営に従事するためであった。投資移民の全体的な文化水準は技術移民には及

---

16 「排華情緒正在加拿大発酵，700老外召開"批斗中国人大会"！」(http://www.todaycalgary.com/portal.php?aid=984&mod=view) 今日卡城中文網，閲覧日：2016年6月30日。

第 1 章 「中国新移民」の現状

ばないものの，起業意識はどのタイプの移民よりも高い。最も代表的な投資移民は温州移民である。彼らはわずか数千ドルを元手に，数十万ドルから数百万ドルの借金・投資をして旅館やスーパーを経営したり，不動産を購入したりしている。資金源は主に温州人の相互扶助ネットワークで，「幹会」（利息のない「標会（互助会）」）方式で資金を取得する。2003 年までに，アメリカや西ヨーロッパにはすでに 70 万人以上の温州新移民が存在しており，彼らは大規模な投資移民グループとなっている[17]。また，ここ十数年来，中国経済の発展や中産階級の成長により，中国の海外投資移民の中で，本当の意味での投資家の割合がますます高まっている。彼らは西洋諸国の良好な教育条件，自然および社会環境を求めているほか，海外で投資し，事業を発展させたいと考える人も存在する。現在，中国の中産階級は今なお形成・発展中であり，このグループはまだまだ成長段階にある。したがって，今後中国では条件を備え，投資移民の道を選択する人が増え続けていくと考えることができる。

　投資移民は，一般的にハードルが高く，投資額は数十万から数百万元と様々であるが，一般的な中国人にとっては大きな額である。したがって，本当の富裕層でなければこの金額を負担することはできない。実際，現在海外で奮闘する中国の新移民の中で「投資家」としての身分を備えた人たちは多いのだが，彼らは上述のような政府が公式で認める「投資移民」の資格を備えておらず，個人の身分として海外で投資・起業している人々なのである。これはまさに典型的な「発展追求型」の新移民で，様々なタイプの中小規模商売を中心におこなっている。こうした人々は，自分の貯蓄や借金によりまとまった資金を調達し，海外というさらに大きな市場でビジネスチャンスをつかみたいと考えている。したがって西洋の先進諸国よりも，東南アジアやアフリカ，南米といった発展途上国や開発国の

17　郭玉聡（2004）「経済全球化浪潮下的中国新移民」『当代亜太』第 9 期，58 頁。

51

ほうが，こうした新移民にとってはより魅力的な場所となっている。発展途上国や開発国は比較的立ち遅れており，市場開発も不十分か未開発であるため，起業家にとっては非常に大きなビジネスチャンス，潜在力を秘めているといえる。事実，こうした地域は中国新移民にとって起業における新たな楽園となっており，多くの人がこうした土地で人生初の大金を手に入れている。現在の中国経済の持続的で安定した発展にともない，今後「閑金」（余った金）をもつ中国人はさらに増えることが予想される。そのため，このタイプのビジネス移民も将来的にさらに増加を続けていくであろう。

技術移民および労働移民

投資移民と同様に，西洋諸国は技術移民も歓迎しており，西洋諸国の技術移民招聘政策の影響を受け，中国大陸では1990年代後期より比較的多くの技術移民が海外へ移った。主な行き先はやはりアメリカ・カナダ・オーストラリア・ニュージーランド・イギリスなどの西洋の先進国で，中でもカナダが特に多い行き先となっている。カナダは技術・独立移民政策を実施しているため，1990年代中頃以降，中国大陸からカナダへの移民は増加を続けている。1999年，大陸からカナダへの移民者数は2.7万人を超え，カナダの移民人口の中でトップだった香港人を上回った。このうち2万人が独立・個人事業主タイプの移民で，中国大陸はカナダにとって最大の技術移民出身国となった。このほか，アメリカ・オーストラリア・ニュージーランド・イギリス・ドイツをはじめとする一部の西洋諸国でも多くの中国技術移民を受け入れている。

労働による移転は国籍の変更ではなく，経済収入の増加を目的としている。したがって永久的な移民の範疇には属さないが，中にはこれをきっかけとして永久的移民となる人もいる。我が国の労働力輸出は，主に熟練の技術者やプロジェクト技術者の輸出および中国

国内企業が設立した海外オフィスへの派遣者である。中国の労働力輸出は1970年代末から始まり、プロジェクト技術要員がイラク・香港・マカオの労働力市場へ進出した。1980年代になるとその数はやや増加したが、行き先はやはり発展途上国が中心であった。ここ十数年、中国の国力増強や技術レベルの向上にともない、国際市場における競争力が高まり、中国企業の「走出去」（対外進出）政策の歩みも加速し、獲得できる外注プロジェクトや労務提携契約も多くなった。そのため、外国へ向けた労働力輸出の数も著しく増加し、中でも東南アジア・アフリカ・南米などが特に増加している。

アフリカは距離的に遠く離れており、経済発展も比較的立ち遅れているため、歴史上、アフリカへ向かう華僑・華人の数は少なく、19世紀末に少数の中国系労働者・商業者が南アフリカ・マダガスカル・レユニオンなどに移った以外には、華僑が足を踏み入れた土地はほとんどない。しかしここ十数年で状況は大きく変化し、中国からアフリカへ移転する移民の数が急増している。これは中国とアフリカの経済協力が強化されたこと、中国がアフリカでの直接投資や請負プロジェクトを増やしたこと、労務契約により多くの人材が派遣されていることなどと密接に関係している。商務部などの関連部門が提供しているデータによると、1996〜2007年にかけての中国の対アフリカ直接投資額はそれぞれ：1996／56、1997／82、1998／88、1999／65、2000／216、2001／67、2002／63、2003／107、2004／135、2005／400、2006／370、2007／1010（単位：百万ドル）となっている。2003年以降、アフリカにおける中国の直接投資は着実に増加し、2006年以降は増加ペースが加速していることがわかる。同期間中、中国からアフリカへ派遣された人材も増加の勢いをみせている。『中国商務年鑑』が公表しているデータによると、1998〜2007年、アフリカで請負プロジェクトや労務契約に従事した中国人の数はそれぞれ1998年が

3.9 万人，2003 年が 7 万人，2004 年が 7 万人，2005 年が 8.2 万人，2006 年が 9.5 万人，2007 年が 11.4 万人となっている[18]。2010 年までに，アフリカに投資している中国の国有・私営企業は約 1,600 社あり，インフラ・公共プロジェクト・鉱業・エネルギー・通信・農業・サービス業などの分野に及んでいる[19]。

　中国企業の対外請負プロジェクトは通信，建築，水道・電気，陸橋，港湾，鉄道などの業界に及ぶが，特に通信や建築が目立っている。ここ数年，中国企業の対外請負プロジェクトトップ 100 ランキングにおいて，華為技術有限公司と中国建築工程総公司が常にランキング上位に名を連ねており，2016 年は両社とも営業額 100 億を突破し，華為は 151 億で第 1 位，中国建工は 103 億で第 2 位となった[20]。今後，実力が強化され経験が蓄積されるにつれて，中国企業の「走出去」チャンスはさらに増え，加えて中国と「一帯一路」沿線諸国との提携強化のような中国と外国との協力が推進されることで，中国の労働力が国境を越える機会もさらに増えるであろう。しかし全体として，他のルートと比べて海外派遣労働者の数は少なく，しかも短期的な移転が多いため，労働という手段を通じて最終的に移民を実現する人はごく一部しか存在しない。

非正規ルートの移民

　西洋ではビザなし移民と呼ばれており，中国では「不法移民」と呼ばれていた。このタイプの移民の移転方法は主に 3 種類ある。①留学・親戚訪問・観光・ビジネス・文化活動などを通じ，合法的に

18　何敏波（2009）「非洲中国新移民浅析」『八桂僑刊』第 3 期，51 頁。

19　李鵬涛（2010）「中非関係的発展与非洲中国新移民」『華僑華人歴史研究』第 4 期，25 頁。

20　「2016 年我国対外承包工程業務完成営業額前 100 家企業」(http://hzs.mofcom.gov.cn/article/date/201702/20170202513553.shtml) 中華人民共和国商務部ホームページ，閲覧日：2017 年 6 月 25 日。

移住先の国に渡航するも，長期的に不法滞在状態となる。②観光・商業視察などの合法的な手続きで出国し，第二国を経由して第三国へ密入国する。③国境密入国。1990年代から2000年以降の数年間，中国沿岸地域における不法移民現象は非常に目立っていた。中国で不法移民現象が生じた根本的な原因は経済的な問題であり，直接的な原因は国外での受け入れ枠が少ないためであった。需給バランスがとれず，合法的にビザを取得することが困難で，多くの人が正規ルートで移民になれないため，彼らはリスクを冒して不法移民の道を選ぶしかなくなる。北米や西ヨーロッパなどの国では不法移民の合法化政策やいわゆる「政治的保護」政策により，ある程度は不法移民を刺激している。同時に，移民ネットワークや国際的密航組織の存在も，不法移民が目的を達成するための条件を提供している。

　行き先については，1990年代中頃以降，アメリカが非正規ルート移民の最大の目的地となっていた。1990年代中頃以降，非正規ルート移民の目的地はヨーロッパやオセアニアなどの新たな成長地域を中心としてグローバル化の傾向をみせた。出身地をみてみると，沿岸部や国境付近の省が非正規ルート移民の主な出身地となっており，中でも福建省の沿岸地域や東北の辺境付近が非正規ルート移民の好発地域となっている。このように，古くからの華僑出身地域周辺の貧困地域が重点となることが多いようである。現在の社会モデルチェンジプロセスの中で，こうした地域は自然条件が悪く，経済基盤も脆弱なため，隣接する古くからの華僑出身地域との発展格差がさらに拡大し，そこから心理的な劣等感，アンバランス感が悪化する。また，こうした地域は古くからの華僑出身地域のように成熟した移民ネットワーク（移民チェーン）をもっていないため，非正規ルートで出国するしかない。非正規ルート移民の行き先についてみてみると，ある特定の地域への移転が比較的安定してみられる。つまり，大雑把にいえば行き先が固定されているのだ。たとえば，福

建人ならアメリカへ，浙江人ならヨーロッパへ，江蘇・上海人なら日本へ，山東・遼寧人なら韓国へ，内モンゴル・東北人ならロシアへ，新疆人なら中央アジア諸国へ移転するといった具合である。

　福建省は不法移民問題が深刻な地域で，1992年から2000年に入った最初の数年までの十数年にわたり，不法移民問題は常に深刻な問題とされてきた。福建東部・福建西部・福建北部などからアメリカ・ヨーロッパへ移った新移民の多くは密航という形をとっており，特に福建東部・福州の馬尾・亭江・福清・長楽・連江などでは密航が当たり前のようにおこなわれてきた。一部の村では，働き盛りの男性が密航により国を出てしまい，残されたのは高齢者や病人，女性や子どもだけの「空っぽの村」になってしまっている。非正規ルート移民の大量流入は，西洋諸国において一連の社会問題を引き起こしており，また西洋人を不安にもさせている。また大量の福建人が密航という形で入国することで，西洋人に対して「福建人」イコール「密入国者」というイメージを抱かせており，一時期世界では「アメリカは連江を恐れ，イギリスは長楽を恐れ，日本は福清を恐れ，台湾は平潭を恐れ，世界は福建を恐れる」という言葉が流行していた。しかし，ここ十数年，中国の経済的実力が高まるにつれ，一般人の収入や生活水準も以前より明らかに向上したため，これまでのように多くの経済的代償や高い安全リスクを冒して密航しようと考える人は少なくなり，密航現象も大幅に減少している。

（3）新移民の特徴

　新移民の文化レベルや生活面での境遇には大きな差があるものの，一つのグループとしての共通点も多い。

学歴が高い

　新移民は，全体的にかつての華僑よりも学歴が高い。初期に出国

した華僑の多くは貧困の農民で，教育を受けたことのない人がほとんどであった。しかし現在の新移民は，農村出身者であっても少なくとも中高教育を受けており，新移民の中には留学生の割合も高い。彼らは良好な教育背景を有しており，移住先の社会における受け入れ度も高いため，多くの専門的な職業分野に参入でき，一般的な移民よりも高い社会的地位と影響力をもっている。新移民が近年における華僑実務の重点となっているのは，このグループの存在と大きく関係している。

職業がより多様化している

新移民の中で若者が占める割合は高い。彼らは開放的な思想をもっており，視野もオープンで，新しい環境への適応力も高く，創造性や開拓精神に富んでおり，すぐに現地に根を下ろし発展することができる。加えて，一般的にみな教育を受けており，特に留学生から移民となった人たちは良好な知識背景を備えているため，昔の華僑に比べ，新移民の職業選択はより多様化し，就職する分野も拡大・発展を続けている。彼らは，昔の華僑が「三つの刀」（縫製・理容・調理業界で働くこと）を中心とした伝統的な業界に従事していた状況をすでに打破し，経済貿易・文化・科学技術・金融・教育・医療などの分野で活躍している。特に北米や西ヨーロッパ，日本などの先進国や地域では，様々な知識や技能をマスターしている華僑・華人の専門人材グループが拡大し続けており，華僑・華人によるハイテク企業も急成長しているなど，良好な発展の見通しをみせている。

祖国（国籍）と密接に関わっている

新移民は基本的に新中国成立以降に生まれ，大多数の人が祖国（国籍）に対して深い感情を抱いており，祖国（国籍）との密接な関係を維持している。また，強い民族的アイデンティティをもち，中国の

前途や運命により高い関心を示し，祖国（国籍）の尊厳や利益を熱心に守ろうとしている。多くの人が中国―外国間の経済・文化・科学技術面における交流事業に従事して中国と密接に関わっており，中国と外国との交流や協力促進において積極的に役割を果たしている。

より積極的に溶け込んでいる

　かつての華僑は生計を立てるために海を越え，言葉の壁や文化の違い，当時の居住国での民族差別などの影響を受けて，ほぼ閉鎖的な状態にあった。商売圏，生活圏は華僑・華人コミュニティに限られ，伝統的思想の影響を受け，強い仮住まい感や故郷に戻りたいという感情を抱いていた。そのため，主流のエスニック・グループとの交流は少なかった。新移民は発展を求めて海を越えており，加えて良好な教育背景や適応力を備えているため，自分が居住先の国で生き，発展するためのよりよい条件をつくろうと，主流社会実務への参加面において積極的な態度を示しており，昔の華僑に比べ経済・社会・政治的訴求，「現地に根を下ろしたい」などといった意識を強くもっている[21]。

3．近年における新移民の変化の特徴，直面している問題および思考

　ここ十数年に出国した新移民について考察すると，彼らには，過去の新移民とは異なる新たな変化や特徴がみられることにも気がつく。

（1）ここ数年来の新移民の変化の特徴

数的変化：移民数の著しい増加

　華僑・華人の総数はますます増えているが，主に新移民の数が増

21　「解析中国"新移民図譜"：専訪国僑弁主任李海峰」(http://www.chinanews.com/
zgqj/2012/01-17/3611919.shtml) 中国新聞網，閲覧日：2012年1月18日。

加している。歴史上，東南アジアは華僑・華人の主要な移住先であった。そのため，割合でみると東南アジアの華僑・華人は世界の華僑・華人人口の中で絶対的に優勢であり，1950年代，世界の華僑・華人口全体の90％以上を占めていた。改革・開放以降，西洋諸国への新移民の移住が激増するにつれ，東南アジアの華僑・華人が占める割合は相対的に減少傾向をみせ，ここ数年はこの傾向がより顕著になっている。荘国土教授の研究によると，1970年代以降，中国新移民の大規模化が，世界の華僑・華人が東南アジアに集中しているという構造に対して決定的な変化をもたらした。

2008年時点における世界の華僑・華人人口総数は約4,543万人で，このうち東南アジアの華僑・華人が3348.6万人と全体の73.5％を占め[22]，これまでよりも減少傾向を示した。2011年時点における世界の華僑・華人人口総数は5,000万人前後となっている。先進国の華僑・華人人口は激増しており，中でも日本や韓国における増加ペースが最も速い。北米の華僑・華人数は530万人にのぼり，1980年代以前は世界の華僑・華人人口総数の4％であったのに対し，2007年時点では12％に増加している。ヨーロッパの華僑・華人は，1980年代以前は華僑・華人総数の1％未満だったが，2007年には約5％まで増加している[23]。

約半世紀に及ぶ冷戦期間中，華僑・華人の人口増加は主に自然的な増加によるものであったが，1980年代後半，特に1990年代以降のポスト冷戦期には，主に新移民の人数増加が中心となった。現在，国家僑務弁公室が対外公開している華僑・華人人口総数は6,000万人とされている。1980年代始めの人数が2,000万人であったのに対し[24]，ここ数年の人数の急増は，主に新移民の貢献によるもの

22　荘国土，張晶盈（2012）「中国新移民的類型和分布」『社会科学』第12期，10頁。
23　荘国土，前掲論文，14頁。
24　荘国土，前掲論文，10頁。

となっている。

出国動機の変化：「生計を立てるため」から「発展を求めるため」へ

　移民の動機を研究する際は、イギリスの人口学研究者である E.G. ラベンシュタイン（E.G. Ravenstein）が初めて提唱した「人口移動の法則」、すなわち人口移動の「プッシュ―プル」理論が最も多く引用される。この理論は、人口移動は送出国の推力（または排斥力）と受入国の張力（または吸引力）が同時に作用した結果である、というものである。このうち経済的要因が移転をもたらす主要な原因とされている。簡単に述べると、送出国の低い経済発展水準により生存や就業面におけるプレッシャーが生み出されて推力を形成し、受入国の高い経済発展水準と収入レベルが張力を形成するのである。世界経済発展のアンバランスさは、世界で移民を発生させる根本的な原因である。第二次世界大戦後、世界的な移民活動は、経済開発国への移民から、経済的先進国への移民が中心となってきた。経済的地位の改善を求め、よりよい生活を追求することは、移民にとって常に最も重要な動機とされてきた。これは、中国大陸における新移民にとっても主要な移民動機であった。そのため、初期の段階における中国人の移民願望は強烈であった。主な原因は、中国と外国との格差、特に経済発展における格差が大きいことであった。しかし近年、改革・開放の成果があらわれ、中国経済は長足の進歩を遂げ、人々の生活水準は向上し、外国との格差も縮まり、加えて出国するにしても様々な面でコストがかかることから、多くの人はそれならばいっそ中国国内で発展したほうがいいと考えるようになっており、出国願望もそれほど強烈ではなくなっている。

出国先の変化：出国先は日々多様化し、全世界に発展

　ここ数年の発展をみてみると、新移民の渡航先の多様化が非常に

際立っており，今後この傾向はさらに高まると思われる。福建省の福州地区を例にみてみよう。統計によると，2005 年，福州地区の華僑・華人は世界 146 の国と地域に分布しており，現在の統計では 160 の国と地域とかなり増加している。このうち，特に福清人の渡航先は多様化してほぼ全世界に広がって発展しており，福清人のファイティング精神がみてとれる。このほか，ここ十数年の間に，移住国の国内環境の変化を受け，新華僑・華人の再移民，渡航先の変更といった現象が広くみられるようになった。最も典型的な例として，2009 年以降，ヨーロッパの経済不況により商売が困難となり，スペインに居住していた一部の新移民は新たなビジネスチャンスを求めて南アフリカなどの地に移転した。2009 年，ロシアがチェルキゾフスキー市場を閉鎖した「グレー通関」事件の後，福建西部の三明地区および福建北部の南平地区の一部の新移民もロシアを離れたり，ハンガリー・イタリア・アラブ首長国連邦・南アフリカなどといったその他の地域へと移転したり，中国に帰国したりした。また，南アフリカや南米の一部の国では，移民が相対的に飽和状態となった後，激しい競争，さらには悪質な競争が続くという事態が発生し，元々の移住国から周辺国，たとえば南アフリカを離れて中央アフリカや東アフリカへ移転する人もみられるようになった。これまでと比べ，新移民の流動性はより強くなっている。

出国方法の変化「非正規ルート」から「正規ルート」へ

　改革・開放以降，人々の強烈な出国願望により，1980 年代から 1990 年代，そして 2000 年に入ってからの最初の数年までの間，密航という形で出国する不法移民問題が非常に深刻であった。特に代表的なのは福建省で，福建東部・西部・北部などからアメリカやヨーロッパなどに移った新移民の多くは，こうした方法で出国している。特に福建東部・福州の馬尾・亭江・福清・長楽・連江などは

第一部　中国から／への新たな移動，そこから逆照射される新たな中国像

深刻な不法移民発生地であった。たとえ政府が厳しく取り締まっても，リスクを冒して不法行為をおこなう人は絶えなかった。しかし2005 年以降のここ数年，中国国内環境，特に中国国内の経済状況が明らかに改善されるにつれ，巨大なリスクを冒し，莫大な経済コストを支払って密航しようとする人は徐々に少なくなっている。それでも，ここ数年も密航者に関するニュースは目に留まる。たとえば 2009 年 7 月，200 名の密航者を乗せた船がハイチ付近のカリブ海海域で転覆し，数名が死亡した。密航者は福州の琅岐・亭江・長楽・連江出身で，亡くなった密航者のうち，琅岐出身者だけで 14 名存在したという[25]。

　また，2010 年 1 月のハイチ地震発生後の報道によると，福建省福州市の馬尾・長楽・連江から移住した密航者数百名が現地で消息不明となっている。しかし全体でみてみると，近年，中国国内における経済発展や収入増加にともない，リスクを冒し，多額の密航費用を支払ってまで出国したいと考える人は大幅に減少している。これまで密航が盛んだった福建東部地域においても，初期の密航者の生活が安定した後，合法的な手段で家族団欒型移民申請をおこなうことによる親族移民ブームが発生した。福州地域・長楽市の猿𡷊村を例に挙げると，ここ数年，対外移民モデルに根本的な変化がみられるようになった。

　1990 年代，猿𡷊村では密航が盛んにおこなわれており，青年男性がみな出国してしまい，村には「高齢者・女性・子ども」ばかりが残る「三多現象」がみられた。しかしここ数年，親族移民が続々と増えており，元々村に残っていた高齢者や妻，子どもたちも次々と出国し，村の人口構造および生態に大きな変化が生じている。ここ数年，猿𡷊をはじめとする「密航村」では親族移民ブームが発生しているのである。2011 年，猿𡷊村には約 700 名の住民がいたが，

25　「"偸渡海難"，低調的"死者"家郷」『南方都市報』2009 年 10 月 31 日。

同年，この村の約 100 名が親族移民の申請をおこなったというデータがある[26]。2014 年始めの時点で，猿嶼村の全人口約 6,000 名（海外居住者を含む）のうち，常住人口はわずか 500 〜 600 名だけになってしまった[27]。大量の人口が移転したため，猿嶼村は空っぽの村になってしまったのだ[28]。このように，移民の方法は非正規から正規ルートへと変わり，その他の出国者も観光や投資，労働といった合法的な方法で出国しているのである。

職業選択の多様化と生活水準の最適化

初期の華僑・華人が出国する理由は出稼ぎが中心であり，特に西洋諸国へ密航する人の大半は，現地の人が従事したがらないような危険度が高い・労働量が多い・環境が悪い・賃金が安い仕事に従事し，基本的には労働力を売っていた。しかし現在は，出稼ぎに加え，元手を手に「お金を掘り起こそう」としている人がますます増えている。以前に比べ，生計を立てる方法に質の変化があらわれたといえる。フィリピンの首都マニラでは，福建南部，特に晋江出身の新移民約 20 万人が活躍している。彼らは「閑金」（余った金）を手に，金で金を生み出そうとする商売人である。彼らは，価格面で優位性のある「中国製」商品を，義烏・広州・晋江からマニラの各大型卸売市場に輸送し，フィリピン人に売ることで，財産を増やしているのである。したがって，古い華僑たちが「生き残り，生活を求めて」故郷を離れたのと異なり，新移民が海外へ移住する理由は「よりよく生き，発展を求めるため」なのである。

---

26 「猿嶼村 " 打洋工 " 記」『新京報』2012 年 12 月 6 日。

27 中央電視台「遠方的家・江河万里行」第 15 回で華僑出身地の猿嶼村に関する取材あり。2014 年 1 月撮影。

28 長楽市華僑連合会主席・張振燦氏，僑務弁公室副主任・呉氏による長楽市華僑状況紹介。2014 年 6 月 25 日。

ここ十数年の新移民の中で，「発展を求める」タイプの移民はすでに主流となっている。福建省福州地区（長楽人の多くはアメリカ東部へ，福清人の多くは世界各地へ移住），浙江省温州地区（青田・文成・麗水人の多くはヨーロッパ，特に南ヨーロッパへ移住），広東省珠江デルタ（東莞・花都・恩平人の多くは南米諸国へ移住）の人々は，衣食面に余裕があり，中国国内における条件も悪くないが，大多数の人（主に農民や安定した職を持っていないごく一部の都市住民）は，中国国内での発展の活路が少ないために，資金の一部を手に，発展を求めて国を出たいと考えている。特に発展途上国や開発国は，経済が立ち遅れていて商品も不足しており，またチャンスに満ち溢れているため，新移民に対する巨大な吸引力となっている。加えて安価な中国商品は国際市場で非常に高い競争力をもつため，現在，中国新移民は世界各地に広がっている。ファイティング精神に加え，元々一定の「資本」を有しているため，こうした新移民は職業選択や事業計画においてより自主性をもっており，職業選択も多様化し，生活水準も一般的なゼロからの起業家やまだスタート段階にいる人たちより優れているのである。

(2) 新移民の海外における諸問題

21世紀に入り，グローバル化の推進や中国経済の発展にともない，「走出去」を実行する中国人は今なお増え続けている。特に海外で「発展を求める」新移民グループは日増しに巨大化し，彼らの足跡は世界各地に及び，さらには辺鄙だがビジネスチャンスが潜んでいる地域でさえもこうした人々を引き付けており，これにともなって安全問題が注目されるようになっている。主流社会に入れば，中国新移民と現地の主流エスニック・グループとの衝突は避けられない。現在の衝突の原因は主に利益の争奪・文化の差・元々の治安の悪さという3種類に分けられる。

第 1 章 「中国新移民」の現状

利益の衝突

1990 年代以降，大量の新移民が海外へ移転し，世界市場の一角を占めるようになったが，その際拠り所となったのは価格面で優位性のある「中国製」商品だった。こうした安価な中国製商品は，新移民が海外で安定し，現地の市場に参入することを助けてくれた一方，同時に現地の伝統産業との間で深刻な衝突を生み，現地住民の経済利益に大きな影響を及ぼしたことにより，反感や衝突が発生した。最も代表的な事例は，2004 年にスペイン・エルチェで発生した靴屋放火事件と，2009 年にロシア政府が実施したモスクワ・チェルキゾフスキー市場閉鎖事件である。

スペインの小さな街・エルチェは靴製造で有名な街で，靴製造は現地の伝統的な産業かつ基軸産業である。1990 年代以降，中国・温州製の靴がスペインに大量に流れ込み始めた。中国製の靴は低コスト[29]という優位性があることから，スペイン市場に大量に流入した後，現地の伝統製靴業に深刻なダメージを与えた。統計によると，2003 年，中国からスペインへ輸出された靴は 6,190 万足で，スペイン市場の年間靴販売量の 47%であった。中国製の靴が大量に流入した後，スペインの靴工場で働いていた職人の失業者数が急増し，「ヨーロッパ随一の靴の街」と呼ばれていたエルチェの製靴業は再起不能となってしまった。

2002 年，エルチェでは 12 の靴製造工場が倒産，2003 年にその数は 14 件に増加し，2004 年の 1 〜 7 月は 26 件にまで急増した。また 1,000 名以上のスペインの現地靴職人が工場倒産の煽りを受

29　中国製の靴 1 足がスペインに輸送された後の売値はわずか 5 ユーロで，2 ユーロで売られることもある。しかし，スペインで生産される同品質の靴は，安くても 8 ユーロ。これに比べると，中国製の靴は明らかに優位性がある。（張鋭（2004）「中国商人的西班牙之殤」『華人時刊』第 11 期，27 頁。）

65

けて失業した[30]。最終的に，スペイン人の怒りは頂点に達し，2004
年9月16日夜，中国人が経営する靴屋・倉庫に火を付け，現地の
中国系業者のコンテナ17本，100万ユーロ相当の損失をもたらし
た[31]。報道によると，これは「中国系商人の合法的な権利を侵害し，
中国系人を野蛮に排斥したスペイン史上初の暴力事件」であったと
いう。事件後，「中国商人を追い出せ」というスローガンがあちこ
ちから聞こえるようになった。エルチェの「靴屋放火事件」は，中
国製商品がスペインの伝統的産業に進出したことにより発生したエ
スニック・グループ間の激しい経済競争・衝突を色濃く反映してい
る。冷静・公平に述べると，中国新移民に非はなかった。しかし，
スペイン人は市場という見えざる手に操られていることに対してど
うすることもできず，暴力に訴えるしかなかった。これは，民間の
「経済的中国排斥」事件の代表例である。

　2009年にロシア政府がモスクワのチェルキゾフスキー市場を
閉鎖した事例は，政府による「経済的中国排斥」事件の代表例で
ある。チェルキゾフスキー市場は「アリ市場」とも呼ばれ，ヨー
ロッパ最大の小売・卸売市場で，ロシアのイスマイロフ氏が設立し
た，20年の歴史を有する市場である。設立以来，この市場は外国
人がロシアで貨物を輸入する際の目的地となっていた。ロシア政府
は，国内の通関業者と協定を結び，通関業者に輸入業務を代行させ
ていた。長年にわたり，通関業者とロシア税関が水面下で私利をむ
さぼり，透明であるべき通関が「グレー通関」化していたのである。
2009年6月29日，ロシア政府が実施した「グレー通関」撲滅活
動の中で，中華系業者はスケープゴート，そして最大の被害者とさ
れ，多くの人がほぼ全ての財産を失い，さらには多額の負債を背負
うこととなった。統計によると，福建省明渓県出身の中華系商人約

30　張鋭（2004）「中国商人的西班牙之殤」『華人時刊』第11期，27頁。
31　林国陽（2014）『西班牙排華問題──以浙江籍青田新移民為例』暨南大学修士論文。

第1章 「中国新移民」の現状

1,200 名がこの事件で被った貨物損失額は人民元に換算して約 6 億元，資産損失額は約 15 億元，合計損失額は 21 億元であったという。事件はロシアの中華系新移民商人の事業発展に重大な影響をもたらし，多くの人が現地での発展に自信を失い，帰国を選択した人もいれば，中欧ヨーロッパや南ヨーロッパ，中東などの国に移転する人も多くみられた。

文化的衝突

主に，①中国人のマナーの悪い行為が現地の人々と相容れず，反感を買い，衝突に発展する。②中国人が現地の習慣に馴染めず，現地の風習や法律に合わない一部の行為が人々に受け入れられずに批判・非難を受ける，という 2 種類がある。比較的典型的な例は，中国人の真面目に働く気質が，新移民の移住とともに海外へ伝わることである。彼らは事業のために奮闘し，残業や時間外労働は当たり前で，他の人たちが帰宅し家族と過ごしている時や休暇を楽しんでいる時，礼拝に行っている時も自分たちは働く。こうした姿を現地の人たちの価値観・風習・法律と比較してみると，「勤勉さ」はもはや優良な品質ではなくなり，逆にがめつい，道理がわからない，さらには違法行為と捉えられてしまう。このほか，中国人には小賢しさを発揮し，チャンスを見つけてうまく立ち回ろうとする気質があるが，不当，さらには違法な手段で競争の中から利益を獲得しようとするやり方も，現地の人には相手にされていない。

安全の問題

新移民の活躍と広範囲にわたる分布により，新移民の海外における安全の問題もより目立つようになっている。近年，新移民が海外で事件に見舞われ，負傷・死亡したり，財産を失ったりするといったニュースがしばしばメディアで取り上げられる。海外における新

67

第一部　中国から／への新たな移動，そこから逆照射される新たな中国像

移民の安全状況は楽観視できないものとなっており，安全の問題は彼らが海外で生活し，発展することを脅かす主要な問題となっているといえる。安全の問題が頻発する原因は多方面にわたり，上述のような新移民と主流社会の住民との利益や文化の衝突があるだけでなく，居住国の治安情勢とも関連性がある。そのため，治安状況の悪い国では，中国新移民が直面する状況はより深刻となる。こうした状況は主にアフリカや南米などの発展途上国でみられ，特に代表的なのは南アフリカ，アルゼンチンである。

『華僑華人研究報告』(2013) によると，世界で華僑に関連した事件の統計の中で，アフリカの政治的動乱や武装暴力は他の各大陸と比べても特に際立っており，しばしば死亡・負傷，財産損失をともなっている。アフリカは，市場は大きいが危険性も高い。南アフリカの華人圏には，「強奪に遭ったことがないなら，在南アフリカ華僑とはいえない」という言葉も流行している[32]。加えて，華人は現地の人から「金持ち」とみられており，また現金を使いたがるため，華人を狙った事件が頻発しているのである。小物商品を扱う福建人の多くは市街地から離れた田舎に暮らしており，そこは黒人の密集地域にも近いため，南アフリカにおける華人の異状死統計において，福建人の割合は例年高いものとなっている[33]。

　南米もアフリカと同様に治安状況が悪く，中国新移民が財産や人身傷害事件に見舞われることも多い。アルゼンチンは福清人が多く，スーパーを経営している割合が非常に高い。福清人は「富は危険の中から求める」という言葉を用いて現地の状況を表現している。スーパーを経営している游さんの話によると，「（アルゼンチンでは）強盗

32　「南非華人：険中求富貴」(http://fj.sina.com.cn/news/b/2012-09-21/15149794.html) 新浪網，閲覧日：2015 年 5 月 20 日。

33　「解密福建一家人南非遇害 4 黒人揮刀致滅口惨劇」(http://www.fj.chinanews.com/news/2012/2012-09-19/206660.shtml) 福建新聞網，閲覧日：2015 年 5 月 20 日。

は『日常茶飯事』で，1週間のうちに2回強盗に遭うスーパーさえある」という。金は稼げるが，誘惑は危険と隣り合わせで，自分が無事に帰国できればラッキーなのである。「こちらで暮らす5年のうちに，300〜400万元稼ぐことができたが，毎日びくびくしている」「アルゼンチンではほぼ毎晩ぐっすり眠れない。自分の身を守るために，万一に備えて拳銃を2丁用意している」とも語った[34]。

新移民にとって厄介なのは，現地の犯罪分子だけでなく，華人の中にも反社会的人物が存在することである。「貔貅」（Pixiu）はアルゼンチン最大の反社会的組織で，結成からすでに10年の歴史がある。リーダーは華人で，メンバーにはボリビア人やコロンビア人，ペルー人も多い。日常的な手段は恐喝や暴力による中国系商人からの金銭の強奪である。2016年6月，アルゼンチン側と中国側の警察が連携し，合計40名を逮捕，14丁の拳銃，14万9000ビショ（現地通貨単位），3,700ドル，車4両および薬物を押収し，「貔貅」を一挙に壊滅させた[35]。アルゼンチン以外に，ブラジルやベネズエラ，コロンビア，ガイアナなどで中国新移民が被害を受ける事件もメディアに取り上げられたことがある。2016年，中国系商人の商売に不満をもったことから，コロンビアの首都ボゴタの中心部にあるグランサン（Gransan）マーケットで，現地商売人による中国系商人に対する抗議と排斥要求事件が発生した。また，ベネズエラでは，ここ3年で国内の政局変化により社会が混乱し，経済情勢が悪化するなどして，商業機関が打撃を受ける事件も時々発生している。中華系商人もこれに巻き込まれ，一部の新移民の商売にも

---

34 「3万福清人在阿根廷経商，搶劫如"家常"，手槍防身」(http://fj.qq.com/a/20140911/003428.htm) 騰訊網，閲覧日：2016年6月20日。

35 「開超市是阿根廷華人的唯一出路？」(http://www.weibo.com/2316796262/DAn4J6haE?mod=weibotime&type=comment#_rnd1468084964979) 新浪微博「iWeekly 週末画報」，閲覧日：2016年6月20日。

69

影響が及んでおり，中には帰国したり，他の国に移転する人もみられる[36]。

　以上から，文化衝突・利益衝突・治安の悪さという三つの要因のうち，利益衝突と治安の悪さが，中国新移民の海外での安全に影響を及ぼす主要な要因となっている。この中でも利益衝突はヨーロッパ諸国のような先進国で比較的目立ち，治安による問題はアフリカや南米といった発展途上国や開発国で目立っている。

（3）新移民と中国のイメージに関する考察

　改革・開放後，海外に移住する新移民の数は膨大になり，現在は働き盛りの青年が中心となっている。新移民の心は祖国に向けられていることが多く，十分に信頼でき，任せることのできるパワーである。近年我々が新移民の重要性を強調しているのはこれと関係しており，主に，このプラスの影響を強調している。しかし実際には，新移民に対する全面的な認識ももつべきである。我が国の新移民に対しては，国際的にプラスの評価がある一方でマイナスの評価もある。多くの外国人は，彼らを通じて「中国」と「中国人」に対する第一印象を抱く。この印象は複雑で，この中には消極的な要素も混ざっている。新移民を通じて，国際社会が中国のイメージに対して抱いている認識を改善することも，注目に値する問題である。我々は，新移民という媒介を通じて，少なくとも下記の2点について改善する必要がある。

中国人に対するイメージ

　外国人の「中国人」に対する印象は，主に映画・チャイナタウン・華人・新移民・観光客を通じて形成される。近年，大量の新移民が

36　「委内瑞拉局勢持続動蕩，大量中国移民"夢砕"被迫離開」(http://news.china.com/shendu/13000808/20170816/31107353.html) 中華網，閲覧日：2017 年 8 月 20 日。

海外で生活しており，多くの外国人が，彼らを通じて中国人に対する第一印象を形成している。その内容をまとめると，マナーが悪い・行動が俗っぽい・細かいことを気にしない・モラルがない・自制心がない・誠実さに欠ける・ルールを守らない・信仰心が足りない・拝金主義である，などである。総じてマイナスの評価が多い。世界的に，中国人を悪者のように扱う現象は確かに存在しているが，否定できないのは，中国人自身にも確かに問題があるということである。普通の中国人である新移民が，現実における中国人の「醜い」一面をもって世界へ広がることは避けられない。したがって，新移民に関する事業をおこなう際には，国民全体の素養の向上も併せて実施し，国内外でともに努力し，悪い現象を正すとともに，その原因も是正しなければならない。そうすることで初めて，中国人のイメージ再構築という目的を達成することができるのである。

中国製品に対するイメージ

ポスト冷戦期，グローバル化の発展は中国製品が世界各地に広がるビジネスチャンスを生み出し，中国製品はその安価さから世界市場を獲得し，世界の無名ブランドランキングにその名を刻んだが，手に入れたのは「安価で質が悪い」「偽物で粗悪」「労働搾取工場」という悪名であった。普通の外国人が直接中国人と触れ合う機会は少なく，中国製の「物」が，彼らが中国を知る名刺代わりなのである。この名刺が相手にどのような印象を与えるかは，中国人の書き方次第で決まる。前・在フランス大使の呉建民氏が振り返った次の言葉はこうした印象について考えさせられるものである。

　2000年の冬から2001年の春にかけて，フランスで出土品展を開催した。シラク大統領も訪れた。フランス人は普段あまり我慢強くないのだが，雨の多い冬のパリで，彼らはなんと傘

を差しながら 45 分から 1 時間も，出土品展を見ようと並んで待ってくれた。入場すると，進むペースは非常にゆっくりで，展示品を鑑賞するのに少なくとも 30 分は費やしていた。しかし，来場者数は最高記録を達成。なぜなら，彼らが展示を非常に気に入ったからである。一人のフランス人がある日，「呉大使，私が何度足を運んだか知っていますか？」と尋ねた。私は2回ですか，と答えたが違うという。では 3 回かと聞いたがそれも違うらしい。彼は 10 回足を運んだというのだ。全く想像できないことであった。またあるフランス人は私たちの出土品展を鑑賞した後，「呉大使，中国の改革・開放がどうしてこんなに素晴らしい成果を残したか，今ようやくわかりました。なぜなら，中国の改革・開放は，5000 年の歴史を有する中華文明という肥沃な土地の中に根を張ったものであり，数千年前から非常に傑出していたからですね！」と語った。文物展においては「鄧小平理論」という言葉にも，「中国現代化建設」の成果に関する言葉にも，「中国の特色ある社会主義構築」という言葉にも触れなかったが，フランス人はこのような結論を出してくれたのである [37]。

　これは「物」の発言力である。人が口に出さなくても，物がそのストーリーを自然と語ってくれる。骨董品や文物だけを拠り所にした場合，世界に伝わるのはただの歴史ある中国だけである。世界の人々に現代の中国を知ってもらおうとするならば，今日の数々の「中国製」商品を拠り所としなければならない。
　今日，多くの新移民が「中国製」商品の生産や貿易の第一線で働いている。彼らが自分を振り返り，中国の「人」と「物」のイメー

37　呉建民 (2006)『外交与国際関係：呉建民的看法与思考』中国人民大学出版社，127-128，304 頁。

ジ改善にその身を投じてくれれば，居住先国の人々が抱く中国の「人」と「物」に対する見解をある程度変えることができ，居住国における新移民の生存環境も，現地の人々との良好なコミュニケーションによってきっと良好なものになるであろうし，彼らのビジネスの発展にもメリットをもたらしてくれるであろう。

参考文献

【中国語】

程希（2002）「関于全球化時代留学人員地位和作用的若干思考」『中国発展』第1期，55-61頁。

郭玉聡（2004）「経済全球化浪潮下的中国新移民」『当代亜太』第9期，57-61頁。

何敏波（2009）「非洲中国新移民浅析」『八桂僑刊』第3期，49-53頁。

黄潤龍，鮑思頓，劉凌（1998）「近十年我国大陸海外新移民」『人口与経済』第1期，19-28頁。

李鵬涛（2010）「中非関係的発展与非洲中国新移民」『華僑華人歴史研究』第4期，24-30頁。

林国陽（2014）『西班牙排華問題——以浙江籍青田新移民為例』暨南大学修士論文。

王付兵（2002）「福建新移民問題初探」『南洋問題研究』第4期，55-61頁。

呉建民（2006）『外交与国際関係：呉建民的看法与思考』中国人民大学出版社。

張鋭（2004）「中国商人的西班牙之殤」『華人時刊』第11期，25-29頁。

張秀明（2001）「国際移民体系中的中国大陸移民——也談新移民問題」『華僑華人歴史研究』第1期，22-27頁。

荘国土（2011）「世界華僑華人数量和分布的歴史変化」『世界歴史』第5期，4-14頁。

荘国土, 張晶盈（2012）「中国新移民的類型和分布」『社会科学』第12期，4-11頁。

【インターネット資料】

「3万福清人在阿根廷経商，搶劫如"家常"，手槍防身」(http://fj.qq.com/a/20140911/003428.htm) 騰訊網，閲覧日・2016年6月20日。

「中国海帰回流率已過半，8年間提高一倍」(http://news.k618.cn/edus/201607/t20160721_8232793.html) 未来網，閲覧日；2017年6月25日。

「2016年我国対外承包工程業務完成営業額前100家企業」(http://hzs.mofcom.gov.cn/article/date/201702/20170202513553.shtml) 中華人民共和国商務部ホームページ，閲覧日：2017年6月25日。

「委内瑞拉局勢持続動蕩，大量中国移民"夢砕"被迫離開」(http://news.china.com/shendu/13000808/20170816/31107353.html) 中華網，閲覧日：2017

第一部　中国から／への新たな移動，そこから逆照射される新たな中国像

年 8 月 20 日。

「解析中国 " 新移民図譜 "：専訪国僑弁主任李海峰」(http://www.chinanews.com/zgqj/2012/01-17/3611919.shtml) 中国新聞網，閲覧日：2012 年 1 月 18 日。

「2016 中国出国留学発展趨勢報告」(http://www.eol.cn/html/lx/report2016/yi.shtml) 中国教育在線ホームページ，閲覧日：2017 年 6 月 25 日。

「約 5000 万：全球華僑華人総数首次得出較明確統計数字」(http://news.xinhuanet.com/overseas/2011-11/30/c_111206719.htm) 新華網，閲覧日：2017 年 12 月 1 日。

「解密福建一家人南非遇害 4 黒人揮刀致滅口惨劇」(http://www.fj.chinanews.com/news/2012/2012-09-19/206660.shtml) 福建新聞網，閲覧日：2015 年 5 月 20 日。

「南非華人：険中求富貴」(http://fj.sina.com.cn/news/b/2012-09-21/15149794.html) 新浪網，閲覧日：2015 年 5 月 20 日。

「海外華人華僑已超 6000 万，分布于 198 個国家和地区」(http://news.china.com.cn/2014lianghui/2014-03/05/content_31685623.htm) 中国網，閲覧日：2014 年 3 月 6 日。

「排華情緒正在加拿大発酵，700 老外召開 " 批斗中国人大会 "！」(http://www.todaycalgary.com/portal.php?aid=984&mod=view) 今日卡城中文網，閲覧日：2016 年 6 月 30 日。

「開超市是阿根廷華人的唯一出路？」(http://www.weibo.com/2316796262/DAn4J6haE?mod=weibotime&type=comment#_rnd1468084964979) 新浪微博「iWeekly 週末画報」，閲覧日：2016 年 6 月 20 日。

【新聞記事】

「" 偸渡海難 "，低調的 " 死者 " 家郷」『南方都市報』2009 年 10 月 31 日。

「猿嶼村 " 打洋工 " 記」『新京報』2012 年 12 月 6 日。

第2章　フィリピンへ向かう中国新移民
－歴史，現状と展望－

朱　東芹

大石　かさね　訳

1．はじめに

　20世紀から1990年代中期以降，海外新移民は中国渉僑部門が関心を寄せる集団となり，新移民問題もまた華僑華人研究学界において熱い議論を引き起こすテーマとなった。

　新移民は，移動の方向に基づいて2種類に分類することができる。第一グループはアメリカ・ヨーロッパ・日本・オーストラリアといった西洋の先進国に移動するグループで，大半が留学か家族からの呼び寄せといった方法をとる。人数が多く，出身地も中国全土に渡っていることが特徴的で，特に大学が集中的に存在し教育レベルの高い都市の出身者が多い。こうした新移民の中には，浙江省の温州市のような伝統的な僑郷出身の者や，福建省福州市の周辺にある福清市・長楽市・連江市・亭江市，そして三明市に属する明渓県といった改革・開放政策以降に伝統的な僑郷の周辺に出現した「新僑郷」出身の者もいる。これらの地域出身の新移民は主に欧米に移動しており，移民の方法は合法的な家族呼び寄せか不法入国だが，人数としては不法入国の方が多い。

　第二グループは主に東南アジアや北米など華人の伝統的な移民先

に移動するグループで，移民の目的は初期には家族からの呼び寄せ
だったが，その後は事業の発展が多くなっており，移民元は基本的
に福建省・広東省・浙江省といった伝統的な僑郷である。また第一
グループと比較すると人数は少なく，商売やアルバイトといった社
会の低層に位置する職業に従事する者が多い。そのため彼らの影響
力は西洋の国々に移動する「知識型」や「技術型」の新移民には遠
く及ばず，このグループに属する新移民の研究は少ない。フィリピ
ン新移民はこのグループに属しており，その大部分は福建省南部の
閩南地区出身である。近年は移民の出身地が多元化しており，他の
省からフィリピンへ移動する者も出始めてはいるものの，総数でみ
れば閩南出身の新移民が依然として優勢を占めている。

　本章では第二グループに属する新移民の中でも代表的な存在であ
るフィリピン新移民を取り上げ，その歴史的背景・時代区分と特徴・
現状・問題および将来図などを展開し分析していく。筆者は長期に
渡ってフィリピン華僑問題の研究に従事しており，近年はフィリピ
ンの新移民問題について関心を持っている。特に2008年以降はフィ
リピンにおいて新移民問題の考察に重点を置いたフィールドワーク
を複数回実施しており，本章の主な資料はそれらの調査から得たも
のである。

2．フィリピン新移民形成の歴史と背景

　フィリピン新移民は主に閩南地区出身で，伝統的なタイプの移民
であるといえる。伝統的な移民は多くが地縁と血縁による移民の
チェーンで結びついており，親族や友人を頼って移民を実現させて
いた。このネットワークは，一旦形成されれば政策的な妨げがない
限りは長きに渡って維持されることが多く，移動が途切れずに何度
も行われることによってさらに強固かつ円滑なものになっていった。

またこうした繋がりを利用しての移動は，移民の出身地をある地域に集中させ，目的地も固定化させるという現象を作り出した。

　フィリピンと中国大陸の東南端は距離が近く，閩南人はそれを利用して唐・宋代からフィリピンとの航海貿易を開始していた。そして明代中期～後期の海禁政策が終了した後は大量の閩南人がマニラを主な目的地の一つとして「下南洋」（東南アジアに下る）し，生計を立てたという。当時のマニラではガレオン貿易が盛んになっており，多くの中国人がフィリピンで商売をするために引き寄せられていた。これにより閩南人がフィリピンに移動するという移民の伝統が形成され，フィリピンの華人社会において閩南籍の人々が大多数を占めるという現在まで受け継がれる特徴も作り上げられたのである。

　明代中期～後期から新中国成立にかけては，400年近くの移民の歴史が積み重ねられ，閩南人がフィリピンに移動するためのネットワークは円滑で完全なものとなった。閩南には「呂宋客，不用做，也能得」（フィリピンは自然環境に優れており，生きるのが容易く，よく稼ぐことができ，働かずに稼ぐことさえもできる）ということわざがあるほどで，フィリピン華僑になることは多くの閩南人の夢だったといえるだろう。

　建国から文化大革命までは，閩南人がフィリピンに移動するという現象は非常に一般的なものであった。しかし1949年の新中国成立以降，中国とフィリピンの国交が断絶したことによって，フィリピンは中国からの移民受け入れ数の削減や受け入れの禁止に乗り出し，フィリピンへの移住を希望する閩南人は香港を経由してフィリピンに入国するしかなくなってしまった。さらに文化大革命の開始後は政府の公安部門が麻痺し，出入国の審査が中断した結果，閩南からフィリピンへの移動は徹底的に遮断されることとなった。その後1971年に出入国政策の調整が行われてやっと移民関連政策の大きな改変がもたらされることとなったのである。よって，一般的に

第一部　中国から／への新たな移動，そこから逆照射される新たな中国像

「新移民」とは 1978 年の改革・開放以降に海外へ移住した中国人を指すが，福建省・広東省・浙江省などの伝統的な僑郷についていえば，この地域からの新移民は 1970 年代初頭に繰り上がって出現していたということができるだろう。

　1971 年 6 月 18 日，中国国務院は「華僑，僑眷の出入国審査に関する規定」を発布し，文化大革命の間に中断されていた出入国業務の調整を行い，帰国華僑と僑眷に対する新たな出入国審査を改めて開始した。これによると，配偶者の呼び寄せを要求する者，出国して直系親族の財産を継ぐ者，仕事を手伝う者が「寛大な批准」の原則に従って出国し定住することを許可された。この政策は帰国華僑と僑眷のみを対象としたものであったため，彼らが集中して居住する僑郷がある地域に大きな影響を与えた。当時の政治の下では政策は開けていたものの，帰国華僑と僑眷が出国の申請をするには厳しい条件と複雑な手続きに直面しなければならなかったが，それでも一部の人々はこの機会に乗じて合法的な出国の機会を得ることができた。僑郷ではこうして新移民の序幕が開かれたということができるだろう。

　統計によると，福建省では 1971 〜 1976 年の間で 11,067 人の出国が許可された。福建省は重点僑郷であり，帰国華僑や僑眷の人数も多く，政策が開放された後は出国申請をする者が非常に多かった。さらに当時の申請と審査の手順は複雑かつ厳格であったため，未処理申請の問題が深刻な状況にあったという。統計では，1976 年末までの福建省における出国および香港・マカオへの入境についての未処理申請は 7 万件以上に及んでいたようである[1]。

　当時，帰国華僑および僑眷が出国申請をする際は国外の親戚および彼らが居住する国の関係機構が提供した書類を提出する必要があった。通常，親族が提出するものは，親族関係を証明する書類お

1　福建省地方誌編纂委員会（1997）『福建省誌・公安誌』方誌出版社，179 頁。

および出国者の経済力を証明する書類で，居住国が提供するものは入国許可証であった。これらの書類の内容が中国国内における「調令」（転勤または転任を指示する書類）に似ていたことから，僑郷の人々の間では「調字」と呼ばれていたという。

　政策が開放されたばかりの1970年代初頭は，東南アジアを含め僑郷の人々が移民の目的地とする多くの国が中国との国交を結んでおらず，審査を通った者に対して公安部門から発行される出国許可証には次のような区別があった。中国と外交関係にある国へ行く申請をした者には「中華人民共和国公民出入国境許可証」が発行され，それ以外には「往来港澳通行証」が発行されたのである。後者の許可証を持った者は香港・マカオに停留し目的地へのビザ取得を待つ必要があったため，香港とマカオは新移民が海外へ渡る際の中継地となった。特に香港は経済が発展しており，仕事を得る機会も多かったため，多くの移民が引き付けられ滞在するようになった。フィリピンへ移動する新移民も同様で，1975年までは中国とフィリピンの国交が成立していなかったため，フィリピンへの出国を申請した人々は香港・マカオへの通行証を得ることしかできず，多くは香港に滞留していたという。

　1970〜80年代の香港での生活水準は内地と比較しても高く，これによって一部の新移民は短期滞在から長期滞在へ移行したほか，香港を中継地としてではなく移民の目的地としてみる新移民をも引き付けることとなった。こうして，1971年の僑郷における政策開放以後，2〜3年の短い期間で香港を訪れる移民が急激に増加するという現象が発生した。

　統計では，1971年に香港政庁が承認した香港への移住者数は2,530人で，1972年には20,355人に急増した[2]。大量に流入した新

2　李明歓（2005）「"僑郷社会資本"解読：以福建当代跨境移民潮為例」『華僑華人歴史研究』第2期，41頁。

第一部　中国から／への新たな移動，そこから逆照射される新たな中国像

移民を前にして香港側はますます圧力を感じていた。1973 年 9 月
26 日，香港政庁は政治顧問補佐と移民局長を派遣し，新華社香港
支部副編集長の潘徳声と会見させ，現状に対する通告を行った。そ
れによれば，1971 年末以降，深圳の羅湖口岸から香港に入境する
人数（パスポートもしくは香港政庁が発行した入境許可証を持つ者は除く）
は増加しており，1973 年 1 月以降の毎月の入境人数は 2,000 人を
超え，7 月には 5,500 人，8 月には 6,000 人にまで増加したという。
そして，このまま入境者数が比例的に増加すれば，毎年 70,000 人
もの中国人が香港に入境するという見通しが香港側によって立てら
れた。

　香港政庁はここまで大きな人口圧力に対応するのは難しく，急速
に増加する外来人口が香港住民の利益および政府の「居住条件の改
善計画」に影響を与える可能性があると考えていた。そこで，香港
側は会見において羅湖口岸からの入境人数に制限を設けるよう通
達したのである。中国政府は検討の後，出国を要求する大量の帰国
華僑と僑眷が香港に留まることで一部の住民に生活上の困難が生じ
ていることを特に懸念し，出国審査に制限を加えることを決定した。
こうして 1973 年 10 月 19 日，国務院の批准を経て，香港への入境
人数は 1 日 100 人を超えないよう制限がなされた[3]。この規定に従っ
て各地でも出国審査の人数制限が実施されることとなった。

　福建省の晋江地区では 1973 年 11 月から香港およびマカオ行き
の審査が一時休止したが，1974 年にはすべての地区で毎月香港へ
の入境人数が 400 人を超えてはいけないという規定のもとで審査
が再開した[4]。このため，1972 年から 1973 年にかけて僑郷で盛んに
なった出国ブームは 1974 年以降落着きをみせたのである。

3　中国警察学界出入境管理専業委員会（2003）『公安出入境管理大事記（1949-1999）』
　群衆出版社，281-282 頁。
4　泉州市公安局（2004）『泉州・公安誌』泉州市公安局，87 頁。

第2章　フィリピンへ向かう中国新移民

　1976年に文化大革命が終息してからは，華僑に関わる政府の業務も徐々に元の軌道に乗り始め，帰国華僑および僑眷から出国審査が過度に厳格であるとの声がしばしば上がっていたことから，幾らかの調整が相次いで展開された。鄧小平は，僑眷が親族や友人を頼って出国を申請する書簡に対し「このようなことは今後多くなるだろう。特に華僑が家族に出国するよう要求することに対し，寛大な姿勢をとることにはメリットが多い」「出国を望む者に対してきつく束縛してはいけない。目的が遺産の相続であっても親族の呼び寄せであっても，出国してかまわない」「これは政策上の問題だ。同じような要求が増えてきたのなら，私は華僑事務委員会を通して方針を提出しよう。私は秘密業務に関わるといった特殊な者を除いて，一律に同意する」[5]などと表明し，胡耀邦をはじめとする中央の指導者も同じような意見を表した。

　国家の政治環境が改善されるにつれ，華僑に関わる政策も緩やかになり，帰国華僑と僑眷の出国審査についての政策にも緩和がみられるようになった。1978年9月1日，国務院は公安部と外交部，そして国務院僑務弁公室が共同で起草した「帰国華僑および僑眷の出国審査の緩和と改善に関する意見書」を転送した。基本的な原則は，出国の理由が正当である申請は，入国する国の許可があればすべて寛大に掌握し便宜を図るというものであった。政策が施行された後，僑郷の各省では迅速に対応が進められ，同年10月には福建省公安庁が関係部門と合同で「意見書」を転送し，華僑と僑眷，そして一般国民による私的な出国申請に対して審査条件を徐々に緩和するようになったほか，出国手続きの利便化のために全省各地において審査をして証明書を発行する出張所も設立された。

　このほかにも，地方政府は総力を結集し，文化大革命時に未処理のままだった出国申請の審査を積極的に行っていた。これらの措

5　中国警察学界出入境管理専業委員会，前掲書，215-216頁。

置が実施されてからは，僑郷の住民の入国管理業務は迅速に復活し，出国を許可された人数も大々的に増加することとなる。泉州市鯉城区を例にとると，1978年の1年間で処理された未処理申請は5.9万件余りにのぼり，出国を許可された人数は18,849人であった。また同年の晋江県では約8万件の申請が処理されており，出国許可人数は9,397人となっている[6]。出国を申請した者の多くは帰国華僑か僑眷で，帰省や親類を訪ねる者は少なく，大多数は定住を申請していた。

前述したとおり，香港は帰国華僑や僑眷にとって海外へ向かう中継地であったため，1978年9月1日に「意見書」が発表されて数日後の9月13日には，外交部は公安部・国務院僑務弁公室・港澳弁公室と合同で内地から香港へ入境可能な制限人数を1日150人に増加したとの通知をした[7]。制限人数が緩和された後は香港への入境人数が増加し始めており，香港政庁の統計によれば1978年には最高人数を更新する7万人余りが香港を訪れたという[8]。出国の許可を得たのは殆どが帰国華僑か僑眷であったが，以前アメリカやカナダ，フィリピンなどの海外に住んでいた少数を除いては，香港かマカオに滞留する者が圧倒的に多数であった[9]。

このようにして香港へ入境する人数が急激に増えたため，公安部は人数の制限措置をとるために1979年5月3日「私的理由での香港入境者人数を厳格に制限する問題に関する緊急通知」を発表し，各地で香港入境申請の制限を行い，1978年9月の割当てに基づき把握するよう求めた。また羅湖口岸での未処理申請問題を緩和するために5月6日から20日まで「出入国境通行証」と「往来港澳通

6　泉州市公安局，前掲書，87頁。

7　中国警察学界出入境管理専業委員会，前掲書，283頁。

8　李明歓，前掲論文。

9　福建省地方誌編纂委員会（1992）『福建省誌・華僑誌』福建人民出版社，25頁。

第2章　フィリピンへ向かう中国新移民

行証」の発行が停止され[10]，多くの中国人が香港への経路を断たれた後，彼らの多くは中継地としてマカオに入境するようになり，一時的にマカオへの入境人数が激増，不法入境も散見されたため，頭を抱えたマカオ政府が中国側に対応措置を要求せざるを得ない事態となった。そこで中国政府はマカオへの配慮としてマカオへの入境申請をする国民に対する管理を強化することを取り決めた。さらに公安部は1982年9月1日から，一層の管理強化のために，片道申請と往復申請に分けての香港入境申請者の管理を開始した。1日160人の入境許可者の内訳は，往復申請（里帰りや親戚を訪ねる者）が85人で，片道申請（定住する者）は75人であった。ほどなくして，マカオへの入境申請に対しても同じ管理が行われるようになっている[11]。

　片道申請と往復申請を分けての管理は，香港やマカオでの滞留を目的とする中国人にとっての大きな制限となった。そのため，1978年に出国政策が緩和された後，僑郷においては2度目の小さな出国ブームが巻き起こったが，このブームも政府の香港およびマカオ入境の管理と制限強化によって1980年以降には終息を迎えたのであった。

　僑郷における出国ブームの形成は，当時の出国統計に反映されているといえよう。福建省同安県では，表1の示すとおり，1966年の文化大革命開始から1970年までの出国人数は0人であったが，1971年に帰国華僑および僑眷への出入国審査が再開された後には9人が出国を許可され，1972年には99人と急上昇，1973年に293人とピークに達した。しかし1974年に申請が制限されてからは，出国人数は明らかに減少し，1回目の出国熱は落着きをみせている。そして1978年に出入国審査規定のさらなる緩和が施行さ

10　中国警察学界出入境管理専業委員会，前掲書，284頁。

11　中国警察学界出入境管理専業委員会，前掲書，287-288頁。

れると，出国ブームが再燃し，1978年には出国許可人数が244人のピークに達したが，1979年の香港入境制限が実施されてからは1979年に183人，1980年に178人と緩やかに減少を続けた。こうして制限政策が厳格になるにつれて，1981年以降も出国人数は降下，2回目の出国ブームも終結したのであった。

表1　1965〜1982年　福建省同安県出境人数統計表

目的地 ＼ 年	1965	1966〜1970	1971	1972	1973	1974	1975	1976	1977	1978	1979	1980	1981	1982
香港	10	0	6	64	110	75	24	73	93	202	144	173	115	99
マカオ	0	0	0	0	0	0	0	0	0	2	14	0	0	7
海外	69	0	3	35	183	22	4	0	4	40	25	5	0	4
合計	79	0	9	99	293	97	28	73	97	244	183	178	115	110

出典：『同安県公安誌』編纂委員会（2000）『同安県公安誌』（内部出版），169-170頁。

　1980年代に入り改革・開放政策が進むと，中国国内における出入国政策はより緩和され，伝統的な僑郷でも細かな規則や規定が制定されるようになり，出入国に関わる法規・措置・順序は一層の利便化をみせた。

　福建省では1985年10月1日から，私目的での出国申請に対して村（居民委員会）から郷鎮（街道）へ，派出所から公安部分局までと何重もの許可申請を必要とするという前例踏襲的で煩雑な手続きを廃止し，申請者本人の戸籍がある県または市の公安局が直接受理できるようにした。中国の重点僑郷として，福建省は関連業務について先進的であり，その効果も突出していたといえるだろう。統計によると，1984年から1985年の間に福建省で出国が許可された人数は53,258人に達している。1986年初頭，「中華人民共和国公民出境入境管理法」が施行されると，福建省公安庁は翌1987年9月から申請処理の期限や申請順序などについての具体的な規定を定

め，審査期間を大幅に短縮することに成功した。1986年から1987年にかけて，中国全省で出国が許可されたのは17,012人で，1988年には46,466人と建国以後最大の人数を記録した。また1989年には24,128人が出国を許可され，98.52%と過去最高の許可率を示している[12]。

こうした事実から，中国大陸における大きな移民ブームは1980年代中期に起こったが，福建省・広東省・浙江省の伝統的な僑郷については1970年代初頭に遡って発生したと考える必要があるといえる。すなわち，僑郷における新移民は1971年に形成され，1972年と1978年頃に小さな出国ブームが起こり，80年代中期以降に出入国政策の緩和が実施されて再度ブームが出現したのである。そして，閩南地区の僑郷からフィリピンへ移動した新移民は，こうした政策背景のもとに誕生したということができよう。

3. フィリピン新移民の時代区分とその特徴

文化大革命の期間中，閩南地区の僑郷からフィリピンへの移民は一旦中断されたが，1971年になって行われた出入国政策の調整によって僑郷の移民には大きな変化が生まれることとなった。閩南僑郷の人々は改めてフィリピンへの移民のチェーンを用いるようになり，先人たちの足跡を追うようにしてフィリピンへ向けて足を踏み出したのである。

現時点で，フィリピン新移民は1970〜1980年代に移民した第一波と1990年代以降に移民した第二波に区分することができる。この二者がフィリピンへ渡った際の政策背景・社会環境・移民目的・移民分類・移民方式やルート・人の流れる方向および分布にはそれぞれ特徴がある。

---

12 福建省地方誌編纂委員会（1997），前掲書，180頁。

第一部　中国から／への新たな移動，そこから逆照射される新たな中国像

（1）フィリピン新移民の第一波：1970 ～ 1980 年代

　この時代にフィリピンへ移民した中国人は，基本的に閩南地区出身である。主な動機は経済的な問題であり，より良い生活を求めて移民していたほか，政治的な原因も次点に挙がっている。移民の分類としては親類や友人を頼って渡航する呼び寄せ型が主であり，その中でもごく一部に存在した，一家の財産を継ぐ目的の者（閩南語で「接業」者という）もこれに属している。そしてこの分類に属する人々は，呼び寄せ目的にせよ財産相続目的にせよ，呼び寄せる者と関係が比較的近い直系親族が中心であった。この時代の初期は中国とフィリピンの外交関係が成立していなかったため，フィリピンに渡るには香港を経由するしか方法がなく，香港に入境した中国人の一部にはそのまま長期滞留する者もいた。そのため第一波のフィリピン新移民の中には，香港での生活背景を持つ人々が存在する。また，閩南人と香港との関係がより密接になると，一部の人々は香港に留まることを選び，最終的には居住するようになったという。1970年代末から1980年代初頭にかけては香港が入境政策を厳格化した影響で中継地をマカオに変更せざるを得なかった人々が存在したが，これによってマカオには現在でも商業界に多大な影響力を持つ閩南人のグループが形成された。

　1970年代初頭，中国は依然として文化大革命の期間にあり，政治環境は抑圧され，経済発展は停滞，生活水準は低下しており，僑郷も同様であった。しかし同時にこの時代は閩南人の主要な移民目的地である台湾，香港や東南アジアの各国が発展の好機を迎えた時期でもあった。これらの国々は西洋国家がアジアへと産業を移転する機会に乗じて産業の構造化と高度化を実現し，積極的に輸出型工業を発展させていた。このようにして経済成長期に入った台湾・香港・シンガポール・マレーシアおよび東南アジアの各国はアジアの

「四小龍」「四小虎」と形容されたのである。

　移民の動機に関連する研究の大多数は，移民を形成する原因はもちろん多様であるものの，最も根本にあるものは経済的な要因であると考えている。つまり，移民の送出国の経済レベルが低いことによって生ずる生活上および就業上の困難がプッシュ要因を形成し，移民の受入国における高度な経済発展と収入レベルがプル要因を形成するということだ。フィリピン新移民の出現もこれに起因しているといえ，生活条件が劣悪で出国申請も困難だった文化大革命当時の中国において，人々にとっての「出国」は得難いチャンス，ひいては「高望み」でさえあった。そのため，政策が開放されると出国者が殺到したが，その理由は彼らにとっての出国がさらなるチャンスと新しい人生を意味していたからであるといえよう。

　厦門大学の陳衍徳教授がフィリピン新移民についての調査をしていた際，ある調査対象者は出国の動機について「中国での収入は低すぎた。3年間の苦しい時期と文化大革命を経て，もう希望はないと思い，出国を考えるようになった」[13]と語ったという。歴史上，フィリピンは閩南人の主要な移民目的地で，移民のチェーンも強固かつ円滑であった。一時は政治的要因によって繋がりが断たれたが，政策が開放されてからは，経済発展レベルが中国より高いフィリピンに再度閩南人が引き寄せられるようになったのである。

　1950年代，フィリピンは工業化を推し進めるようになり，60年代に経済発展が急速化，70年代には輸出型工業の発展によってさらなる成長を遂げるなど，日本に次ぐ「アジア第二」の顕著な成果を上げ，その他の国家を見下すようになった。1980年代に入ると，マルコス政権の汚職と腐敗，政局の不安定，国内での衝突および民族・宗教紛争といった問題の影響で経済も1960～70年代と比較すれば不振に陥ったが，それでも全体的な経済水準は長年国を閉ざ

---

13 陳衍徳（1997）「菲律賓華人知識化新移民的特点」『華僑華人歴史研究』第1期, 32-33頁。

第一部　中国から／への新たな移動，そこから逆照射される新たな中国像

し経済が停滞していた中国に比べれば魅力的であったといえよう。

　筆者はフィリピン新移民についての研究の中で，より良い生活を追及するために一度得た出国のチャンスを決して手放さなかった以下のような人々のケースを調査した。

①Ｘ氏：1980年代にフィリピンに渡り，現在は会社を経営し，電気部品のマーケティングに従事している。出国時は高校を卒業していなかったが，親戚がフィリピンにいたことに加え，フィリピンの経済や生活水準が中国より高いと感じたため移民を決意した。渡航後は，中国よりフィリピンの方がより良い状況にあると確かに実感したという[14]。

②Ｙ氏：Ｘ氏と同じく1980年代半ばにフィリピンへ渡り，現在は工場と会社を経営，製氷業と海産物の貿易に従事している。彼がＸ氏と異なる点は，出国前に大学を卒業し安定した職業に就いていたことである。当時は僑郷のある県の公共機関に勤めており，時々農村へ行くことが大変であった以外はのんびりと働くことができていたという。しかし本人としては収入が低く，挑戦に乏しいと感じており，フィリピンの方が好条件であると聞いたことから渡航を決意した[15]。

　とはいえ，この時期に僑郷を出る人々は家庭条件が悪く職業も安定していない若者が多数を占めており，Ｙ氏のように「鉄椀飯兒」（食いはぐれのない職）を捨ててまで出国し奮闘する人々は極めて珍しい存在であった。

　僑郷の人々がフィリピンに渡る主な理由は経済レベルの差によるものであったが，それに次ぐものとして政治的要因も存在した。

14　2009年6月15日に筆者がＸ氏に対して実施したインタビューの記録より。
15　2009年7月2日に筆者がＹ氏に対して実施したインタビューの記録より。

1970年代末の文化大革命が終息していない頃，中国社会の政治環境は抑圧されており，国内に前途を見出せなかった若者は出国の道を選んでいた。陳衍徳教授による調査では，以下の三人のようなケースが確認されている。一人目は1967年に大学を卒業後，熱心に仕事に従事していたが，実家が資本家であったために出世ができず，失望の余り受験した大学院も不合格だったため出国を決意した。二人目は実家の身分が資本家だったために1969年の「上山下郷」運動において地方の農村に送られ，そこで前途が見出せず，配置転換も望みがなかったために出国することを決めたという。そして三人目は有名大学を卒業していたが，商工業に関わる華僑の家庭出身だった影響で望んだ仕事に就くことができず，出国を決めている。経済の立ち後れと抑圧された政治環境によって若者は前途を見出せなくなり，さらなるチャンスと新たな人生を探し求めて出国の道を歩むことになったのだということができよう。

実際，上述したような若者たちの多くはフィリピンで30数年来の努力を重ね，人生を塗り替えて事業を成功させ，華人社会でも中心的な存在となっている。具体的には，多くの者が現在フィリピン華人社会で影響力を持つ「菲華各界聯合会」（略称「各界」）や「旅菲各校友聯合会」（校友聯），「菲律賓中国商会」（中国商会）といった高レベルな団体で指導的な役割を担っているほか，一部には最も強い影響力を持つ「菲華商連総会」（商総）で部門責任者を務めている人物もいる。

1970年代から80年代にかけてフィリピンに渡った第一波は家族からの呼び寄せで移民する場合が多く，「投親靠友」（親族や友人を頼る）が主な移民方式であった。つまり，この時期に出国申請をした人々は，基本的に血縁の近い直系親族がフィリピンにいたということである。よって，これらの人々は出国申請の書類を作成する際もフィリピンにいる親類の助けを受けることができるため，この時

期に提出された「調字」は全般的に合法であったといえる。しかし1980年代後期から90年代以降，ポスト冷戦期における社会環境の変化と中国の出国政策の緩和に伴った新たな移民ブームが到来すると，海外に親類はいないが出国したいという僑郷の人々が「調字」を偽造する現象も一般的なものになっていた。

　移民の経路という観点からみると，中国とフィリピンの国交が樹立していなかった時代，閩南人は香港かマカオを経由してフィリピンに渡る以外の方法がなかったことにより，フィリピン以外にも香港とマカオという二つの新移民の集合地が形成されていた。前述したとおり，1970年代初頭は多くの国が中国と国交を結んでいなかったために，出国申請者はまず香港かマカオへの通行証を得たうえで入境し，そこで出国の手続きをすることしかできなかった。香港は閩南移民の主要な中継地となった。その中には長期滞在の結果そのままそこに定住してしまう者もいれば，親戚訪問の名目で出国申請し，そのまま香港に長期定住する者もいたという[16]。

　前述したとおり，中国では1971年に帰国華僑および僑眷への出国審査が再開した。その年の晋江県を例にとると，出国許可を得た9,397人のうち大多数が香港で就業していたという[17]。1977年から1981年の福建省における統計では，香港を経由して他国行きのビザの手続きをした件数を含めれば，福建省で58,575人が香港への

16　香港を訪れる閩南人は香港島北部の「北角」に寄り集まって居住していた。第二次大戦前，北角には一部の人々が居住していたものの，人口は少なかった。しかし戦後に上海人が大量に押し寄せたことにより急激に人口が増加し，1950年代には世界で最も人口密度が高い地域となった。このように上海人が住民の主体だったことから，当時は「小上海」とも呼ばれていた。1970年代末以降は上海人の転出および大量の閩南人の流入に伴って閩南人のコミュニティへと転換し，現在に至るまで「小福建」「小閩南」の名称で呼ばれている。

17　晋江市地方誌編纂委員会（1994）『晋江市誌』三聯書店，914頁。

第2章　フィリピンへ向かう中国新移民

入境を許可されている[18]。1979年からはこうした入境人数の急速な増加を理由に，香港政庁による毎年の定住可能人数の制限が実施されるようになり，1979年には218人前後まで，1982年からは片道申請と往復申請のそれぞれで109人前後までと規定された。しかし，これだけの人数では膨大な申請者の数に到底間に合わせることはできず，香港入境を許可されなかった多くの中国人がマカオへの入境を企図するようになった。そのため，1979年からはマカオ行きの申請が急増し，合法あるいは違法な経路でマカオに入境する人々が急激に増加したのである。統計では，1984年初頭までにマカオでの定住許可を得た晋江人は4,621人であったという[19]。

　彼らのマカオへの移住は，僑郷における自身の出身地の地位を変えることとなった。例えば泉州市晋江県の東石鎮・英林鎮・安海鎮は，それまでの歴史上では同県の龍湖鎮・金井鎮・深沪鎮といった重点僑郷と比べて移民数が少なかったのだが，1970年代末，上述したような人々がマカオに移住したことでこれらの郷・鎮の僑務資源[20]が増加したのである。そして彼らはマカオでの30数年の奮闘を経て，現在商業界で活躍している者や，国内で政治資本を持つ著名人など，大きな成功を収めた人物も少なくない。宝龍グループの許健康や，宝盛グループの顔延齢，金龍グループの陳明金などがその一例である。現在までで，香港には70～80万人，マカオには7～8万人の泉州籍を持つ人々が暮らしているという[21]。

18　福建省地方誌編纂委員会 (1997)，前掲書，181頁。
19　晋江市地方誌編纂委員会 (1994)，前掲書，914頁。
20「僑務資源」とは，実際に海外の華僑華人を指す。人は資本・技術・知識・情報・ネットワークなどの資源の媒体となるためである。―訳者注。
21　2011年10月5日に筆者が泉州政協港澳台僑委員会の施文芳氏に対して実施したインタビューの記録より。

（2）フィリピン新移民の第二波：1990年代以降

　この時期にフィリピンへ移民する動機は第一波と比べてより複雑かつ多元的になっており，経済的要因以外の社会的な理由があって渡航する人々もいる。新移民の出身地は依然として閩南の泉州地区の各県市が中心であるが，中でも晋江市と石獅市，特に晋江市南部の龍湖鎮・金井鎮・深沪鎮といった重点僑郷が中心となっている。これらの地域の人々は主に経済的な発展を求め，資金を携えてフィリピンに渡り商売をすることが多い。移動の方向はマニラが主であるが，近年はそれも多元化してきており，マニラを中心として別の地域へ放射状に広がる人々が現れたほか，辺境の土地にさえ新移民の姿がみられるようになっている。

　「新僑」の「新」を相対的にみると，1970年代から80年代にフィリピンに渡った第一波新移民はさらに世代が上の華僑華人，すなわち「老僑」から「新僑」という名称で呼ばれていた。しかし彼らはすでに30年から40年フィリピンで暮らし，華人社会の主流に溶け込み，老僑からも受け入れられるようになっている。そのため，今日のフィリピン華人社会において老僑が口にする「新僑」は1990年代，特に90年代半ば以降にフィリピンへ渡った第二波の移民を指すということができるだろう。老僑からすれば，新僑は第一波の新移民と比べても明らかに異なっており，あらゆる場面において華人社会の主流と相容れないようである。そのため，新僑は老僑からの非難を受けることも多い。

　移民の理由についていうと，一番の大本である経済的な理由を除いても，1990年代前半にフィリピンへ渡った人々にはその他の社会的要因を抱えている者が少なくなかった。最も典型的なのは，「跑生的」「跑死的」「跑路的」から成る「三跑者」たちである。「跑生的」は一人っ子政策を逃れるためか，一人っ子より多く生まれてき

てしまった罰則を逃れるために出国した人,「跑死的」は中国で罪を犯し処罰を逃れるために出国した人,「跑路的」は借金やその他の揉め事から身を隠すために出国した人のことを指す[22]。1990 年代前半にフィリピンへ渡った人の中にはこの「三跑者」,特に「跑路的」が多く,主には経済的な問題を抱えていた。一部には故意に借金を持ち出して渡航し,その金を海外での発展における「第一桶金」(自身が立ち上げた事業によって最初に儲けた金)とする者さえいたという[23]。

　新移民ブームは 1990 年代に始まり,90 年代中期から 21 世紀初頭にかけてピークを迎え,人数も膨大であった。こうした新移民の到来は,1990 年代中期以降の中国における出国政策の緩和および経済の急速な発展,ポスト冷戦期に発展したグローバリゼーションによって生まれたゆとりある環境,そして安価な中国製品が自国にもたらした商機と密接に関連している。この時代の新移民の多数は「謀生型」(生計を立てるために移民するタイプ)だった初期の新移民とは異なる「謀発展型」(発展を求めて移民するタイプ)であり,資金を持って国外に渡り成功を狙う商人が殆どである。

　現在,マニラでは新移民の多くが華人街やショッピングモール,マーケットで問屋や小売業を手掛けている。このようなモールは 20 数件存在し,主には華人街であるビノンド地区やその周辺に集中している。代表的なものとしては,168 モール・999 モール・11/88(メイシックモール)・バクラランモール・トゥトゥバンモール・ディビソリアモール[24] などがある。

22　2009 年 3 月 4 日に筆者が旅菲華僑工商聯合会会長の庄永徳氏に対して実施したインタビューの記録より。

23　2014 年 6 月 19 日に筆者が晋江市深沪鎮僑聯主席の陳氏に対して実施したインタビューの記録より。

24　2013 年 5 月 15 日から 19 日にかけて,マニラ華人街のディビソリアモールで火災が発生し,モールの殆どは焼け落ちて廃墟と化してしまった。モール内には計 1,000 戸もの華人が経営するテナントがあり,消防部門の初期の見積もりによると,この

第一部　中国から／への新たな移動，そこから逆照射される新たな中国像

　1990 年代以降，フィリピンの第二波新移民は人数が非常に多く，
20 万人前後存在すると考えられているが，大多数は合法的な身分
を持たず，観光やワーキングビザで滞留している場合が多い[25]。こ
のような新移民の到来は，フィリピンに大量の中国製品流入をもた
らしただけでなく，マニラの問屋・小売業界を変え，ひいてはフィ
リピン華人社会の重大な変化をも引き起こした。ある人は，フィリ
ピンの「華人社会」は再び「華僑社会」に逆戻りしたのだと言って
感嘆したという[26]。多くの「新僑」の到来は華人社会の人口構成だ
けでなく，華人社会における商業と社会の関係を変えたのである。
こうした新しい血液の注入によってフィリピン華人社会は生命力で
満ち溢れるようになったが，同時に多々の新たな問題にも直面して
いる。

　これらの新移民は主に閩南の晋江市，石獅市の中でも晋南地区に
位置する龍湖鎮・金井鎮・深滬鎮出身であり，彼らが移民先として
フィリピンを選択した理由は 2 種類ある。

　まず一つめは伝統的な移民のチェーンの存在である。歴史上，閩
南では各県市でそれぞれのネットワークが形成されており，移民目
的地も地区ごとに固定されていた。例えば南安人や永春人はインド
ネシア・マレーシア・タイに向かい，惠安人の主要な目的地はマレー
シアで，次にフィリピンである。安溪人は台湾が主な目的地であっ
た。晋江人と石獅人はフィリピンを主たる目的地としていたが，具
体的にみると郷鎮によって目的地にも区別が存在しており，晋江市
の重点僑郷である龍湖鎮・金井鎮・深滬鎮の人々は主にフィリピン
に渡っている一方で，東石鎮人はマレーシア，安海鎮人はシンガポー

　　火災による損失は約 2 億 5000 万ペソ（約 610 万米ドル）にものぼったという。

25　代帆（2010）「近三十年中国人移民菲律賓原因探析」『華僑華人歴史研究』第 1 期。

26　2009 年 7 月 2 日に筆者が菲華各界聯合会秘書長の許東曉氏に対して実施したイン
　　タビューの記録より。

ル・マレーシア・インドネシアが主要な目的地で，フィリピンはその次となっている。

　このような状況により，歴史的な移民のチェーンの影響で閩南各県市の移民の目的地はそれぞれ異なっており，それに加えて東南アジア各国の移民政策も厳格さに違いがあった。フィリピンの政策は他国に比べても寛容であったため，移民先にフィリピンを選択する人々は多く，特に伝統的な繋がりを有していた龍南鎮・金井鎮・深沪鎮からはとりわけ多くのフィリピン新移民が生まれたのである。

　二つめの理由はフィリピンの環境と関係がある。フィリピンは西洋の政治をそのまま取り入れており，民主・法治国家を称していたが，制度の整備が完全ではなく，汚職や不完全な法執行といった問題が多く存在していた。同様に移民政策も不完全だが寛容であるといえ，新移民はそれを頼りにフィリピンで生活する条件を得ることができたのである。またフィリピンでの商売は初期投資が少ないため参入がしやすく[27]，フィリピン人の消費好きな性格と購買欲の強さによって市場の環境も良かったために，中国よりも稼げると考えた多くの新移民が「淘金」（砂金探し）のために渡航した[28]。

27　当時，商売をするにあたって中国では投資額が大きく，フィリピンでは少なかった。その要因の一つには店舗を借りる際，中国では普通1年分の賃貸料を一度に支払う必要があったが，フィリピンではまず3か月分を支払い，それ以後は月ごとに支払えばよかったということがある。二つ目にはフィリピンで卸売をする際，掛け売りが可能であったことが挙げられる。商品の種類によって，一般的には3〜5か月間程度の掛け売りが可能であり，コストを抑えることができていたようだ。また取引の際は現金決済ではなく，商品の買い手が小切手を振り出せばよく，売り手は期日が来たら銀行に行って直接代金を受け取っていた。こうすることで買い手と売り手の双方が接触する必要や借金の取り立てのために言い争いをすることもなく，便利かつ信用も得ることができたという（2014年8月4日に筆者が168商場聯誼会理事長の呂氏および秘書長の張氏に対して実施したインタビューの記録より）。

28　2014年6月19日に筆者が晋江市僑聯主席の葉水応氏に対して実施したインタビューの記録より。

第一部　中国から／への新たな移動，そこから逆照射される新たな中国像

　晋江市の晋南地区出身の新移民は，伝統的な移民のチェーンのほかにも，地区の民営経済が発達して庶民が「閑銭」（余った金）で商売をし，生活の向上を求めるようになったことに影響を受けている。閩南は福建省の重点僑郷であり，晋江市は閩南の重点僑郷であり，晋南地区は晋江市の重点僑郷である。かつて晋南地区からは大量の人々が海外に渡って生計を立て，故郷のために豊富な僑務資源を蓄えていたのだ。改革・開放以降，晋南地区は重点僑郷として大量の華僑資本を吸収し，「三来一補」（来料加工・来様加工・来件加工と補償貿易の総称）型の企業を発展させることで民営経済の急速な発展を推進した。これによって民間にも大量の資本が蓄積され，庶民でも他地区の人々に比べれば裕福になることができたのである。こうした「閑銭」を手にした僑郷の人々の一部はさらなる発展を求めてフィリピンの未開拓市場に目を付け，商機に引き寄せられた多くの晋江人と石獅人がマニラの華人市場で雑貨の卸売と小売に従事することになった。こうして1990年代初頭から現在まで途切れることのない移民の潮流が形成されたのである。

　一方，閩南の恵安鎮・安溪鎮・永春鎮といったその他の地区の人々は，移民のチェーンがフィリピンだけにあるのでなく，他の国や地域にも繋がっており，それらの国々の移民政策も厳格であったため，吸引力が弱かったといえる。こういった背景から，閩南の各県市における新移民には明らかな特徴が存在している。例えば晋江市の新移民は人数が多く，主な渡航先はフィリピンであるが，南安鎮・永春鎮・恵安鎮・安溪鎮は新移民が少なく，それらの地域から出た移民は国内を移動している。これらの地域の商人は，近年国内のマーケットに狙いを移しており，石材や陶磁器，水道や暖房設備，浴室設備といった建材業および建築業において相当な市場を占有している。

　1990年代初頭に出国した人々は一般的に親族・知人訪問ビザを，

第2章　フィリピンへ向かう中国新移民

90年代以降に出国した商人たちの多くは観光もしくは労働ビザを取得して渡航し，その多くが期限を過ぎた後も不法滞留していた。また，そのほかには「投資移民」ビザを申請し出国する者も存在した。フィリピンにおける投資移民の条件は西洋国家のそれと比べて非常に寛容であり，西洋で求められる言語力・居住期限・会計報告なども不要であったからである。最も重要なのは，フィリピンが投資移民に求める投資金額が7.5万米ドルと西洋国家からの要求よりも遥かに低いことであった。しかし，1990年代やひいては2000年代でさえも，僑郷における7.5万米ドルは大金であったため，フィリピンに投資した閩南人の多くは偽りの「投資移民」であったようだ。

　当時，フィリピンの一部の旅行会社と代理機構がビザの代理申請業務を行っていたが，その費用は約7〜8万元ほどであった。これにはビザ・再入国許可証・会社登記などの費用が含まれていたほか，申請者の経済力についての証明書も代理作成もしくは偽造することができた[29]。しかしその後，フィリピン政府の調査によって資料の偽造が発見された一部の人々は，合法的な身分の剥奪という代償を払うことになったという[30]。

4．フィリピン新移民の現状

　正確な統計を行うことができないため，現在フィリピンに住む新移民の人数は機関によって認識に違いが生じている。例えば在フィリピン中国大使館は約18万人[31]，フィリピン移民局は約15万人と

29　晋江出身のフィリピン投資移民の状況と関連がある（洪小栄（2006）『晋江新移民的海外遷移：以菲律賓為例』厦門大学修士論文）。

30　2014年8月4日にマニラの華人街にて，筆者が菲華誠昌商会（11/88商会）副会長の王氏に対して実施したインタビューの記録より。

31　新移民の殆どは中国国籍を留保しており，合法的な居留手続きを経た者はパスポートの期限が来たら中国大使館で更新をする必要がある。中国大使館はこの申請状況

発表しているが，華人社会の一部の人々の間では実際の人数は 30
万人前後なのではないかと考えられている[32]。また，20 万人前後で
あると考察している中国人研究者もいる[33]。これらの新移民は二つ
のグループに大別することができる。大部分を占める閩南出身の「新
僑」と，中国全土から渡航したごく少数の留学生である。

（1）新　僑

1970 年代初頭から現在まで，フィリピン新移民は長い者で 30
〜 40 年，短い者で 10 数年の年月を経て事業を発展させてきており，
現在では明らかな社会階層が存在し，集団間の関係もより複雑化す
るなど，変化を遂げている。

　近年，新移民の勢力の強大化と経済力向上に伴い，自身の利益を
守るための団体を組織する新移民も現れるようになった。代表的な
ものとしてフィリピン中国商会・旅菲華僑工商聯合会・168 商場聯
誼会が挙げられるが，これらの団体はまさに新移民の中に存在する
細かなグループを表しているといえる。

　フィリピン中国商会（略称：中国商会）は 2007 年に成立した。メ
ンバーの多くは 1970 〜 80 年代に移住してきたため，年代は 50 歳
以上が中心で，フィリピンでの 30 〜 40 年の奮闘を経て成功を収
めた人々が多く，社会活動に従事する能力と時間も有している[34]。

　　に基づいて 18 万人というデータを出しているが，確実なデータであるとはいえない
　　ため，この数字は一つの推量に過ぎない（2014 年 8 月に筆者が旅菲華僑工商聯合会
　　理事長の周経偉氏に対して実施したインタビューの記録より）。

32　2014 年 8 月に筆者がフィリピン華人の柯清淡氏に対して実施したインタビューの
　　記録より。

33　代帆 (2010)，前掲論文。

34　団体活動に熱心に参加するフィリピン華人は多く，華人社会において「跳社会」（社
　　会に飛び込む），「参加社会」（社会に参加する）と称されることは即ち社会活動に参
　　加することを意味する。なぜ社会活動に参加するのかといえば，俗っぽい言い方を

旅菲華僑工商連合会（略称：華僑工商聯）は2006年に成立し，メンバーは1990年代以降に移民した人々が中心である。彼らの成功の度合いには大きな差があり，事業に成功した者たちは自身の工場や会社を経営できているが，それ以外の多くはショッピングモールで店舗を経営する程度に留まっている。1990年代末の大量の新移民流入は，新移民とフィリピン政府，そして新移民と老華僑の間に摩擦を引き起こした。華僑工商聯は，主にはこれらの問題を解決するために組織された団体である。

168商場聯誼会は末端に位置する団体で，メンバーは全員168モールにテナントを持つ人々である。彼らは基本的に2000年代以降にフィリピンへ渡った中国人で，その殆どは168モールで店を構え，まだ商売を始めたばかりの段階で，経済的に豊かな状態ではない。この聯誼会の主な仕事はテナント同士や商会と地元の政府の争いを解決することだが，情報交換や親交を深めるという作用も有している。

新移民団体の設立および伝統的な団体における新移民の力量の増大は近年みられるようになった新たな現象である。現在の状況から鑑みて，将来の新移民は事業の発展と安定に伴ってより能力を高め精力的になり，団体の活動にも一層関心を注ぐことになると考えら

すれば富と名声を得るためであり，立派な言い方をすれば社会のために奉仕することで自身の価値を実現するためである。ナポレオンが「将軍になりたいと思わない兵士は良い兵士とはいえない」と言ったように，積極的に団体活動に参加する華僑華人の最終目的は自然と「僑領」（華僑のリーダー）になることになっていく。しかし実際，彼らにとって「社会に参加する」のはとても大変なことである。海外の華人社会において「社会に参加する」ことは単なる願望や趣味ではなく，実力の比べ合いであるといえる。時間や体力のみならず大量の金銭も必要になるし，職位が上がるにつれて寄付金の額は多くなっていく。特に規模の大きい団体では相応の経済力なしには良い地位に就任することはできない。たとえ就くことができたとしても，その立場は不安定かつ気の休まらないものとなり，周囲の人々も盛んにそれを取り沙汰し，不服な態度を示すこととなる。

第一部　中国から／への新たな移動，そこから逆照射される新たな中国像

れる。また彼らの実力と影響力が増すにつれて組織の中での地位も高まり，こうした活動はさらに人々の注目を集めることが予想できよう。

フィリピンにおいて，第一波の新移民は早期から華人社会に溶け込み，老僑からも受け入れられてきた。しかしそれと明らかな対比を成すものとして，第二波の新移民，すなわち1990年代中期から後期にかけて大量に出現した「新僑」と「老僑」の関係は決して和やかであるとはいえない。「新僑」と「老僑」は一度激烈に衝突し，華人新聞の紙面においても互いに非難し合い論争する様子が散見された。「新僑」と「老僑」の関係も，ここ10数年の華人社会における議論の的となっている。

彼らの衝突の原因は主に以下の二つに帰結するということができる。一つめは文化の差異である。新僑は多くが大陸出身であるため教養レベルが低く，総じていえば細かいことを気にせず低俗な人々である。特に公共の場面においての喫煙・喀痰・喧騒・拼酒（どちらの方が酒が強いか飲み比べる行為），列への割込みといった行為は「文明的ではない」[35] との理由で，文化習慣的にはすでにかなり「西洋化」した老僑たちの反感を買っているようだ。

フィリピンにおいて，老僑たちが新僑との争いの原因について問われた時，彼らは普通「新僑が文明的ではないため」という答えを出すし，それも確かに実情である。新僑の多くは閩南の農村部出身で文化レベルが低いうえ，中国国民自体にも道徳心に欠けるという共通の欠点がある。よって，国民の見苦しい一面が中国から持ち出されてしまうことは避けられない。しかし新僑と老僑の衝突についていえば，新僑の「非文明的な」一面は「表面的な」原因に過ぎず，本質に触れているとはいえないのではないか。

35　ここでいう「文明」とは，礼儀正しいこと，道徳心のあること，規則に則って物事を進めることなどを意味する。—訳者注。

100

第2章　フィリピンへ向かう中国新移民

　もう一つの理由は，利益の衝突からくるわだかまりである。新僑は中国から低コストの商品を持ち込むことで，競争の優位に立って迅速に市場を占有し，老僑の商売との衝突をもたらした。多くの新僑はインタビューの中で，彼らが持ち込んだ安価な中国製品によって老僑の商売は大打撃を受け，特に衣類の工場が次々と倒産したと述べている。また一部の新僑が誠実さをわきまえず商売をしていることも，老僑からの非難を引き起こした。

　このように，新僑と老僑の食い違いの根本的な原因は利益上での衝突にあるといえる。1990年代末から21世紀初頭にかけて，双方の争いは激烈なものとなり，新聞には老僑による新僑への批判が非常に多くみられるようになった。また，新僑について言及する時，多くの老僑は「ひどすぎる！」(乱来) という言葉を用いている。

　一般人からしても，新僑は大方マイナスイメージと結びつけられていることが多い。以下はフィリピンの書籍の中に書かれた新僑についての記述である。

　　　フィリピンでは，警察に摘発された麻薬の製造工場は十中八九が中国人のものだし，逮捕された売人も十中八九が中国人だ。フィリピンの一般国民が利益を受けるショッピングモールで，違法に経営されているのは中国人の商店だ。脱税を摘発された大テナントを，そのまま中国人が奪うのだ。初期の「新僑」はさらに「伝説的」である。一人の新僑が無免許で新車を運転していたので，ある人がもし警察に捕まったらどうするのかと聞いたところ，彼は助手席にある札束を指し「これが私の免許証」と言った[36]。

　また，あるフィリピン華人の作家は彼女のエッセイの中で，新僑

36　庄文成 (2011)『正経話』菲律賓潮流出版社，46-47頁。

第一部　中国から／への新たな移動，そこから逆照射される新たな中国像

と老僑の関係について以下のように述べている。

　　　老舗の兄貴たちの共通の欠点は，「新僑」のことを洪水猛獣（す
　　さまじい災禍のたとえ）のようにみることだ。「新僑を敬して之を
　　遠ざく」と言って新僑の売る物を買わず，金も貸さないのだ。
　　……新僑に金を貸さない理由の一つには，こういうものがある
　　のかもしれない。土曜日に新僑のテナントに借金の取り立てに
　　行ったら，その時は賑やかだったのに，月曜日にもう一度行っ
　　たらもぬけの殻だった！彼の本当の名前も，どこに住んでいる
　　のかも，本籍地もわからない。新僑はフィリピンでサントスと
　　かトーマスとかリリーとかホセみたいな現地人らしい名前を名
　　乗るからだ。こうして探している間にも，彼は石獅市のホテル
　　で友人とアフタヌーンティーを楽しんでいることだろう[37]。

　老僑と新僑の間の衝突は，世紀の変わり目において白熱化した。
20世紀末から21世紀初頭の数年間，フィリピンの税関と移民局を
含む多くの機関はしょっちゅう「密輸」や「不法滞在」の名目で新
移民の経営するテナントを摘発し，一部の合法的身分を持たない新
移民は強制送還されていたため，不安を抱える人々もより多くなっ
ていた。これらの摘発は新僑によって損害を受けた老僑の「密告」
によるものだと考える者もいた。
　こうした摩擦を経て，ここ10年で老僑と新僑は互いに順応し合う
ようになり，両者の関係も良い方向へと傾いてきている。新僑は自
発的にイメージを改善し，華人社会に馴染むよう努力しており，一
定の効果を得ているようである。例えばフィリピンでの習慣に従っ
たり，言ったことを守るように気を付けることで，「非文明的」なイ
メージを変えるといったことが挙げられる。筆者がある新僑の団体

37　紫雲（2008）「新僑与老店」菲律賓華文作家協会編『菲華文学』第18期，11頁。

102

を訪れた際も，事務室の壁には「大声で騒がないでください」「室内で喫煙しないでください」「室内を清潔に保ってください」といったたくさんの標語が貼られ，会員に対する注意が呼びかけられていた。

　そのほか，華人社会の集団活動に積極的に参加するようになったことも，新僑の新たなイメージを作り出している。近年，華人社会に対してのみでなく，フィリピンの中心社会に対する公益活動の中でも，新移民団体による非常に積極的な参与がみられる。彼らが日常の貧困救済ボランティアや医療ボランティアだけではなく，風害や洪水の救助活動に対しても積極的に協力し，社会の一員としての責任感を示すことは，新移民のイメージ改善への良い作用をもたらしているといえよう。このように数年に渡る摩擦と順応を経た結果，ここ5～6年で新僑と老僑の衝突は明らかな改善をみせてきている。

(2) 留学生

　2000年以降の十数年間は，閩南人が発展を求めてフィリピンへ渡る現象が引き続きみられるほか，新移民の出身地に多元化の趨勢が現れており，他の省からの移民も流入するようになってきている。その中で商売人のほかに特筆すべきグループとして，留学生が存在する[38]。フィリピンは次のような，留学生を引き寄せる強みを有している[39]。

38　在比留学生の状況についての情報は，主に2013年7月に筆者がフィリピン中国留学生聯合会主席の易昌良氏と秘書長の李林氏に対して実施したインタビューおよび『世界日報』編集者の陳剛氏に対して実施したインタビューの記録に基づくものである。

39　留学仲介業者がフィリピン留学の強みとして挙げる要素としては，以下のものがある。①TOEFLを受ける必要がない，手続きが簡単かつ迅速，大専（中国において大学に相当する専門学校）から直接大学院に進学できる，高校や高等職業学校および中等専門学校から直接大学に進学できる，学費が安い。②フィリピンは世界三大英語公用国の一つであり，各専攻の学生が得た成績表や単位はアメリカおよび世界各国で認められる。最も早く最も簡単で最も良い，そして唯一の飛び板である

第一部　中国から／への新たな移動，そこから逆照射される新たな中国像

　まず挙げられるのは良好な言語環境である。1898 年から 1946 年（1942 年から 45 年までの日本統治時代を除く）のフィリピンはアメリカの統治下にあり，この半世紀間にアメリカとフィリピンの特殊な関係が形成され，フィリピンにおける英語の影響力も決定づけられることとなった。そして 1946 年にフィリピン共和国として独立すると英語とタガログ語，そしてスペイン語が公用語として認められ（スペイン語は 1978 年に廃止），一般国民も英語を用いてコミュニケーションがとれるようになったのである。このように，言語環境が良いフィリピンへの留学は，英語力の向上に有利に働くということができよう。
　次に挙げられるのは留学費用の安さである。近年，中国における自費留学者の勢いは増し続けており，裕福な家庭は何の疑問もなく西洋を留学先に選択している。しかし家庭環境が標準的で，それでも留学を希望する者は，生活水準が比較的低い発展途上国への留学を考える。フィリピンの強みは，学費と生活費がともに安いところにあるといえる。留学生がフィリピンで正常に消費をした場合，生活費や学費を含めた 1 年間の費用は約 4.5 万元から 5 万元と推測できる。これは西洋でかかる費用よりも格段に安く，一般家庭でもまかなえる金額である。
　また，フィリピンの高等教育はかなり進歩しており，一部の専攻は強い競争力を有している。例えば基礎医学・歯科学・看護学といった専攻はレベルが高く，留学して学ぶ価値があるといえるだろう。

───────────

といえる。③アメリカ式の教育を採用しており，フィリピンで取得した卒業証明書はアメリカやカナダでも承認されるため，これらの国に渡ってより高度な研究をすることができる。④医療技術・薬学・看護学・栄養学・生物学・生命科学・公共衛生学などの卒業生が再び学ぶ場合に最良の選択肢である。⑤学費が安く，意志と経済力がある者はより高度な教育を受けられる。⑥完璧な英語教育環境を有しており，一流の英語力を身につけることができる。⑦年に 3 回の休暇があり，中国沿岸部の都市からマニラまでの所要時間は飛行機で約 3 時間と，往復に便利である。⑧最も安上がりで海外の高度な教育を受けられる唯一のチャンスである。

現在，留学先としてフィリピンを選ぶ学生は3種類に大別されている。一つは在フィリピン華人の親戚や友人，もしくは商売をしている者がいて，その繋がりでフィリピンを選択した人々である。二つめとして，出身家庭は良いものの成績が悪かったため中国の大学入試で良い学校に入学できず，留学条件があまり過酷でない大学で勉学を続ける者がいる。フィリピンの高等教育は進んでいるが，多くの大学，特に一部の私立では留学であれば入学条件があまり厳しくないので，金をかけて教育を受けたい人々への抜け道となるのである。三つめは家庭条件はあまり良くないが，成績は中くらいであるため，費用の安いフィリピン留学を選ぶ者である。全体的にみて，親戚や友人がいるからフィリピン留学をする者や，先にフィリピンへ渡った留学生の助けで渡航する者は少なく，大部分は仲介業者を通して留学しているようである。

フィリピン留学は2000年以降の現象である。2009年頃になると，中国においてフィリピンへの留学ブームが訪れ，留学者数は6,000人余りにのぼった。しかし2010年に香港旅行会社のバスがマニラでバスジャックに遭遇した事件は，中国人留学生に大きな影響を与え，身の安全を考慮した一部の学生が帰国したほか，フィリピン留学の計画を変更する者もいたという。また2012年以降，中国はフィリピンとの緊張関係を持続しており，留学生とその家族の不安もますます募っている。こうした安全問題を考慮してか，フィリピンへの留学者数は急激に減少しており，現在のところ在フィリピン中国人留学生は1,000人程度と低潮期を迎えている。

出身地からみると，在フィリピン留学生は全国各地から集まっており，多元的であるといえる。福建省・湖南省・山西省・山東省・河南省の5省が主であるが，他の省はもちろんのこと，新疆自治区や内モンゴル自治区といった辺境からでさえも留学生が送出されているようだ。大陸以外の台湾や香港，マカオからの留学生は少数

であり，中でも台湾人は百数名程度，香港人とマカオ人はそれ以下のごくわずかな人数となっている。

性別の分布としては，男子が主であり，女子は 30 〜 35% と少ない割合である。専攻は文系が圧倒的に多く，理系は少ない。

所属する課程は学部生が約 85% 以上と大部分を占めていたが，ここ 2 年の中比関係の緊張の影響で留学生全体の 80% 程度に減少している。2 番目に多いのは修士課程の大学院生で，およそ 12% を占めていた。しかし大学院生についてはこの 2 年間での人数の変動は小さかったため，留学生の総数における割合では上昇をみせ，現在では 15% 程度を占めている。それに次ぐのが博士課程の大学院生で，現在では 5% を占めている。博士課程院生の多くは中国の大学や国有企業，政府機関から来ているが，大学から来た者が主となっている。これは中国の大学の査定制度が教員に大きな負担を与えていることと関連がある。例えば管理職や博士課程院生の指導教員になるには，博士号の取得，そして一定期間の留学もしくは客員研究員としての経験が必須条件とされていることが挙げられる。

留学生が学業を終えた後の進路としては，大部分は帰国を選択する，少数は欧米に渡って勉強を続けるか就職する，さらに一部はフィリピンの華人系企業・華人学校・新聞社・団体・多国籍企業のフィリピン支社で就職するという三つが一般的である。

近年の筆者のフィリピンにおける調査では，フィリピンの華人学校で教師をする者や，華人系新聞の新聞社で編集業務に携わる留学生と接触した。現在のフィリピンでは，若い世代が現地で教育を受け，フィリピン化した影響で，華人系新聞の業務に従事する者がいないという問題が深刻化してきている。1960 年代後期以降，華人学校がフィリピン化してからフィリピンで生まれた華人の中国語能力は明らかに低下しており，中学までは華人学校で教育を受けていたのに，卒業後の読み書きや会話のレベルが非常に低くなっている

のである。

　上述したような中国語の教育レベル低下という問題のほか，より重要な問題として，フィリピンで生まれた新世代の華人は家で方言（閩南語）を使う以外，基本的に中国語を使う環境にないということがある。仕事や日常生活の中では英語とタガログ語を使う方が多いのだ。こうした状況下では，高校以前に学んだ中国語はすっかり忘れられてしまい，知っている漢字は自分の名前くらいになってしまう[40]。このようにフィリピンで生まれた華人の中国語レベルには限度があるため，1990年代以降，華人学校の教師や華人新聞の編集者はいなくなっているのである。

　こうした状況に対し，華人学校では中国から志願した教員を呼び寄せているほか，足りない時には現地の中国人留学生を教師として任用している。また新聞社も中国から来た新移民を雇用せざるを得ない状況となっている。現在，フィリピンで最大手の華人新聞『世界日報』の編集部では，校正と組版のスタッフはほぼ全員が中国出身で，年齢も若く，留学生もいれば仕事をしに来た新移民もいる。新聞編集には高い文化レベルと総合的な能力が必要とされ，普通の新移民では一人前になり得ないため，編集と翻訳部門ではまだ50〜60歳の華人が主体となっているが，ごく少数の留学生も担当しているようだ。筆者はこのように，学校を卒業してすぐには帰国せず，フィリピンの新聞社で数年働き，能力が認められて二つの新聞社から争奪されるまでになった人材を知っている。

　ある識者は留学生の職業選択についてのインタビューで，多くの在フィリピン留学生がある特殊な職業に就くことを明らかにした。ギャンブル関連の企業でのサービスである。近年マニラでは，特にインターネット上でのギャンブルが非常に盛んになっており，政府

40　2009年6月30日に筆者が菲律賓密三密斯光華中学の前校長である王宏忠氏に対して実施したインタビューの記録より。

の許可を得て合法的に運営されている企業もあるが，無許可の闇企業も存在している。現在，イギリス人とオーストラリア人が経営する企業が業界で力を持っているという。留学生がこの業界を選ぶ理由には，収入の高さがある。フィリピンでアルバイトをする場合，普通の仕事であれば月給は 10,000 ペソ（約 1,400 元）程度だが，ギャンブル関連企業では 1 か月に 28,000 ペソ（約 4,000 元）を稼ぐことができ，出来高払いの給料にも非常に差があるのだ。ある女子留学生は卒業後帰国を希望しておらず，紹介で始めたフィリピンの華人団体の秘書業務では 12,000 ペソ（約 1,700 元）の月給をもらっていた。しかしその後ギャンブル関連企業に入社すると月収は数万ペソまで上がり，CEO となった現在の年収は 200 〜 300 万元相当となっている[41]。これは典型的なケースといえ，当然彼女は比較的成功したといえるが，彼女の経歴は留学生がこのような仕事に就く理由を説明してくれる。

　ギャンブル業界の高収入は留学生に対する吸引力となるうえ，多くの関連企業は中国人をインターネットギャンブルの主要な顧客としてみている。そのため中国語と英語ができる中国人留学生は，中国人客とフィリピン企業との意思疎通に際して有力な人材といえるのである。現在，ギャンブル業は最も中国人留学生を引き付ける職業であり，「フィリピン華人ネット」（菲華網）などのウェブ上における求人広告の 20 〜 30% をギャンブル業が占めている。それらの求人はそのままギャンブルではなく「ホウレンソウ企業」（中国語でホウレンソウを意味する「菠菜」とギャンブルを意味する「博彩」が同音異義語であることに由来）と書かれたり，英語で「BC」（「博彩」の頭文字）と書かれたりしているが，読む者にとっては説明するまでもなく明らかである。しかし近年，ドゥテルテ政権による違法ギャンブルへ

41　2014 年 8 月に筆者がフィリピン華人の陳剛氏に対して実施したインタビューの記録より。

の打撃は大きくなっており，留学生を含む華人の従業員も大きな圧力を感じているため，今後は次第にこの業界から華人が消えていく可能性もあるだろう。

その他，留学仲介・中比貿易・旅行ガイドなどの職業においては，中国人留学生が持つ言語・文化的背景は特別な力を有しており，多くの学生が成果を上げているといえるだろう。

5．フィリピン新移民が直面する問題および展望

1990年代に巻き起こったフィリピン新移民の波は，依然として存在している。2005年以降，様々な条件の変化に伴い移民熱は去ったものの，フィリピンへの移民は現在に至るまで細々とした持続状態を保っているという状況である。しかし近年はフィリピンの政策調整や中比関係の変化，そして市場の転換に伴い，フィリピンにおける新移民の商売はとても容易ではなく，現在生存競争の激しい新移民の事業も転換期を迎えている。

（1）フィリピン新移民が直面する問題

ここ数年，中比関係の持続的な緊張およびフィリピンの経済政策の緊縮という影響を受け，フィリピン新移民の経営状況は軒並み急降下しているが，総じていえば主に次の二つの問題について困難が生じている。

身分の合法性についての問題

1970〜80年代にフィリピンへ渡った第一波の移民の殆どは直系親族による身分の申請を経て入国しており，親戚関係およびそれに関連する証明書はすべて本物であったため，順調に合法的な居留資格を得ることができていた。また短期の滞在ビザで滞留していた

者も，1988 年の「行政命令第 324 号」(Presidential Decree No. 324)によって合法的な身分を獲得していた。この行政命令は 1988 年に当時の大統領コラソン・アキノが調印したもので，1984 年以前にフィリピンへ入国した不法滞在者に対し，5 万ペソを支払わせることで居留資格を与えるものであった。よって，身分の合法性という問題は大部分の第一波の新移民にとってはさほど関連がなく，主には 1990 年代以降に大量にフィリピンに渡った第二波に焦点の当たるものであるといえる。

　前述したように，第一波の新移民は基本的にフィリピン在住の親戚がおり，互いの血縁関係の近い直系親族であった。そのため彼らが出国する際に提出した「調字」も本物で，確実性のあるものであった。一方，第二波は一部の者がフィリピンに傍系親族を有するのみで，それ以外の殆どは直系親族ばかりか傍系親族さえもいないという状況であり，第一波のような有利な条件を備えていなかった。そのため，多くの人々が観光ビザで出国し，その後商売の都合で長期滞在をすることになったのである。多くの新移民が合法的身分を有していないという現在の状況は，こうして形成された。

　新移民自身の推測では，合法的な居留手続きをした者は全体の 1/3 程度で，残りの 2/3 はそのような手段をとっておらず，不法滞在が多いのだという。一部には 10 年以上フィリピンに居住しているのに，合法的な居留手続きをとっていない状態の人々さえいるようだ。こうした不法滞在移民は大使館に行って旅行証を発行すれば中国に帰国することも可能だが，彼らはすでに移民局のブラックリストに入っている。そのため多くの人々は再度中国からフィリピンに入国できないのではないかと懸念しており，帰国したくてもできない状況にあるのだ。

　2000 年以前は金さえ払えば容易に居留手続きができていたが，近年は規制の厳格化でそれも難しくなっている。現在の新移民に

とって，居留資格は深刻な問題であるといえよう[42]。新移民がこうした状況に陥ったのには，彼らがフィリピンに渡航した際の計画が不明確であったことと大きく関係している。当時，彼らはまず商売のことを優先しており，身分については収入が安定してからと考えていた。また多くの人々はある程度稼いだら中国に帰ってさらに生活を良くしていくことを計画していたため，身分の問題は先延ばしにされ，きちんと解決されなかったのである。

　フィリピンにおいて，新移民の身分の合法化にはいくつかの方法がある。まず一つめは投資家用特別居留ビザ（SIRV，新移民は「投資字」と呼ぶ）である。この方法では7.5万米ドルと，閩南から渡航した新移民には決して少なくない金額を支払う必要があるため，利用する者は少ない。近年申請した人の中には，ダミー会社を登記して申請を手助けする業者を利用する者もいた。しかしその後の調査によって偽造が摘発されると，一部の者は居留資格が取り消されることになったという。

　二つめの方法は特赦を通じて永住権を得る「特赦字」である。1988年と1995年，フィリピン政府はこの特赦を実行し，一定の条件を満たす不法滞在者に居留権を付与した。これによって計111万人前後の外国人居留者が合法的な身分を獲得したほか，フィリピンの法律に基づき，彼らの配偶者と子女も居留権の申請が可能となった。しかし条件を満たせなかった一部の中国人不法滞在者は，旅行会社や中国からの手助けで虚偽の書類を作成するか，フィリピン移民局の職員に賄賂を渡して偽の入国記録を作らせることで，自身やその「直系親族」の居留権を得ていた。このような方法をとった人々の具体的な人数は計り知れない。もしフィリピンにおける不法滞在者の主体を中国人が占めるのならば，こうして居留権を得た

42　2014年8月に筆者が旅菲華僑工商聯合会理事長の周経偉氏に対して実施したインタビューの記録より。

申請者とその「配偶者」および「子女」の数は膨大なものであるといえるだろう[43]。

　三つめの方法としては，就労ビザ（新移民のいう「工作字」）の取得が挙げられる。初期にフィリピンに渡った人々はこのビザを申請する者が多かったが，申請人数の増加や偽造の問題もあり，現在移民局ではこの申請に対する抑制が非常に厳しく，承認の割合も少ない。合法的な手続きをとりビザを取得したい者でさえ承認を得るのは難しい状況である[44]。そのため，現在基本的にこの方法は使うことができないといえよう。

　四つめは特別居住退職者ビザ（SRRV，「退休字」）の取得である。このビザは35〜49歳では7.5万米ドル，50歳以上ならば5万米ドルの預金がフィリピンにあれば永住権を得られるというものであり，フィリピン退職庁が中国においても推し進めている。近年は満35歳ならば5万ドル，満50歳ならば2万ドルとさらにハードルが低くなっているほか，時期によっては優遇期間もあるため，この方法を用いて合法的な居留身分を得る者が増えてきているようだ。統計によると，1987年から2008年3月24日にかけてこのビザを取得した中国人は1,662人で，その家族を含めると4,329人にのぼっている[45]。現在のところ，特別居住退職者ビザは新移民にとって身分の合法化という問題を解決する最良の方法であり，多くの人が利用しているが，年齢が35歳に満たない者は申請できないという問題がある。加えて，ここ2〜3年の中比関係の緊張化の影響を受け，申請条件も以前に比べて厳しくなっている。以前はビザの居留期間を超えた分の罰金を支払い，退職者ビザの申請条件に適合していれ

43　代帆（2010），前掲論文。

44　2014年8月に筆者が旅菲華僑工商聯合会理事長の周経偉氏に対して実施したインタビューの記録より。

45　代帆（2010），前掲論文。

ば手続きをとることができていたが，現在の規定ではまず延長手続きをする必要がある。もし3年以内にこの延長手続きをとっていない場合はブラックリストに入れられ，ビザの申請ができなくなるのである[46]。

経営の合法性についての問題

前項で述べたとおり，多くの新移民は長期滞留によって合法的な居留資格を有していない状態である。そして主に華人街のショッピングモールやマーケットで中国商品の卸売や小売をしている人々は「小売業国民化法」（Republic Act No. 1180, An Act to Regulate the Retail Business）に違反しているとの嫌疑がかかっており，経営の合法性についても問題が生じている。

1946年にフィリピンが独立すると，ナショナリズムの思潮が高まり，経済の領域においても華僑を主な排斥対象とした「フィリピン化」の法案が相次いで成立するようになった。1954年に発布された「小売業国民化法」は，フィリピン国民が経営している，もしくはすべての資本をフィリピン国民が所有している組織・合弁会社・株式会社のみが直接的あるいは間接的に小売業を経営する資格を持つことができると定めたものであった。この法律は戦後のフィリピンにおけるナショナリズムの高潮と華僑排斥運動の盛行という背景のもとに発布されたものであったが，現在に至るまで踏襲されている法である。

客観的にみて，中国商品の卸売と小売を営む第二波の新移民の大多数は，確実にフィリピンの法律に違反している。そのため，観光ビザで長期滞留し商売をしている新移民は二重に法律を犯している疑いがあり，身分および事業の経営という二つについて合法性

---

46 2014年8月に筆者が旅菲華僑工商聯合会理事長の周経偉氏に対して実施したインタビューの記録より。

を持たないという問題を抱えることになったのである。フィリピン新移民の経営する店舗への摘発が度々起こるのもこのためで，特に2000年前後の数年とここ3～4年はかなり頻繁に捜索が行われている。前者は新移民のフィリピン渡航ブームがあった頃で，新移民と老僑，そして新移民と現地人のあらゆる衝突が起きた時期でもあった。また後者については近年の中比関係の緊張により，フィリピン当局の華人に対する管制が厳しくなっていることが影響しているようである。

　完全な統計ではないが，2013年12月中旬から2014年8月中旬にかけての8か月間では，フィリピン移民局・国家調査局・特殊警察などによって，マニラの華人マーケットやモールにおける捜査が7回に渡って行われている。

表2　2013年12月中旬から2014年8月中旬のフィリピンによる華人市場捜索の状況[47]

日　付	場　所	捜索の結果	事　由
2013年12月11日	マニラ市168モール，999モール	77名の中国人を逮捕	不法滞在
2014年1月15日	パラニャーケ市バクラランマーケット	28人の中国人および華人を逮捕（内2名はフィリピン籍華人，10名は手続き済みの中国人）	不法滞在および不法就労
2014年2月9日	バクラランマーケット	倉庫の封鎖	偽ブランド品と密輸品の取締り
2014年2月11日	マニラ市999モール	35名の中国人と華人を逮捕（内3名はフィリピン籍華人，16名は手続き済みの中国人）	不法滞在，不法就労および不法経営
2014年2月25日	マニラ市キアポマーケット	22名の中国人と華人を逮捕（内8名はフィリピン籍華人）	不法滞在，不法就労および不法取引

47　資料は2013年11月から現在に至るまでにメディアが公開した情報によるもの。

第2章　フィリピンへ向かう中国新移民

2014年8月19日	ケソン市，マラボン市の建設現場	26名の華人を逮捕	違法な雇用および労働許可証なしでの従事
2014年8月19日	キアポ地区カリエドプラザ	28名の華人を逮捕	不法滞在および不法な卸売業経営の疑い

　こうした頻繁な摘発が新僑のフィリピンでの生活に及ぼす影響は非常に大きかった。ある新移民の店主は記者からの取材で以下のように語っている。

　　週末は移民局が休みなので摘発は入らず，客も多い。だが月曜日になると危険なので，多くの者が店を閉めている。もし摘発が入ったら，私も回避する方法を考えなければならない。今は皆びくびくしており，多くの店では商品の輸入を止め，マーケットの倉庫に商品を保管しておくことも恐れている。もしまた摘発が入ったらもう商売ができなくなる。

　また，「華人の逮捕が私たちの商売に及ぼした影響は深刻だ。売上は半分以下に落ちたし，殆どの商売人は入荷を止めて店先にも立っていない。平穏になってほしいと多くの人が思っている」と述べた新移民もいる[48]。摘発が行われた後，一部の人々は中国に送還されたほか，多くの新移民がこのような状況下では希望が持てないと感じて自ら帰国したという。またフィリピンに残った者で居留資格にも問題があった人々は，一時的に店を閉め外にも出ず，状況の変化を見守っていた。筆者がフィリピンでの調査でインタビューをした食堂の店主はこのような状況についてこう語っている。

48　「菲律賓刁難華人：警察持槍抓扣華商帯走５歳小孩」

(http://mil.huanqiu.com/world/2014-04/4952951.html?from=mobile) 環球網，閲覧日：
　2014年5月1日。

115

以前はとても繁盛していた。新僑の客も多く，彼らは自分の
店を閉めた後に食事をしに来るので，夜の 11 時や 12 時になっ
ても店内は客でいっぱいだった。昨年末の摘発事件以降の商売
はひどいものだ。多くの新僑は店を閉め，外出もせず，家で食
事を作るので食堂に来ることもなくなった。商売への影響は大
きい[49]。

　この 2 年余りにおける中比関係の緊張化の影響を受け，新僑は
ある問題に直面している。最も主要なものとしては，両国の関係の
不和によってフィリピンの税関が中国から輸入された貨物に対して
の検査を強化していることが挙げられる。これによって，貨物がフィ
リピンに上陸してから新僑の倉庫に届くまでの時間が大幅に延長さ
れてしまい，商売の正常な運営に大きな困難をもたらしているのだ。
　このような検査期間の延長により，普段なら 10 日程度で届いて
いたという浙江省義烏市や広東省広州市からの貨物が，最長で半月
もの手続きを必要とするようになってしまった。また，現在では 2
か月経っても倉庫に届かない貨物もあるという。これはフィリピン
側が故意に検査を厳しくして期間を大幅に長くしたことで港に貨物
が蓄積し，新しい貨物を輸入することができなくなっていることが
主な原因と考えられる。港の倉庫の回転率が悪くなったことで，中
国から来た貨物船の一部は港で待機することしかできず，期限内に
貨物を降ろせないまま，時には 2 〜 3 日待機していることもある
という。この状況が海運会社に与える経済的な圧迫と損失は大きく，
待ちきれずに引き返す船や，もうマニラ便を出さない船も出てきて
おり，新僑の商品の仕入れには問題が発生している。こうした商品
入荷周期の延長によって一部では在庫不足という問題に直面してお

49　2014 年 8 月に筆者がある食堂の店主である新僑の陳氏に対して実施したインタ
　　ビューの記録より。

り，新僑は「商売が厳しくなってきた」と感じているようだ[50]。

(2) 展　望

　近年，中比関係の緊張化やフィリピンにおける不景気と政策の緊縮，そして新僑の増加や市場の飽和といった原因により，新移民の商売の状況は明らかに以前ほど良好ではないといえる。筆者が2014年7月から8月にかけてフィリピンで調査を行った際，168モールの来客数は明らかに減少しており，以前のような活気はなくなっていた。隣の11/88モールにいたっては，「門可羅雀」（門前に網を張って雀を捕えることができる。来客が非常に少なくさびれている様子）の状態で，客より店員の方が多いのではないかというほど寂しい状況であった。新移民の感慨も深く，「以前は華人が商売をするショッピングモールやマーケットは非常に活気があり，何をしても儲けることができたが，今では必ずしもそうではなく，多くは損をしている」と語る者もいた[51]。

　全体的な感触としては，目下の困難に対し，在フィリピン新移民はまさに過渡期を経験しているといえるのではないか。経営に関していえば，ごく少数を除いた新移民は耐え難い打撃を受け，前途に希望を感じられず中国に帰ることを考えており，少数の成功者が不動産業や製造業に転換することを試みている状況である。殆どの新移民はショッピングモールやマーケットで何とか持ちこたえながら，フィリピン経済の好転と政策の緩和を待ち望んでいるのだ。また分布に関しては，一部の新移民が華人の集中するマニラの外[52]に発展

50　2014年8月に筆者が菲華誠昌商会（11/88商会）副会長の王氏および168商場聯誼会会長の呂氏，秘書長の張氏に対して実施したインタビューの記録より。

51　2014年8月に筆者が旅菲華僑工商聯合会理事長の周経偉氏に対して実施したインタビューの記録より。

52　フィリピンにおいて，華人はマニラ首都圏を「大岷区」（大岷里拉，大馬尼拉。マニラ市，ケソン市，マカティ市，カローカン市など17の市と行政区域から成る）と

を求め首都圏外にある街で商機を探し求めるなど，新移民の移動方向の多元化の糸口がみえてきているといえるだろう。

つまり，現在の状況からみて，新移民の商人が携えてきた中国製商品が世界の市場を席捲するような黄金期はすでに過ぎ去っており，海外での発展にあたってボトルネックが生じているのも普遍的な事象である。フィリピン新移民の商売人も同じ問題に直面しており，いかにして高品質の商品とサービスによって市場を制するか，そしてどのようにして低品質な商品同士の競争を回避して持続的な発展を追求するかが，真剣に検討するに値する問題なのではないか。

2016年6月30日，ロドリゴ・ロア・ドゥテルテ氏がフィリピン第16代大統領に就任した。就任後，彼はフィリピンの政策に重大な変革を加えている。例としてはフィリピン共産党との和平交渉やモロ・イスラム解放戦線との和平のほかにも，厳しい麻薬の規制や交通，インフラの改善が挙げられる。これらはフィリピンの安全・健康・良い環境作り・外資吸引・就業増加・経済の立て直し・国力の盛り返しを目的としているが，新移民にとってもフィリピンの経済改善はプラスに働く要素といえるだろう。

外交政策に関して，ドゥテルテ政権がとった最も大きな調整は伝統的な親米路線の放棄である。独立路線をとり，アメリカとの距離をとるのと同時にその他の国家との繋がりを強めることが目的であるが，特に中国との関係を改善することで中比関係の氷河期からの脱出を促進し，「遠美近中」（アメリカを遠ざけ中国に近づく）の特徴をはっきり示すことが狙いだ。2016年10月18日から21日にかけ

呼んでいる。「大岷」以外の地方は「外省」と呼ばれる他，より常用される表現としては「山頂政府」，略して「山頂」という呼び名もある。これはフィリピンの山が多い地形に由来しており，特にマニラ首都圏の北にあるルソン島中北部の山が高く林が密集している地形，南にあるビサヤ諸島の山が多い地形のことを指す。このほか，「外省」や「山頂」には「郷下」（田舎，農村の意）という隠喩も含まれている。

て，ドゥテルテ大統領は中国を訪問し，両国は経済貿易・投資・生産能力・農業・旅行・麻薬規制・金融・海上保安・インフラ整備といった 13 の様々な領域について調印した。また中国国家発展改革委員会，商務部，農業部などが代表団を派遣してフィリピン側の担当部門と連携し，ドゥテルテ大統領の中国訪問という成果を上げたが，すでに経済貿易・投資・旅行などの部門においても効果をもたらした。

　中比関係の好転は，在フィリピン新移民の苦境改善に対し良い作用をもたらすことが予想される。ドゥテルテ大統領が中国を訪問して間もなく，マニラの華人社会では，移民局が 50 万人の不法滞在者に特赦を執行する予定との情報が出た。多くの新移民は，新たな政策が早急に実現し，この機会に乗じて身分の合法性の問題が解決されることを望んでいる。また，中国とフィリピンの連携強化は新移民により多くのチャンスをもたらし，低迷期からの脱出への一助となるとともに，彼らの事業の発展が新たな時代に突入するための推進力にもなっていくことだろう。

参考文献

　【中国語】

陳衍徳（1997）「菲律賓華人知識化新移民的特点」『華僑華人歴史研究』第 1 期，32-33 頁。

代帆（2009）「菲律賓中国新移民研究：馬尼拉中国城田野調査」『太平洋学報』第 10 期，14-23 頁。

――（2010）「近三十年中国人移民菲律賓原因探析」『華僑華人歴史研究』第 1 期，14-23 頁。

福建省地方誌編纂委員会 (1992)『福建省誌・華僑誌』福建人民出版社。

――（1997）『福建省誌・公安誌』方誌出版社。

洪小栄（2006）『晋江新移民的海外遷移：以菲律賓為例』厦門大学修士論文。

晋江市地方誌編纂委員会 (1994)『晋江市誌』三聯書店。

李明歓（2005）「"僑郷社会資本"解読：以福建当代跨境移民潮為例」『華僑華人歴史研究』第 2 期，38-49 頁。

泉州市公安局（2004）『泉州・公安誌』泉州市公安局。

『同安県公安誌』編纂委員会 (2000)『同安県公安誌』（内部出版）。

呉文煥（2001）『臥薪集』菲律賓華裔青年聯合会。

中国警察学界出入境管理専業委員会（2003）『公安出入境管理大事記（1949-1999）』群衆出版社。

庄文成（2011）『正経話』菲律賓潮流出版社。

紫雲（2008）「新僑与老店」菲律賓華文作家協会編『菲華文学』第 18 期, 11-12 頁。

【インターネット資料】

「菲律賓刁難華人：警察持搶抓扣華商帯走 5 歳小孩」(http://mil.huanqiu.com/world/2014-04/4952951.html?from=mobile) 環球網，閲覧日：2014 年 5 月 1 日。

第3章　現代中国の移民政策
－移民受け入れ国への転換－

呂　雲芳

奈倉　京子　訳

2016年6月30日，国際移住機関（International Organization for Migration, 略称IOM）の特別理事会が開催され，同組織への中国の加入が承認された。同組織が設立65周年を迎えるに際し，中国は165番目の加盟国となった。国連ジュネーブ事務局および在スイス国際組織中国政府代表部代表の馬朝旭大使は，理事会の席上でこう発言している。「中国の改革・開放が絶えず深化し，経済・社会が急速に発展するに従って，中国と世界各国との人的交流は日々盛んになっている。中国は現在，『移住者の送り出し国』から『移住者の送り出し国・国境通過国・目的国』と，複数の役割を任う方向に変化してきている」[1]と。これが意味しているのは，百万単位を数える中国への外国人移住者，そしてそれを上回る規模の潜在的な移住者への対応という非常に困難な課題を，中国政府が正しく認識しているということである。

1　「中国加入国際移民組織」(http://www.fmprc.gov.cn/web/wjdt_674879/zwbd_674895/ t1376901.shtml) 中華人民共和国外交部ホームページ，閲覧日：2017年1月2日。

1．来華外国人の歴史

　近現代以降の歴史において，中国は，移住者送り出し国として知られてきた。しかし，中国の歴史を俯瞰すれば，中国の民族には古来より各地の人々を受け入れる伝統が存在しており，それは歴史的記述にある外国人に対する呼称からも窺い知ることができる。中国の各時代における外国人に対する定義はその指す内容が異なっているが，全体を通していえば，外国人とは中国国籍を保有しない者を指し，古来よりその呼称は「蛮夷」「胡」「蕃」「外人」「化外人」「洋人」など様々あり，また，これらの呼称は中原の民が「主人」であることに相対するものであった。中国の領土的拡大と民族の多様化につれて，「夷」や「胡」や「蕃」の多くが中国人となり，その後の歴史的発展の中で，中国における多民族の一部分となった。例えば，かつての「蕃」は，アラブや中央アジア，ペルシアから中国に来た者を主に指していた。彼らの多くが唐宋時代に中国へやって来たが，その多くは商人で，中国の主要大都市に住んでいた。元朝の時代には中国の戸籍に組み込まれ，中国の中心的ムスリム集団を形成した。

　「洋人」「西洋人」などの言葉は，明清（アヘン戦争前）時代に多く見られたが，その多くはヨーロッパから中国に来た者を指しており，その主な内訳は外国人商人と外国人宣教師であった。ゆえに「洋教士」という言葉は，ほとんどこの時代の外国人の代名詞でもあった。明代中期以降，外国からの中国への移住者は，植民地の拡大と関連を持つようになった。スペイン・ポルトガルによる植民地の拡大に始まり，その後のオランダ，さらに時代を下ってアヘン戦争後のイギリス・フランスによる植民地の拡大，ひいては1949年に中華人民共和国が成立するまで，マカオ・台湾・香港および一部の中国

本土の都市では，「洋人」の居住地が形成されていた。第一次世界大戦後，条約港の租界内に限定した主要列強諸国の外国人数は控え目に見ても25万人を超え，解放前夜の各国租界における外国人数は27万人以上と推定されているが，一方で租界以外の居住者数については知る由もない。日本による侵略を受けた時代には，軍隊の200万人以外に，大勢の日本人が中国，特に東北地方に居住していた。日本の投降後，大多数の日本人が日本に帰国したが，中華人民共和国成立初期まで，中国全土には約4万人の日本出身の住民がいた。1920年代初期のデータによると，外国人を職業別に分けて見た場合，中国中央政府や地方政府に雇用された者が2,000人（うち1,300人が税関），外交要員が500人（人数から見た場合最多は日本・イギリス・アメリカ），宣教師9,100人（プロテスタント6,600人，カソリック2,500人），軍の分遣隊および警察人員が2万6000人（満州駐在の日本兵1万7000人と警察人員2,000人を含む），および人数計測の不能なビジネス従事者であったが，在華外国人の大半がこれらのビジネス従事者であった。アヘン戦争後，外国人による武力侵攻と外国文化の浸透が中国の目を覚まさせ，また数千年に渡る「唯我独尊」的優越感をも打ち砕いた。政府から大衆に至るまで民族的劣等感が漂い，外国を崇拝し媚びる心理と，極端に外国を敵視する心理とが互いに交錯していた[2]。

新中国の成立後から改革・開放初期までの数十年間，中国国内の外国人は非常に少なく，そのうちのかなりの部分が国境付近の住民による往来であった。建国初期の中国在留者の多くが旧ソ連からの専門家であり，中国各地で業務に当たっていた。しかし，中ソ関係の悪化後，中国を訪れる外国人は数えるほどしかいなくなってしまった。「特務」そして「外賓」という呼称により，中国を訪れる外国人は全く異なる二つの人種に分けられていた。帝国主義とその

2　費生清ほか（1994）『剣橋中華民国史』中国社会科学出版社。

第一部　中国から／への新たな移動，そこから逆照射される新たな中国像

　従属国の出身者は「特務」「間諜」と呼ばれ，友好国の出身者は「外賓」「外国友人」と呼ばれていた。前者は排斥され後者は歓迎されたが，全体的な特徴として，両者ともに厳格な管理下に置かれていた。

　改革・開放後，外国人向けの制限が次第に緩和され，来華外国人は増加の一途を辿った。統計によると，2004 年度，中国公安部が許可した外国人入国者数はのべ 1693.25 万人と，1984 年の 11 倍であった[3]。2007 年度の外国人入国者数はのべ 2610.9668 万人，2016 年度に中国を出入国した外国人数はのべ 7630.54 万人（国境付近に在住する外国人 1977.61 万人を含む），うち入国者は 3840.61 万人であった。入国外国人数（国境付近在住外国人は含まず）の上位 10 か国は，それぞれ韓国・日本・アメリカ・ロシア・モンゴル・マレーシア・フィリピン・シンガポール・インド・タイであった[4]。

　また，長期在留者の人数も増え続けている。改革・開放の初期に来華した外国人の多くは短期滞在の投資調査担当者であった。中国で教職に就いた専門家の滞在期間も長くはなく，通常は 1 年で，3 年を超えることは非常に少なかった。就業契約は，通常年に 1 度結ばれた。1990 年代以降，長期在留者が増え続け，2007 年度のデータでは 53.8892 万人（公館職員を含む）となっている。2016 年度のデータでは，就労目的の入国者がのべ人数で 86.78 万人，留学目的が 32.43 万人，定住目的が 29.27 万人となっている[5]。

　来華外国人の資格は，複雑・多様化の一途を辿っている。改革・開放初期の来華外国人は，主に教職者・ビジネスマン・旅行者・留学生であり，一般に「外国専家」「外賓」「外国友人」と呼ばれていた。

3　公安部出入境管理局ホームページ (http://www.mps.gov.cn/n2254996/) 閲覧日：2017 年 1 月 2 日。

4　「2016 年出入境人員和交通運輸工具数量同比穏歩増長　人員総数達 5.70 億，交通運輸工具数量達 2889.25 万」(http://www.mps.gov.cn/n2254996/n2254999/c5600834/content.html) 中華人民共和国国家移民管理局ホームページ，閲覧日：2017 年 1 月 2 日。

5　公安部出入境管理局ホームページ，前掲。

1990年代中期には中国の改革・開放が一段と進み，中国がさらに世界に融和していく中，来華外国人も多様化する傾向にあった。当時，中国を訪れる主な外国人層は，企業エグゼクティブ・外資系企業投資家・教職者・旅行者・留学生であった。この時期も「外国専家」はなお多数を占め，その多くが高学歴者で，充分な経験を持つ者であった。2000年以降，中国は「世界の工場」へと急速に発展し，グローバル化の進展に積極的に関与した。中国に長期滞在する外国人数も激増し，中国の各地，そして様々な業界・職業に分散している。高レベルの専門家から中産階級，ブルーワーカー，さらには中国に逃亡・潜伏した外国籍の犯罪容疑者まで，各階層・職業を包括した人的集団を形成している。「外国専家」「外国友人」は現在も使われてはいるが，「老外」「外国人」といった階層分別のない呼称のほうがより一般的である。

　外国籍の移住者のコミュニティの形成については，2000年前後に在華外国人数が急増し，一部大都市や特別な都市では，移住者によるエスニック・コミュニティが形成された。例えば，北京の韓国系移民のコミュニティや日本系移民のコミュニティ，広州のアフリカ系移民のコミュニティや日本系移民のコミュニティ，浙江省義烏市の中東系移民のコミュニティ，上海の国際コミュニティ，広西チワン族自治区・雲南省のベトナム村やミャンマー村などがある。

　こうした移民コミュニティの発展は学術界の大きな注目を集めており，劉雲剛らは，広州の日本系移民コミュニティにおけるエスニックグループの経済の特徴について実地調査を行っている[6]。李慧玲も，義烏市の中東系移民のコミュニティにおける文化を越えた交流について実地調査を行っている[7]。また，周大鳴と楊小柳も，韓国

6　劉雲剛，譚宇文，周雯婷（2010）；劉雲剛，陳跌（2014）；周雯婷，劉雲剛（2015）。
7　李慧玲（2008）「跨文化的互動与認同—義烏『国際社区』多元文化的考察与思考」『広西民族大学学報（哲学社会科学版）』第6期，73-77頁。

系移民コミュニティの文化的構築について研究している[8]。広州のアフリカ系移民のコミュニティは，それ以上に国内外の学術界の大きな関心を集めており，経済的・文化的・社会的融合それぞれの観点から，包括的かつ詳細な研究が行われている[9]。こうした移民コミュニティの研究から，すでに外国人が中国の社会を構成する人口の一部となっていることがわかる。

　移民コミュニティの形成と発展は，中国への移民という現象の重要な転換点を意味している。中国への移民は，国際交流や外国企業・外国人人材の誘致という範疇を超え，グローバル規模での移民現象と一体化している。一方，注目に値するのが，中国に常住する数百万人規模の外国人が中国の社会生活に深く溶け込み，来華外国人に対する呼称にも非常に大きな変化がある一方で，大衆やメディアにおける表現，また公的な政策関連文書においては，「移民」という言葉をほとんど見かけることがないということである。中国は伝統的な非移住者国家であり，公的な文言において，これまで「移民」という言葉が登場したことがないため，当然，本来の意味での移民政策も存在し難いということになる。

2．現在の移民の類型

　現在の中国への外国人移住者は，入国目的，職業や資格の内容など，各面で多様化してきている。本章では，中国在留時の職業・資格に基づき，大きく五つのタイプに分けることにする。

8　周大鳴，楊小柳（2014）「浅層融入与深度区隔：広州韓国人的文化適応」『民族研究』第 2 期，51-60 頁。

9　李志剛，薛德昇，Michael Lyons, Alice Brown（2008）；李志剛，杜楓（2002, 2012）；Adams, Bodomo（2010）。

（1）外国人専門家（能力を有する移民，高度技術保有移民）

　このグループは，中国が外国籍移住者を誘致する際に最も重視している。改革・開放当初，中国にとって不足する高度人材を確保することが課題であったからである。

　このグループに属する者は「外国専門家来華就業許可」と「外国人専門家証」を保有していたが，時代が変わり，経済・社会が発展するにつれ，グループに対する線引きの基準や処遇にも変化が起こっている。1950年代初期のソ連・東欧諸国の専門家は，来華後に業務に当たる「外国籍人材」「外国専家」（外国人専門家）であったが，具体的な線引きの基準は，1980年の「外国人文化教育専門家就業試行条例」によって定められた。同条例では，「外国人専門家とは，招聘に応じ，高等教育機関・宣伝出版・文化・芸術・衛生・スポーツなどの部門で就業し，かつ，専門家としての処遇を受ける，外国籍の教職者および就業要員を指す」と規定された。1983年8月，中国共産党中央委員会と国務院は，「四つの現代化建設に資するための海外知識の導入に関する決定」を合同で公布し，技術の導入と同時に，計画的かつ段階的に海外の人材を導入し，四つの現代化建設のスピードを上げるとした。その1か月後，国務院は「国外人材導入事業における暫定規定」を公布し，またその後の「外国人専門家に対する奨励規則（1990年）」「外資系投資企業外国人専門家管理規則（1996年）」において，海外人材導入の範囲・重点・対外調整・人選確定の業務手順・生活処遇・機密保持およびセキュリティ・出入国手続きなどについて，原則的な規定を定めている。

　改革が進むにつれ，「外国専家」が包括する内容はさらに広がり，「高精尖缺」（ハイレベル人材）が一層強調されるようになったが，それは主に以下の五つを指している。①政府間もしくは国際機関の間の協約，協定および中国―外国間の経済貿易契約を履行するため，

招聘に応じ，中国で業務に従事する外国籍の専門技術人員もしくは管理人員。②招聘に応じ，中国で教育・科学研究・ニュース・出版・文化・芸術・衛生・スポーツなどの業務に従事する外国籍の専門人員。③招聘に応じ，中国国内の企業で副総経理以上の職務を担当，もしくは同等の処遇を受ける外国籍の高度専門技術人員もしくは管理人員。④国家外国専家局の認可した国外の専門家機関もしくは人材仲介機構の中国駐在代表機関の外国籍の代表者。⑤招聘に応じ，中国で経済・技術・工学・貿易・金融・財務会計・税務・旅行などの分野の業務に従事し，特殊な専門知識を持ち，中国で不足している外国籍の専門技術人員もしくは管理人員[10]。

　2008年から，中国政府は「海外高度人材導入暫定規則」(いわゆる「千人計画」) を打ち出し，誘致すべき人材を規定しているが，それによると，基本的に海外で博士の学位を取得しており，原則55歳未満，来華後は少なくとも年間6か月以上中国で就業することとしており，かつ，「中国国外の著名な高等教育機関，科学研究機関で教授に相当する職務を担当する専門研究者」「国際的に著名な企業，金融機関で高度な職務を担当する専門技術人材および経営管理人材」「独自の知的財産権を保有もしくは中核技術を掌握しており，海外において個人で起業した経験を有し，関連の産業分野ならびに国際ルールに精通している起業家人材」「国が差し迫って必要とし，また不足しているその他高度なイノベーション・起業家人材」という条件のいずれかを満たしていなければならない。

　1980年，中国全土の外国人専門家の招聘数は468人，それから30年のうちに導入された人材の累計数はのべ478万人となった[11]。中央政府が制定した「千人計画」「青年千人計画」「外国専家千人計

10　高子平 (2012)『我国外籍人才引進与技術移民制度研究』上海社会科学院出版社，81頁。

11　高子平，前掲書，82頁。

画」「万人計画」「人材特区行動計画」，教育部の「長江学者奨励計画」，中国科学院の「百人計画」，自然科学基金委員会の「国家傑出青年科学基金」および中国各地での一連の人材導入プロジェクトにより，さらに多くの外国籍の専門家が導入された。2011 年に来華した専門家はのべ 52.9 万人，2015 年は 60 万人強と，毎年平均 5% 以上伸びている。2011 年 8 月の「『千人計画』外国人高度専門家プロジェクト事業細則」で定義された「ハイレベル人材」については，2015 年までに 381 名の専門家が選ばれている[12]。

外国籍の専門家は，華人系・非華人系の二大グループに分類することができる。例として，「千人計画」では華人系と非華人系の人材が含まれている一方，「長江学者計画」では主に華人系の人材を対象にしている。

以上から，外国人専門家の一部はグローバルな人材市場の流動により来華した者ではあるものの，多くは中国政府による様々な人材導入計画がもたらした成果であり，グローバルな人材獲得戦略の一部であるということができよう。人材導入計画に関し，政府は一貫して外国籍の華人系人材の取り込みを重視してきたが，こうした「民族優先」戦略[13]が，華人系人材の中国本土への復帰を上手くリードしてきた。同様に注目に値するのが，このタイプの移民の統計には通常「のべ人数」が単位として用いられ，「人数」が用いられていないことである。つまり，当該人材は本当の意味で中国に定住する移民ではなく，多数の人材が兼業もしくは短期就業であることを意味している。中国が科学技術・教育などを発展させる助けにはなるだろうが，必ずしも中国で事業を持っているわけではない。

12　李芸雯（2016）「1499 名『洋智嚢』見証中国人才開放」『国際人才市場』第 11 期，19-27 頁。

13　王輝耀（2013）『移民潮：中国怎様才能留住人才』中信出版社，49 頁。

（2）外国籍事業経営者（投資目的移民）

在華投資目的移住者とは，中国での投資により正規の在留資格を得た外国人を指す。しかし政府部門には，現在に至るまで来華投資目的移住者の年度ごとの具体的な公表データが存在せず，外資系企業の在華従業員数の調査は不可能であり，投資人員と管理人員および一般技術就労者が区分されていない。学術界では，国勢調査のデータおよびその他関連データから推計を出している。2010年度の第六回国勢調査において調査に応じた，事業目的で来華した長期在留の外国籍者数は20万4962人，就労を目的とした外国籍者数は20万1955人であった[14]。浙江省義烏市に長期滞在中の外国人ビジネスマンは1万人を超え，通年の居住地が流動的な外国人ビジネスマンは20万人以上となっている[15]。2007年度に中国で事業を経営する韓国人は約50万人であった。広州のアフリカ系移住者コミュニティでは，数十万人が国際貿易その他の職業に従事していると推定されている[16]。

もう一つの統計データのソースは，中国のグリーンカードの発行数に関連するものであるが，投資目的移住者はグリーンカード取得者の一部に過ぎない。2004年に公布された「外国人の中国における永住許可管理方法」の規定によると，中国で直接投資を行い，連続3年投資を安定的に継続し，かつ納税履歴が良好な者で，①国が公布した「外国企業投資産業指導目録」の推奨産業に対する投資合計額が50万米ドル以上である場合，②中国の西部地区および国家貧困支援開発事業重点県での投資合計額が50万米ドル以上であ

14　「中国2010年人口普査資料」(http://www.stats.gov.cn/tjsj/pcsj/rkpc/6rp/indexce.htm)
　　中華人民共和国国家統計局ホームページ，閲覧日：2017年1月3日。

15　李明歓（2011）『国際移民政策研究』厦門大学出版社，332頁。

16　李明歓，前掲書，330頁。

る場合，③中国中部地区での投資合計額が100万米ドル以上である場合，④中国での投資合計が200万米ドル以上である場合，以上のいずれかの条件に該当する場合，「永久居留証」（中国のグリーンカードと呼ばれる）を申請することができる。2011年のデータによると，グリーンカードの取得者は5,000人に満たない[17]。複数の政府関連部門の連携により，2015年以降，グリーンカードの申請はより柔軟な調整が可能となった。その主な対象は，科学技術・教育・文化・衛生分野の科学技術関連人材になお集中しているものの，投資・起業目的の移民についても実務的な緩和がなされた。

　推計によると，投資目的移民の多くは中国周辺のアジア各国・地域の出身者で，海外華人がその多数を占めている。

（3）外国人労働者（一般の就労目的移民）

　1990年代中期以降，中国の市場経済が急速に発展したため，市場の需要・配分により生まれた外国籍の一般就労者が現れた。俗にいう「洋打工」（外国人労働者）である。「洋打工」は，過去の「外国専家」（外国人専門家）の範疇を超え，そのうちの一部は多国籍企業の中国オフィスの一般被雇用者であり，中国の企業・公的機関の外国籍被雇用者であり，また「外国専家」に同行した家族であるが，学歴や職業的階層から見ると，「外国専家」よりも低いレベルにある。正規の就労者は「外国人就業証」ならびに「外国人就業許可」（2015年以降「外国人来華就業許可」となっている）を持っているが，これらの就業許可を持たず，不法就労状態になっている者も多い。

　正規の就労者には，外国籍の教職者，通訳・翻訳者，編集者，指導員，医師および工業技術などの専門人材が含まれるが，これらの就業分野においても不法就労状態が生じている可能性はある。例と

17　梅安妮（2015）『中国移民正常与長期在中国居留的外国人的困境：以中阿与中非跨国婚姻為例』南京大学修士論文，24頁。

して，外国籍の教職者は数多くいるが，そのうちの一部はＬビザ（旅行ビザ）を所持し，語学教育機関に短期もしくは長期で就労している。また，一部の娯楽施設で不法に雇用されている朝鮮人・フィリピン人は，サービス業やショービジネスに従事している。また，一部の家政婦業者も「フィリピン人メイド」を不法に雇用している。広西チワン族自治区・雲南省の国境付近では，許可なく雇用された近隣国の国境付近の住民が農業に従事している。広東省の製造業者でも，許可なくベトナム人作業者を雇用しているなどの現状がある。

上記グループの構成者が正規就労・不法就労という領域に跨っていることに鑑みると，確実な統計データは存在し難いものの，それが中国における外国籍者数の主たる部分になるであろう。中国労働社会保障部が公布した「2006 年度労働社会保障事業発展統計報告」によると，2006 年度末までに，「外国人就業証」を所持し中国で就労している外国人の数は 18 万人に達している。「2007 年度労働社会保障事業発展統計報告」では，在中就労外国人数が 21 万人に達している。「2015 年度労働社会保障事業発展統計報告」によると，同年末に「外国人就業証」を所持し中国で就労している外国人数は計 24.0 万人であった。2016 年度に就労目的で入国した者は 86.78 万人に達し，劇的なスピードで増加している。未届けもしくは中国国内における流動性が高い外国人就労者の数については不確定である。未届けの「三つの『不』」（不法入国・不法滞在・不法就労）の外国籍者数は膨大であるものの，その数を知る由もない。

（4）外国人留学生（教育目的移民）

2000 年の「高等教育機関外国人留学生受け入れ管理規定」における定義によると，「外国人留学生」とは，外国籍の旅券を有し，中国の高等教育機関の学籍を持ち，学位取得目的ないし学位取得を目的とせず教育を受ける外国籍者のことである。

改革・開放後，中国の高等教育機関は，外国人学生の中国留学を積極的に受け入れている。当初は中国の言語・文化の学習がメインであったが，現在では各専門分野における学位取得を目的とした教育が多様化しており，留学生の数的規模も拡大の一途を辿っている。1978年の在華留学生は1,236人[18]であり，主に中国語を学んでいた。2008年には22.35万人[19]，2011年には29.2611万人[20]，2015年には39.7635万人[21]まで増加している。2015年に中国で学位取得を目的とした教育を受けている外国人留学生の数は184,799人と，全体の46.47%を占めている[22]。その出身国も多様化しており，アジア諸国からの留学生が半分以上を占めている。2010年は韓国・アメリカ・日本・タイ・ベトナム・ロシア・インドネシア・インド・カザフスタン・パキスタンが上位10か国であったが[23]，2015年の出身国上位10か国は，上から順に韓国・アメリカ・タイ・インド・ロシア・パキスタン・日本・カザフスタン・インドネシア・フランスであった[24]。

(5) 婚姻目的移民

中国で就労・留学・滞在する外国人が増えるにつれ，中国人と外国人との国際結婚の件数も急速に増加している。かつて，中国人にとって「結婚イコール海外」あるいは「海外に出るための結婚」というのが国際結婚に対する考え方であったが，このような画一的な

18　高子平，前掲書，91頁。
19　高子平，前掲書，91頁。
20　王輝耀ほか（2012）『中国国際移民報告（2012）』社会科学文献出版社，202頁。
21　「2015年全国来華留学生数据発布」(http://www.moe.edu.cn/jyb_xwfb/gzdt_gzdt/
　　s5987/201604/t20160414_238263.html) 中華人民共和国教育部ホームページ，閲覧日：
　　2017年1月7日。
22　中華人民共和国教育部ホームページ，前掲。
23　王輝耀，劉国福（2012）『中国国際移民報告（2012）』社会科学文献出版社，202頁。
24　中華人民共和国教育部ホームページ，前掲。

現象に大きな変化が起こっている。中国人と外国人との国際結婚では，中国での定住を選択するケースが増え続けており，婚姻を目的とした移民グループが形成され，注目を集めている。

「中国公民と外国人の婚姻の届け出に関するいくつかの規定」によると，中国人が外国人と結婚する場合，双方が身分証明書もしくは旅券などの証明書類および婚姻状況証明書を持参の上，婚姻届出機関で婚姻届の手続きを行うこととなっている。正しく婚姻届の手続きが行われない場合，外国籍の配偶者は中国での在留許可が得られない。ゆえに婚姻目的の移住者グループにおいては，相当数が不法移住と関係しており，ベトナム・ミャンマー・朝鮮・ロシア出身の花嫁といったグループが国全体の関心を引いている。過去，国境周辺地域で伝統的に結ばれてきた婚姻方式が内陸まで拡大し，内陸の貧しい男性と結婚するようになったのである。花嫁の出身国の結婚証明手続きが困難であるため，未届けの花嫁を生み出し，結果，中国の在留証明を申請することができない。

以上の理由から，現在の中国において，正規の婚姻届が出された移住者と未届けの移住者の数についてはそれを知る術がない。かつては主に広西チワン族自治区・雲南省・吉林省・遼寧省などの国境周辺地域や，沿岸部の広東省・福建省・上海などの華人の出身地域に分布していたが，現在はそれが全国各地に広がっている。北京は国際結婚が集中している都市の一つであるが，その他江西省・河南省・河北省・東北地方などでも，外国籍の花嫁の数が急速に増加している。民生部門の統計によると，中国全土の国際結婚の正規届け出件数は次の通りである。1979 年，中国本土の国際結婚の件数は計 8,460 組であったが，2001 年には 7.9 万組[25] に増加している。2014 年度の国際結婚の届け出件数は 4.7 万組（華僑や香港・マカ

25　丁宏宏，楊鴻燕，周少雲，周吉祥，林克武，張玉枝（2004）「論新時期中国渉外婚姻的特徴与走向─以上為例」『中国人口科学』第 3 期，66-70 頁。

オ・台湾住民との婚姻届も含む。以下のデータについても同様である）[26]，2015年は 4.1 万組であった[27]。広州における 1982 年度の国際結婚件数は 3,068 組，うち 99% が外国籍の華人に関係するものだった[28]。上海における 1985 年度の国際結婚件数は 826 組であったが，2001 年には 3,442 組[29] になっている。北京市における 2004 年から 2011 年までの国際結婚の件数は年間 1,000 組前後であり，2004 年は 974 組，2010 年は 1,085 組で，108 の国と地域[30] に及んでいた。福建省の 2013 年度の件数は 9,883 組であった[31]。婚姻未届けの移住者の数はさらに大きくなるであろうが，以上の正規の婚姻届け出件数のデータから，婚姻目的移住者の潜在的な規模はおよそ見てとれる。とはいうものの，これらのデータから，中国に移住した婚姻目的移住者の正確な数を読み取ることはできず，また，不正な婚姻の件数およびそれに関連した移住者の数も示されてはいない。

3. 新中国成立以降の移民政策

　中国の移民政策に関し，学術界では大規模かつ詳細な研究が行なわれてきた[32]。それらの研究は概ね，次のようにまとめることがで

26　「2014 年社会服務発展統計公報」(http://www.mca.gov.cn/article/sj/tjgb/201506/201506008324399. shtml) 中華人民共和国民政部ホームページ，閲覧日：2017 年 1 月 3 日。

27　中華人民共和国民政部ホームページ，前掲。

28　陳雲嫦, 霍麗麗（1983）「広州市渉外婚姻状況的調査」『広州研究』第 1 期, 39-43 頁。

29　丁金宏, 楊鴻燕, 周少雲, 周吉祥, 林克武, 張玉枝，前掲論文, 66-70 頁。

30　高穎, 張秀蘭, 祝維竜（2013）「北京近年渉外婚姻状況研究」『人口与経済』第 1 期, 27-36 頁。

31　「2013 年福建省社会服務統計年報」(http://www.fjsmzt.gov.cn/xxgk/tjxx/tjnj/201409/ t20140930_780719.htm) 福建省民政庁ホームページ，閲覧日：2017 年 1 月 3 日。

32　李明歓（2011）；高子平（2012）；王輝耀ほか（2012, 2013, 2014, 2015）；王輝耀（2013）；劉国福（2008）；劉国福（2011）；張慶元, 劉小敏（2012）；国向東（2012）；劉雲剛, 陳跌（2015）。

きる。一つめに，出入国管理に関する研究があり，出入国政策関連法規の整備の方法，また国境を守りながら人材と資金を積極的に呼び込む方法について提起している。二つめに，人材導入戦略に基づく国際的な人材政策に関する研究である。これらの研究は，改革・開放以降に打ち出された人材政策が中国の社会経済の発展に大きな貢献をしている一方，多くの欠陥を孕んでいることを指摘している。例えば，異なる政府部門が出入国・就労・在留という三つの分野をそれぞれ管理しているため，調整や連携の面で不利になること，また人材を誘致し，中国に入国させた後の居住や社会福祉面での処遇が一般化・制度化されていないことなどである。三つめに，中国がシステマティックな移民法・移民専門の管理部門を設け，現在のグローバル規模での移住現象に対応し，人材戦略を深化させるよう提案している。また，技術を保有する移住者に対するハードルを下げ，外国人留学生の中国における就労や起業の緩和を提言している。さらには「国籍法」を改革し，二重国籍を承認もしくは黙認し，多くの人材を呼び込み，留め置くよう呼びかけている。

　このように建国後の移民政策は，規則から法制度への発展，つまり出入国管理のみの状態から，出入国管理・在留・就労に関する一連の政策の体系化・法制化という段階を経ると同時に，外国企業や資本の誘致，知識の導入に偏重した人材の導入から，グローバル規模での移民現象への対応といった移民政策のコンセプトの転換を経ている。全体的に見ると，厳格な制限が徐々に緩和されていく政策的趨勢にある。

　建国後から改革・開放初期まで，中国政府は外国人に対し，厳格な管理を網羅的に行っており，外国人の就労も許されていなかった。建国初期には新政権の安全のため，中央政府は「部屋を片付けてから客人を呼ぶ」という方針を打ち出していた。帝国主義とその従属国の出身者に対しては，「追いやり」「追い出し」政策を取り，中国

から追い出していたが，友好国の出身者については万全な管理を行い，便宜を図っていた。1950年代以降，政府は一連の「暫定規則」を公布し，外国人の出入国および中国在留業務を管理するようになった。これには1951年の「外国籍者の出入国および在留に関する暫定規則」，1954年の「外国籍者出国暫定規則」「外国籍者の在留届け出および在留証の発行に関する暫定規則」「外国籍者旅行暫定規則」ならびに1964年の「外国人の入国・出国・国境通過・在留・旅行に関する管理条例」が含まれている。

　この1964年の「管理条例」の内容は，1950年代の四つの対外暫定規則をまとめたものであり，変更点は多く見られない。全体的に，外国人の入国・在留および中国滞在生活に関する制限が多いといえる。「管理条例」第8条では「外国人は，入国・出国・国境通過の際，査証に記載された有効期限内に，指定された入国・出国港，交通手段およびルートにより通行しなければならない。入国した外国人は，査証に記載された目的地以外に向かうことはできない。入国・出国・国境通過の途中で，許可なく留まることはできない」と規定していたが，外国人が来華するには，中国側の招聘元があること，また1級相当の主管部門の認可が必要であった。中国では固定の場所に宿泊しなければならず，新華社や国際放送局などで長期間就業していた外国人といった一部の外国人専門家は，武装した警備員がガードする「外交公寓」（外交マンション）もしくは「友誼賓館」（友誼ホテル）に居住していた。

　続けて第11条では，「外国人が中国に滞在する場合，戸籍管理制度を遵守し，規定により世帯の申告を行わなければならない。外国人の宿泊先となる機関・学校・企業・団体・宿泊施設や住民については，戸籍管理制度の規定により世帯の申告を行わなければならない」と規定しており，外国人が来華した時には，申請した場所のみで就業・旅行が可能であった。加えて第15条では，「外国人が

旅行する際は，旅行証明書内に記載された有効期間内に，許可された旅行先，交通手段および経路で通行しなければならず，これを勝手に変更してはならない」「旅行途中で許可なく留まることはできない」と規定していた。外出には常に中国人の同伴が必要で，外国人に対する「通行禁止標識」は至るところで見受けられた。外国人は「友誼商場」（友誼デパート）など指定の購入場所で物品を購入し，専ら外国人用に作られた「外匯兌換券」という通貨を使用しなければならなかった。つまり，外国人の中国入国申請は可能ではあったものの，中国国内での行動は厳しく制限され，中国人とは完全に切り離されていたのである。

改革・開放初期および過去の政策が出入国管理のみであるのとは大きく異なり，1990年代中期・後期に移住者関連政策が始まり，比較的まとまった移民政策システムが構築された。その中には出入国政策・在留政策・就労政策という三つの分野が包括されている。

（1）出入国政策

出入国に関する法規は，厳格な制限が緩和されている。1985年に公布された「外国人出入国管理法」は外国人の出入国管理を規定しているが，同法では，1964年の「外国人の入国・出国・国境通過・在留・旅行に関する管理条例」で定められた外国人に対する「指定された入国・出国港，交通手段およびルートにより通行すること」「査証に記載された目的地以外に向かうことはできない」「入国・出国・国境通過の途中で，許可なく留まることはできない」とした規定を廃止している。こうして査証による入国手続きのみが必要となり，かつ，「接続便の搭乗券を所持し，国際便に搭乗し直接国境を通過する場合，中国滞在時間が24時間を超えず空港内に留まる外国人については，査証の手続きを免除する」としている。

加えて，中国の法律に反する場合を除き，「外国人の出国は，本

人の有効な旅券もしくはその他有効な証明書類によれば」良いのである。中国に入国する外国人には，D（定住），Z（就労），X（留学），F（訪問），L（旅行），G（トランジット），C（乗務）の7種の普通査証が与えられ，またポートビザも追加された。1994年には「外国人出入国管理法実施細則」が公布され，運用に際しての細則が制定され，また，新しい時代の要件に合わせ，利便性を高める調整が行われた。例えば，入国規定に関し，緊急で訪中する必要があるにも関わらず中国の在外公館での査証の申請手続きが間に合わない外国人については，公安部の委任を受けたポートビザ申請機関で査証の申請手続きができる。

　このような改正を経て，現在，出国査証取消など一連の対応が実施される中，外国人の訪中手続きは以前より大幅に簡素化され，そして利便性が高まった。21世紀に突入し，中国はグローバル規模の人材獲得競争に参入したが，その政策は高度人材や投資家に傾斜している。2002年に公布された「外国籍高度人材と投資家に対する入国および在留に係る便宜供与に関する規定」では，6類型に分類される高度人材，投資家およびその配偶者や18歳未満の子女に対し，入国と在留の便宜を図るとしている。例えば，2～5年マルチエントリーが可能なFビザや，2～5年マルチリターンが可能なZビザの申請が可能となっているが，その手続きは簡便で，中国の申請受理部門で早急な手続きを行ってくれる。2012年12月に可決され，2013年7月1日に正式に施行された新たな「中華人民共和国出入国管理法」では，外国人と中国人の出入国管理が統一化されるとともに，1994年に公布され2010年に改正された「外国人出入国管理法実施細則」が廃止されている。査証が12の項目に細分化され，本来的な意味での移民法の基礎が固められている。

第一部　中国から／への新たな移動，そこから逆照射される新たな中国像

（2）在留政策

外国人の中国在留管理および生活面でのサービスにより，多くの来華外国人の実態や志向が旅行・短期滞在から移住・定住に変化した。1985 年公布の「外国人出入国管理法」第 14 条では，「中国の法律に則り，中国で投資もしくは中国の企業・公的機関と経済・科学技術・文化協力を行い，その他長期的に在留する必要のある外国人については，中国政府の所轄機関の承認により，長期在留資格もしくは永住資格を得ることができる」と規定している。先述した 2002 年公布の「外国籍の高レベル人材と投資者に入国および滞在の便宜を図ることに関する規定」では，6 類型に分類される人材およびその配偶者については，さらに長期的な在留資格と，マルチエントリー・マルチリターンという便宜を与えている。

2004 年 8 月，中国では「外国人在華永住許可管理規則」（略称「グリーンカード制度」）がスタートしたが，7 類型の要件を満たす外国人に対しては，「外国人永住証」を発行している。有効期限は 5 ～ 10 年，マルチエントリー・マルチリターンが可能で，中国在留期間に関しては制限を受けない。しかし，申請が許可された移住者の数は非常に少ない。条件が厳しく，運用に際し主観的な要素が多く，また運用効率も悪いため，各方面から非難を浴びている。一般の外国籍者については，「出入国管理法」も，在留管理および社会福祉の方面でより広範な役務を提供している。外国人の中国での居所ならびに旅行に関しては基本的に制限を受けず，また中国で住居を購入することも可能である。

2011 年に公布された「中国国内で就労する外国人の社会保険加入に関する暫定規則」では，中国で正規に就労している外国人は，法に依り「五険」（職工基本養老保険・医療保険・労災保険・失業保険・出産保険）に加入し，事業主および個人で規定に従い社会保険料を納

140

付せねばならないことを定めている。これは政策的に初となる外国籍者に対する社会福祉の規定であった。

2016年2月、「外国人永住役務管理強化に関する意見」が公布された。これにより外国人の永住役務管理制度に関する包括的な改善と整備が行われ、より柔軟で実務的な外国人在留役務管理制度の構築を試みている。例として、市場を指標とした人材の永住申請基準を定め、社会的処遇を具現化し、就労滞在から永住滞在への切り替えシステムを改善している。また、優秀な外国人留学生が中国で就労する際の制限を緩和し、卒業後に中国国内で就労し、永住申請を行えるよう道筋を与え、移民が社会に溶け込めるよう促している。

(3) 就労政策

外国人の就労規定は、政府機関や国家機関が雇用管理を計画するところから、市場による配分をより強調する方向にシフトしている。上記ですでに指摘しているが、1985年公布の「外国人出入国管理法」では、許可が下りれば外国人が中国で就労することを容認している。また1996年公布の「外国人在中就労管理規定」では、外国人が中国で就労する際の許可制度について、「中華人民共和国外国人就労許可証書」の申請取得・就労ビザの申請手続き・「中華人民共和国外国人就労証」と外国人在留証明書の申請手続きの3段階に分けており、外国人が以上3種の証明書を保有していれば、中国国内での就労が可能であるとしている。就労の範囲については、「外国人を雇用し、就労させる職務については、特別の必要があり、国内で現在適切な人材が不足しており、かつ、国の関連規定に反しない職務であること」としており、また「『個人事業組織』や個人が外国人を雇用することを禁ずる」と定義しており、留学生の就労を禁止している。

当時，外国人の中国における就労の管理については両輪制が取られていた[33]。外国人専門家が中国で就労する場合「外国専家証」を保有し，国民以上の処遇を与えていた。一般の外国籍就労者は「外国人就労証」を保有していたが，福利厚生はなかった。2015年12月，中国政府は「外国人入国就労許可」と「外国人専門家来華就労許可」を「外国人来華就労許可」に統合し，外国人の中国での就労の統一化を図るとともに，「外国人来華就労許可」の申請窓口の一本化・申請時間の限定化・申請の規範化・申請の透明化・申請のインターネット化を包括的に推進し，外国人の就労・出入国・在留役務と管理情報のプラットホーム，そしてその共有システムを構築することを決定した。中国全土をカバーする国際的な人材交流プラットホームを構築すれば，人材誘致のリソース共有に資することになる。

2016年2月の「外国人永住役務管理強化に関する意見」では，市場の需要と量的基準がその指標であることを強調し，過去の国の計画による人材分配システムに変更を加えている。外国人による投資分野および就労指導目録を策定すると同時に，留学生の就労制限を緩和し，卒業後に中国で就労できる道筋を与えている。

4．結　び

本章では，来華外国人の歴史，類型や中国の移民政策を整理してきた。これらの考察から中国は社会そして国の公的な文言に至るまで，「移民」という国際的な人的流動現象をいまだ正面から受け止めておらず，社会的意識から政策制定に至るまで，人材導入や国際交流のレベルにとどまっており，本来の意味での移民政策の環境が整っていないことがわかる。

33　劉雲剛，陳跌，前掲論文，1-10頁。

中国の移民政策には，二つの偏りがある。一つに，投資や高度技術という2種類の人材グループに偏重していること。もう一つに，移民のプロセス管理を重視しているため，移民の社会保障や社会的融和に関する役務が適切なレベルにないことである。よって，根本的には，国による人材政策ではあるものの，移民政策とは言い難い。

人材や資金の誘致がその趣旨である以上，それ以外のタイプの移民に対しては，異なる処遇がなされることになる。すなわち，移民に対する処遇の両輪制である。外国籍の専門家や投資を行う移民には国民以上の処遇を与える一方，一般の技術保有移民や就労移民に関する処遇については，何ら法律を設定していない。2011年公布の「中国国内で就労する外国人の社会保険参加に関する暫定方法」では，中国で正規に就労している外国人は，法に依り「五険」（養老・失業・医療・公傷・生育の五つの保険）に加入することが規定されているが，その実施が徹底されているわけではない。両輪制についても，出入国や在留の利便性が外国人専門家や投資家に偏っており，人道主義的必要のある婚姻目的の移民を平等に取り扱えていない。同時に，専門家を重視すること，中でも欧米や日本など先進国出身者が重視され，彼らが有利なチャンスを得られる一方，発展途上国出身の技術保有人材や留学生の備蓄については蔑ろにされている。

法律と管理については，移民プロセスに重きが置かれ，移民の社会的融和への配慮が疎かになっているため，中国の移民政策は長らく分断化され，系統性を欠いていた。こうした状況に対し，研究者の中には「移民政策の制度には，出入国・就労就業・永住・帰化といった十全かつ段階的なルートが含まれ，移民関連の全てのプロセスを完了できなければならない」と指摘する者もいる[34]。現在，出入国管理の法律はすでに制定されているものの，今後も引き続き将来を見据えた上で改善・整備していく必要がある。帰化もしくは永

34　王輝耀，前掲書，181頁。

住という移民の社会的融和のプロセスは，政策・制度において強化が待たれる部分である。帰化や永住の申請要件は厳しく，外国人専門家を含む移住者の社会的融和への積極性を挫くものだが，これが最終的に人材戦略にも影響を与えてしまう。こうした現状を打破するため，移民個人の利益を考慮に入れ，国の発展という利益・国民の利益・外国からの移民の利益など複数の要素を総合的に検討する必要がある。例えば，移民の中国におけるビジネスについて，充分な成長の余地を与え，移民の絶対的利益を保証し，「安定した生活」を営めるようにすることである。もちろんこれには，永住・帰化政策による保障が必要となる。

　将来の中国の政策は，人材の誘致を重視する一方で，「人材」導入という基本的枠組みを打破し，本来の意味での「移民」政策を制定する方向へ進むべきである。こうした視点や趨勢は，すでに関連法規においてある程度体現されている。2012 年の「中華人民共和国出入国管理法」では，政府による外国人管理業務は「出入国管理を規範化し，中華人民共和国の主権，安全と社会秩序を守り，国際交流と対外開放を促進するため」のものであると謳っている。2016 年の「外国人の永住役務管理強化に関する意見」では，「新しい情勢の下，人材による国の強化という戦略を実行し，経済社会の発展を促進し，国の求心力を高め，調和のとれた社会を構築する」としており，単なる国際交流のためでなく，「大きな包容力」[35] を以て「さらに開かれ，自信ある」移民政策を制定するとしている。これは中国の政策が人材導入という視点から，人材導入と移民の融和という視点に転換していることを示している。

　本稿を提出しようとしていた 2018 年 2 月に新しい政策が交付された。外籍華人にビザや居留の便宜を与え，中国へ親戚訪問や商談，科学教育文化交流のため，もしくは私的な事情でやってくる外籍華

35　国務院弁公庁 (2016)『関于加強外国人永久居留服務管理的意見』。

人に対し，5 年以内なら何度でも出入国が有効のビザを発行すること
および地元で就労・就学・親戚訪問・私的な用事で長期滞在する外
籍華人には，5 年間有効の居留許可書を発行することが決められた[36]。

つづいて，2018 年 3 月に開催された第十三回全国人民代表大会
第一回会議にて，国務院機構の改革法案が可決され，「国家移民管
理局」が設立されることとなった。これは，公安部が管理し，「移
民政策の立案およびその組織的な実施に協力することを主な任務
とし，出入国管理，検問検査や国境付近に居住する住民の通行管理，
外国人の居留と永住権の管理，難民管理，国籍管理，不法入国・不
法居留・不法就労の外国人のガバナンス，不法移民の強制送還，中
国国民の公的・私的出入国サービス管理，そして移民の分野におけ
る国際協力などを担うこと」としている[37]。

中国政府メディア『人民日報』には，「国家移民管理局は中国が
グローバル人材競争を展開するためのトップデザインと見做され
る」と書かれている[38]。国家移民管理局の設立は，中国の移民政策
が正に人材受け入れを達成する枠組みや，移民という考え方を持つ
ようになったことを示している。

移民に関する指針の下，さらにより良い移民政策システムを制定
し，投資目的移民・技術保有移民・国家貢献移民および呼び寄せ移
民を平等に扱い，移民の権益を具現化し，社会的融和を促進する。
そうすることで初めて，グローバル化時代における中国経済の方向
転換，つまり「中国による製造」から「中国による創造」にシフト
し，創造力と競争力を持った各階層の必要人材を呼び集め，留め置

---

36 「公安部集中推出八項出入境便利措施解讀」（http://www.mps.gov.cn/n2254996/
　　n2254999/c5985125/content.html）国家移民管理局ホームページ，閲覧日：2018
　　年 7 月 5 日。

37 国家移民管理局ホームページ，前掲。

38 『人民日報』2018 年 4 月 5 日，5 版。

くことができるものと考える。

参考文献

【中国語】

陳雲嫦，霍麗燕 (1983)「広州市渉外婚姻状況的調査」『広州研究』第 1 期，39-43 頁。

丁金宏，楊鴻燕，周少雲，周吉祥，林克武，張玉枝 (2004)「論新時期中国渉外婚姻的特徴与走向―以上為例」『中国人口科学』第 3 期，66-70 頁。

費生清ほか (1994)『剣橋中華民国史』中国社会科学出版社。

高穎，張秀蘭，祝維竜 (2013)「北京近年渉外婚姻状況研究」『人口与経済』第 1 期，27-36 頁。

高子平 (2012)『我国外籍人才引進与技術移民制度研究』上海社会科学院出版社。

国務院弁公庁 (2016)『関于加強外国人永久居留服務管理的意見』。

国向東 (2012)「論中国出入境管理制度存在的弊端与完善途径」『経済研究導刊』第 12 期，220-221 頁。

梅安妮 (2015)『中国移民正常与長期在中国居留的外国人的困境：以中阿与中非跨国婚姻為例』南京大学修士論文。

李慧玲 (2008)「跨文化的互動与認同―義烏『国際社区』多元文化的考察与思考」『広西民族大学学報（哲学社会科学版）』第 6 期，73-77 頁。

李明歓 (2011)『国際移民政策研究』廈門大学出版社。

李芸雯 (2016)「1499 名『洋智嚢』見証中国人才開放」『国際人才市場』第 11 期，19-27 頁。

李志剛，薛徳昇，Michael Lyons，Alison Brown ほか (2008)「広州小北路黒人聚居区社会空間分析」『地理学報』第 2 期，207-218 頁。

李志剛，杜楓 (2002)「中国大城市的外国人『族裔経済区』研究：対広州『巧克力城』的実証」『人文地理』第 6 期，1-6 頁。

― (2012)「『跨国商貿主義』下的城市新社会空間生産：対広州非裔経済区的実証」『城市規劃』第 8 期，25-31 頁。

劉国福 (2008)「簡論外国人在中国永久居留（中国緑卡）制度」『河北法学』第 3 期，51-57 頁。

― (2011)「中国技術移民政策構想」『理論与与改革』第 2 期，72-76 頁。

劉雲剛，陳躍 (2014)「広州日本移民族裔経済的形成及其社会空間特徴」『地理学報』第 10 期，1533-1546 頁。

― (2015)「全球化背景下的中国移民政策：評述与展望」『世界地理研究』第 3 期，1-10 頁。

劉雲剛，譚宇文，周雯婷 (2010)「広州日本移民的生活活動与生活空間」『地理学報』第 10 期，1173-1186 頁。

周大鳴，楊小柳 (2014)「浅層融入与深度区隔：広州韓国人的文化適応」『民族

研究』第 2 期，51-60 頁。

周雯婷，劉雲剛（2015）「上海古北地区日本人聚居区族裔経済的形成特徴」『地理研究』第 11 期，2179-2194 頁。

王輝耀（2013）『移民潮：中国怎様才能留住人才』中信出版社。

王輝耀，劉国福（2012）『中国国際移民報告（2012）』社会科学文献出版社。

王輝耀ほか『中国国際移民報告（2012, 2013, 2014, 2015）』社会科学文献出版社。

張慶元，劉小敏（2012）「論我外国人永久居留権制度的完善」『武漢大学学報（哲学社会科学版）』第 2 期，56-59 頁。

【英 語】

Adams, Bodomo. 2010. "The African Trading Community in Guangzhou: An Emerging Bridge for Africa-China Relations" in *China Quarterly* 203: 693-707.

【新聞記事】

『人民日報』2018 年 4 月 5 日，5 版。

【インターネット資料】

「中国加入国際移民組織」(http://www.fmprc.gov.cn/web/wjdt_674879/zwbd_674895/t1376901.shtml) 中華人民共和国外交部ホームページ，閲覧日：2017 年 1 月 2 日。

「公安部出入境管理局ホームページ」(http://www.mps.gov.cn/n2254996/) 閲覧日：2017 年 1 月 2 日。

「2016 年出入境人員和交通運輸工具数量同比穏歩増長　人員総数達 5.70 億，交通運輸工具数量達 2889.25 万」(http://www.mps.gov.cn/n2254996/n2254999/c5600834/content.html) 中華人民共和国国家移民管理局ホームページ，閲覧日：2017 年 1 月 2 日。

「中国 2010 年人口普査資料」(http://www.stats.gov.cn/tjsj/pcsj/rkpc/6rp/indexce.htm) 中華人民共和国国家統計局ホームページ，閲覧日：2017 年 1 月 3 日。

「2013 年福建省社会服務統計年報」(http://www.fjsmzt.gov.cn/xxgk/tjxx/tjnj/201409/t20140930_780719.htm) 福建省民政庁ホームページ，閲覧日：2017 年 1 月 3 日。

「2015 年全国来華留学生数据発布」(http://www.moe.edu.cn/jyb_xwfb/gzdt_gzdt/s5987/201604/t20160414_238263.html) 中華人民共和国教育部ホームページ，閲覧日：2017 年 1 月 3 日。

「2014 年社会服務発展統計公報」(http://www.mca.gov.cn/article/sj/tjgb/201506/201506008324399.shtml) 中華人民共和国民政部ホームページ，閲覧日：2017 年 1 月 3 日。

「公安部集中推出八項出入境便利措施解讀」(http://www.mps.gov.cn/n2254996/n2254999/c5985125/content.html) 国家移民管理局ホームページ，閲覧日：

2018 年 7 月 5 日。

国家移民管理局ホームページ（http://www.mps.gov.cn/n2254996/n2254997/
index.html）閲覧日：2018 年 7 月 5 日。

コラム

日本と中国を単身で移動する中国人女性
―新たな越境家族のあり方―[1]

大石　かさね

　中国では，たとえ子どもが小さくても，その子を祖父母が養育するのは特別珍しいことではない。両親二人と父母双方の祖父母四人が子どもを育てるという意味の「一，二，四」という言葉もあるほど，現代中国の子育てにおける祖父母の役割は重要なものとなっているのだ。両親，もしくは片親が出稼ぎで都会に出ているために田舎の祖父母と同居し育てられている「留守児童」の存在も，そういった価値観の代表例である。そしてこの「留守児童」を抱える家族は，中国国内のみにとどまらず国境を越えて存在する[2]。つまり，親は留学や就業といった目的のために海外に渡り，子どもは中国の祖父母に育てられているという，いわば「越境する家族」が形成されているのである。

　越境家族は，中国において比較的古くから存在していたということができる。アヘン戦争以後，中国は東南アジアを中心に多くの華

1　本コラムは，筆者が平成 27 年度に静岡県立大学大学院国際関係学研究科において提出した修士論文『越境する家族にみる現代中国人の家族観―在日中国人の事例を中心に―』を編集し，一部加筆したものである。
2　代表的な研究として，何毅（2008）；陳阿海，鄭守猛，陳麗麗（2013）；王佑鎂（2013）；文峰（2014）などがある。

第一部　中国から／への新たな移動、そこから逆照射される新たな中国像

僑を送出しており，当時から国を跨いだ独特の家族形態が生まれていた。その一つが「両頭家」である。「両頭家」は，中国華南地域から東南アジアに出稼ぎ目的で移住した華僑が，中国で結婚した妻との婚姻関係を継続しながら現地でも新たに妻を娶るという家族形態を指す。このように国境を越えた特殊な家族が生まれた背景には，当時の華僑に家族を東南アジアへ連れて行くほどの経済的余裕がなかったこと，そして妻はたとえ夫と離れて暮らしていても，嫁ぎ先の家を守る責任を果たすという伝統的な家族観があったことが挙げられる。この家族形態は，主に 1840 年代から 1970 年代にかけて形成されたものであった[3]。それでは，経済状況も家族観も変化した現代中国人は，どのような越境家族を形成しているのだろうか。

　1978 年に中国で改革・開放政策が実施され，対外政策が緩和されて以降，海外移住を望む中国人はかつての「出稼ぎのために東南アジアに渡る」という目的以外にも，自由に移住目的や移住先を選択できるようになった。こうして海外に渡った中国人は，かつて出稼ぎで東南アジアに移り住んだ「老華僑」と区別して「新華僑」と呼ばれる。日本における新華僑の状況をみると，留学や技能実習のために来日していることが多く，彼らが越境家族を形成しているケースも存在する。また最も特徴的な状況として，女性が中国に家族を残して単身で日本へ渡ってきているケースもみられることが挙げられる。これは上述した「両頭家」において嫁ぎ先の家に縛られていた女性とは明らかに異なる様相をみせており，「移民の女性化」[4]の趨勢や，中国の家族における女性の立場の変化がみてとれる。彼

3　陳達（1937）『南洋華僑与閩粤社会』商務印書館；奈倉京子（2008）「僑郷特有の家族のあり方と個人の価値観―台山市斗山鎮 D 村における陳家の事例から―」『中国研究月報』62（9）：29。

4　カースルズ，S，ミラー，M-J 著，関根政美，関根薫訳（1996）『国際移民の時代』名古屋大学出版会，p.9。

コラム　日本と中国を単身で移動する中国人女性

女たちはどういった理由で来日し，どのようにして越境家族を営み，どのような家族の展望をもっているのだろうか。こうした状況に注目し，以下からは改革・開放以後に単身で日本に渡り，子どもの面倒を中国の祖父母にみてもらっている中国人女性に対して行った聞き取り調査（2015年9〜11月に実施）の事例から代表的な三つを紹介したい。

　まず紹介するのは，留学生として来日した女性の事例である。Aさん（1979年生まれ，調査当時36歳）は夫と10歳の長男を河北省唐山市に残し来日し，日本語学校に通っていた。Aさんは中国で小児科医として勤めており，経済的には比較的豊かな方だったといえる。それでも彼女が留学を選んだ理由には，中国における医師の地位が低く，保障も乏しかったことが挙げられる。そこで日本の大学で医学を学び，できれば日本で医療職を見つけて家族で永住したいという思いで来日したという。当時10歳の長男は，主にAさんの夫とその両親によって育てられていた。このような家族形態を選んだのは，自身はおろか周囲の人々も来日経験がなく，日本人の知人もいないことから，家族全員の生活を保障できる自信がないためであった。長男の面倒は主に義父と義母が担当しており，義弟（夫の弟）夫妻もよく遊びに連れて行ってくれるなど，親族全体で成長を支えている様子がみてとれた。この状況についてAさんは安心感を覚えていたものの，「やはり両親が揃っていることが息子にとっては理想的であるから，なるべく早く家族で暮らしたいです」とも言っており，そのためにも早く日本語を習得し仕事を得たいと語っていた。

　その後，Aさんとは2017年9月にもインタビューの機会を設けることができた。12歳になった長男は2016年9月に来日し，現在はAさんと二人暮らしをしながら日本の小学校に通っているという。Aさん自身は日本語学校を修了後，語学力の面から日本の大学を受験することは難しいと感じ，医師としての知識を活かして始

めた中国人向けの医療通訳を皮切りに，日本製品の代理購入・日本留学の斡旋・論文の添削などを取り扱う会社を立ち上げた。在日中国人にとってこうしたサービスの需要は高く，経済的にも軌道に乗ることができたため，息子を日本に呼び寄せる決心ができたようである。Ａさんは「会社が軌道に乗ってきて忙しく大変ですが，息子と暮らせるのは幸せなことです」と話しており，事業がさらに成功すれば夫も日本に呼んで一緒に暮らしたいという展望も抱いていた。

　Ａさんと同じく留学生として来日したＢさん（1982 年生まれ，調査当時 33 歳）は，陝西省西安市で日本語教師を務めており，日本でより専門的な日本語学や日本語教育法を学びたいという思いから2015 年 9 月に来日，大学院修士課程に入学した。彼女には当時 3 歳の息子がいたが，共働きで子どもに寂しい思いをさせるという理由で，出産から 5 か月後には陝西省渭南市に住む夫の両親の元に預けていた。渭南市では夫の両親，夫の兄家族（兄・兄嫁・息子），Ｂさんの息子がともに暮らしていたが，息子は兄嫁に非常に懐いており，彼女のことを「ママ」，Ｂさんのことは「Ｂママ」と呼び区別していたという。このようにＢさんにとって息子と離れて暮らす状況は中国にいても日本にいてもさほど変わらず，自分にあまり懐いていない息子に寂しさは感じるものの，まずは自分の研究に専念し，日本の学校で職を得て将来的には日本に家族を呼び寄せたいと望んでいた。

　以上のケースにおいて最も特徴的なのは，彼女たちが将来的によりよい家族を作るために敢えて越境家族という形態を「選択している」ことであろう。Ａさん，Ｂさんともに，彼女たちの来日の目的は自分の見識を広げ専門知識を深めることで，これは一見夫やまだ小さい子どものことを軽視しているようにも思える。しかしＡさんは「中国では医者の待遇が低いため，医学部に進んで日本で医療職を見つけたい」，Ｂさんは「できれば博士号まで取得して日本

でよい仕事に就きたい」とも述べており，単なるスキルアップのみ
が留学の目的ではなかった。彼女たちは中国で比較的安定した職に
就き，大きな経済的不安もなかったが，その上でよりよい生活を求
めて留学を決めたのである。もしこうした彼女たちの自己実現が成
功すれば，それは同時に家族全体の地位の向上にも繋がる。現にＡ
さんのケースでは，医学部進学という目的が現状に対応して経験を
活かせる起業へと変化はしたものの，結果的に経済力の向上，長男
の呼び寄せという効果を生み出すこととなった。つまりＡさんや
Ｂさんが作り出した越境家族は，単なる自己実現のためのみならず，
将来的により高い利益と地位を生み出すことを考慮した結果生まれ
たものであるといえるのではないだろうか。その意味でこれらの事
例における留学生たちが形成する越境家族は，「将来志向」的な性
格をもつものであるといえる。

　こうした留学生の事例のほか，技能実習生として来日したＣさ
ん（1986 年生まれ，調査当時 29 歳）の事例も興味深い。彼女は 2014 年，
当時 8 歳と 5 歳の息子二人を夫の母親に預け，3 年間の契約で技能
実習生として働き始めた。来日の理由は主に家庭の経済的な問題で，
聞き取り調査の中でもＣさんは日本語で「出稼ぎ」という言葉を度々
使っていたほか，「日本で技能実習生として働けば，中国よりも稼
ぐことができると聞いた」と述べていた。子どもたちは義母に非常
に懐いていたが，「それでも幼い頃に母親の愛を与えてあげられな
いことは不安に感じます。でも，3 年間の契約でここに来たし，今
は私の仕送りがないと生活が厳しいので，これはどうしようもあり
ません。2 年後にはまた一緒に暮らせるので頑張っています」とも
話しており，留学生の事例とは異なり契約期間終了後は中国で暮ら
すという未来がほぼ確定していることがみてとれた。

　Ｃさんの事例からは，まず越境家族が経済的要因によりやむをえ
ず「作られた」ものであるという特徴を挙げることができる。さら

に技能実習が「出稼ぎ」と捉えられていることから，彼女が新華僑であるにも関わらず，その移動は中国人の伝統的な移民モデルを維持しているということも指摘できるだろう。しかし海外へ出稼ぎに出て家族に仕送りをするという行為は歴史的に男性の華僑・華人が行ってきたものであり，その主体が女性になっているということは，これまでの中国系移民研究にない新たな動向であるといえる。またCさんは契約期間終了後，中国に帰国することを決めているように，彼女の形成する越境家族はあくまで当面の家計を支えるために形成された「現状維持」的な性格をもつものであり，将来志向の留学生とは異なっている。

　以上の事例における越境家族を形成する女性たちには新たな家族や移民の価値観と伝統的な価値観とが混在しており，これらを柔軟に使い分けながら家族の現状を維持，もしくはよりよい家族を希求する様子がみてとれた。男性が移民の主体だった「両頭家」の時代は，華僑と中国に残された家族との間に団結はなく，むしろ中国と移民先の双方に別々の家族が存在するという現象を生み出していた。それが現代では女性が越境家族を形成し，その目的も中国に残してきた家族の支援やさらなる地位向上へと変化している。これは中国における移民の女性化が引き起こした，新たな越境家族のあり方であるといえるだろう。

参考文献

【日本語】

カースルズ, S, ミラー , M-J 著, 関根政美, 関根薫訳（1996）『国際移民の時代』名古屋大学出版会。

奈倉京子（2008）「僑郷特有の家族のあり方と個人の価値観－台山市斗山鎮D村における陳家の事例から－」『中国研究月報』62（9）：20-33。

【中国語】

陳達（1937）『南洋華僑与閩粤社会』商務印書館。

陳阿海, 鄭守猛, 陳麗麗（2013）「洋留守児童的現状及其権益保護研究 ── 基于福州市的追踪調査研」『管理観察』第 17 期, 116-117 頁。

何毅（2008）「僑郷留守児童発展状況調査報告 ── 以浙江青田県為例」『中国青年研究』第 10 期, 53-57 頁。

王佑鎂（2013）「"跨国寄養"背景下我国農村僑郷留守児童媒介素養研究」『現代遠距離教育』第 4 期, 55-61 頁。

文峰（2014）「僑郷跨国家庭中的"洋"留守児童問題探討」『東南亜研究』第 4 期, 85-92 頁。

第二部

中国系新移民の経験と葛藤

第4章　中国－スペイン間を移動する華人子孫

イレネ・マスデウ・トルエジャ
奈倉　京子　訳

1. はじめに

　世界規模での人の移動は，現代社会の際立った特徴として挙げられることが多いが，一部の研究者は，移動性はなにも現代社会に特有なものではなく，通時的観点から見ると，社会の根本的側面であるという主張を繰り返してきた[1]。例えば Creswell（2010）は，現在の研究に対して警告すべきこととして，「移動性について考察する時，歴史的健忘症になっている」と強調している[2]。もし，このような研究者が主張してきたように，トランスナショナルな実践と移動について過去にも目を向けながら経年的関連性を重視するのなら，「将来のトランスナショナリズム」にも注意を払う必要がある。こうした長いスパンにおいて，移民家族およびその家庭環境の中で社会化を経験する子どもや成人にとって，転々と移り住む移住先の地

1　過去から現在にかけての移動性の継続について，注意を向けるように求めた研究には以下のものがある (Benton and Gomez 2008; Cresswell 2010; McKeown 2001; Salazar and Smart 2011; Tan 2007)。

2　Cresswell, Tim. 2010. "Towards a Politics of Mobility." *Enviroment and Planning D: Society and Space 28*:28.

158

域間の繋がりにどのような変化が起きるかということも焦点化する必要がある。

「華人の子孫は両親の出身国への愛着を維持・構築できるだろうか？」「トランスナショナルな繋がりは時や世代を経てどの程度まで持続するだろうか？」 これらは，過去10年の間に移民研究でしばしば言及される疑問である[3]。本章では，移動性の研究における通時的観点と縦断的観点との関連性について，スペインで成長した華人子孫が中国へ移動するという新たな動きの分析を通して考察することを目的とする。

移住の実践の変容に関して，Ribas-Mateos(2016) は，近年，その継続と変化は時に相互に激しく反発するが，移住の通時的分析において，これらの二つの要因には強い関連性があると指摘している[4]。この考察を踏まえて，本章では，在スペイン華人について，経時的かつ移民世代間の観点により，移動性やトランスナショナルな実践で変化しつつある特徴について考察する。また，移民の子孫の移住の実践の継続と変化の相互作用によって引き起こされる移動性と移民ハビトゥス（habitus）の変容を分析し，中国―スペイン間の移住の新たな実態についても考察する。

2．スペインへ向かう華人の変容

スペインに華人が現れたのは20世紀に遡るが[5]，スペインの人口

---

3 Gowricharn 2009; Levitt 2009; Levitt and Schiller 2004; Levitt and Waters 2006; Louie 2006; Nyíri 2014; Somerville 2008; Tamaki 2011.

4 Ribas-Mateos, Natalia. 2016. "Eastern Meiterranean Mobilities after the Arab Spring: Transformations over Time or Sudden Change?" in N. Ribas-Matos(ed.) *Migration, Mobilities and The Arab Spring. Spaces of Refugee Flight in the Eastern Mediterranean.*Edward Elgar Pub.pp.3-34.

5 スペインにおける華人の歴史については，Beltrán Antolín (1998, 2003) を参照。

第二部　中国系新移民の経験と葛藤

統計学的に現れ始めたのは毛沢東政権の後の改革・開放期以降である。これはスペインが移民受け入れ政策を始めたのと同時期にあたる。スペインにおける華人の歴史は，浙江省南部の田舎地域，特に青田県からヨーロッパに向かう広範囲の移民の流れの中で理解する必要がある[6]。1980 年代からスペイン国内の華人の数は増加し続け，その出身地や職業は多様になったにも関わらず，スペイン国内の華人コミュニティでは依然として地方の青田県出身の華人が圧倒的多数を占めている[7]。このため，過去 40 年間で青田県と青田人が定住したヨーロッパ各国との間に，トランスナショナルな強い紐帯が構築された。住民のほとんどがヨーロッパと関係のある青田県のような地域では，人口の半数以上が移民関連の仕事に従事しており，この地域のありとあらゆる場所で，トランスナショナルな物の流れによる影響を見ることができる。移住経験のない青田人もまた，様々なトランスナショナルな実践や紐帯を利用した移住を視野に入れており，移民と同程度に変化の要因となっている[8]。

6　1978 年以降，中国から外国に向かう物理的な動きは「移民フィーバー」（出国熱）を作り出し，人口を動かした。特に国際移民の流入を経験した地域では，母国を去り外国に行くことが魅力ある目標だった (Beltrán Antolín 2003; Chu 2010; Li 1999)。

7　2016 年には 220,221 人の中国人がスペインの在留資格をもっていた（Extranjeros Residentes en España a 30 de Junio de 2016, Observatorio Permanente de la Inmigración, Gobierno de España の統計。2016 年 6 月 30 日のスペインにおける外国人居住者。スペイン政府永住観測所）。過去数年については，福建省からの移民や，大学院生，専門家，国際または中国企業で働く人々が増えているが，スペインの中国人の約 70%は今も浙江省南部（青田県と温州市）出身者が占めている。

8　広東省の移民地域において Chu (2010) が行った調査の中で彼女が指摘するように，移動性は外国を旅行する人だけに関係するものでない。というのは「人はより大きな世界，国境を越えた舞台に立つために物理的に中国を去る必要はなかったからである」(Chu 2010)。同様に，香港における社会生活に関して，Abbas は，出て行こうと留まろうと，いかにして「移民の経験は避けられないかについて」（Abbas 2004:129）述べている。

160

第4章　中国―スペイン間を移動する華人子孫

　移住は社会構造の重要な一部に位置づけられ，青田県の若年層では「よりよき人生のため」の通過儀式になっている。そのためのトランスナショナルなやり取り（送金・寄付・投資・返金）を基礎とする一連の観念形態・価値観・信念が構築された形で，これらのトランスナショナルな紐帯は，ブルデューが述べる一つのハビトゥス（habitus）を形成している[9]。

　しかし，このハビトゥスは不変ではなく，世界の変化や構造的条件の影響で変化することを考慮する必要がある[10]。全ての社会構造および文化的表現と同様に，青田県の移民文化は静的で不変の現実ではない。従って，トランスナショナルな紐帯と実践が持続的かつ可変的であることに注目しながら，変化のプロセスとしての「移民文化」や「移民ハビトゥス」を分析することは，移民ハビトゥスの中で関連して起こる移住形態および移住の流れの様々な形の変容を明確にする上で重要である。

　この数年，中国とスペインの間の移民の流れは，二つの重要な側面によって変貌を遂げつつある。それは，グローバルな社会変化と移民子孫の役割である。Castles（2010）が地球規模の変化と特定の地域に起こる影響に焦点を当て，移住の概念的枠組みを「社会的変容の過程」と位置づけたことは，上記で述べた青田県の移民ハビトゥスの変化の解明に重要な論理的貢献を果たしている[11]。

9　Beltrán Antolín 2003; Li 1999; Thunø 1999.

10　Thunø, Mette. 1999. "Moving Stones from China to Europe: The Dynamics of Emigration from Zhejiang to Europe." in Frank Pieke (ed.) *Internal and International Migration. Chinese Perspectives.* Routledge.p.176.

11　Castles（2010）は，社会変容を地球規模の変化を含む一つの過程だととらえ，この観点を，人の移動性の変化するパターンを理解する一つの方法として採用しながら，移民の動きをグローバルな規模で起こる変化の複雑で多様なプロセスの一部だと分析している（Castles, Stephen.2010."Understanding Global Migration:A Social Transformation Perspective" in *Journal of Ethnic and Migration Studies* 36(10):1565-1586.）。

161

第二部　中国系新移民の経験と葛藤

　一つめの側面であるグローバルな社会変化について，これは明らかに世界中の国際的な移民の流れの方向，頻度，目的，そしてトランスナショナルな実践の方向や特徴における変化を誘発しており，特に中国－スペイン間の移住を基礎とする移動に関係している。中国とスペイン両国は過去 10 年間で前者は経済発展，後者は経済危機という，逆方向の社会的・経済的変化を経験した。今日中国は「いるべき場所」になり，在ヨーロッパの中国人もそれに気づいている[12]。

　二つめの側面の移民子孫の役割については，これらの構造的変化に沿って，歴史的特徴やスペインにおける通時的な華人の特徴の変化を考慮する必要がある。30 年間途絶えることなくスペインへ華人が入国した後，若年層および成人層の移民の子孫が今日新たにこのトランスナショナルな舞台に登場し，二国間の移民を基礎とした移動性に，新しい需要・情報・方向性・価値観をもたらしている。しかし，本章で示すように，これらの変化は，突然起きたことを意味しているのではなく，社会化の過程の中で長い時を経て世代を通して伝えられてきた長期的で永続的な移住と移動する生活スタイルの論理に埋め込まれている。そしてそれは，移民の多様な移動経路とその背景に組み込まれている。

3．世代を超えて：移民子孫の移動経路の多様性

　長期に渡り，世代を経て受け継がれた移動の実践の変容と新しい方向性を理解するために，まず移民子孫が形成するグループ内の多様性と不均一性を知る必要がある。我々が直面しているのは，社会的階級・性別・移住先の多様な状況・経歴内容などの面で，高度に不均一な一つのグループである。この多様性によって，過去 10 年

12　これについては，結論を出した研究はまだないが，現在スペインの若者がよりよい仕事を求め，成長する市場に惹かれて中国に移住するケースが増えている。

間の移民研究[13]において，研究者の間で「世代」という言葉がもつ概念を再考し，「新世代または華人」[14]と呼ばれているグループを非均質化することに関心が集まっている。

　華人移民の子孫を単に「移民」というのは不適切である。というのも，彼／彼女の両親がかつて移住しているからである。両親の移住に伴って来た子ども，成人してから自分の意志で移住する人もいれば，一方で物理的に移住することなく，スペインもしくは中国に在留する子どももいる。この場合，子どもたちを「移民」と呼ぶのは不適切であり，「移民二世」という概念も矛盾した表現となる[15]。

　様々な移住状況下でいつ社会化を経験するかは，移民子孫の間で違いがあるが，この違いは，移民子孫のその後のトランスナショナルな実践の可能性や成人後の物理的移動についての考察に関係してくる。これを踏まえ，まず我々はスペインに移住するまでに中国で数年を過ごし教育を受けた個人（いわゆる「移民1.5世」）と，中国での生活が皆無か，もしくは幼なすぎて移住の記憶がない個人（「いわゆる「移民二世代」）を区別して考える必要がある。これらの二つのグループの相違は広く認識されているが，「移民二世」に属する子どもは，移住経路および社会化に関しても，それぞれ非常に違った状況で経験してきた可能性がある。本章で論じようとするのは，二つのグループ間に存在する移動経験の顕著な多様性である。これは全

13　Eckstein 2006; King and Christou 2010; Lee 2011; Levitt 2009; Levitt and Schiller 2004; Rumbaut 2004.

14　Benton, Gregor and Edmund Terence Gomez. 2014. "Belonging to the Nation: Generational Change, Identity and the Chinese Diaspora." in *Ethnic and Racial Studies* 37(7):1166.

15　King, Russell and Anastasia Christou. 2008. "Cultural Geographies of Counter-Diasporic Migration: The Second Generation Returns 'Home'"in *Susssex Migration Working Paper* 45:2; Rumbaut, Rubén G. 2004. "Ages, Life Stages, and Generational Cohorts: Decomposing the Immigrant First and Second Generations in the United States." in *International Migration Review* 38(3):1165.

く均質なものではないが，これまで研究者によって十分な検証がなされてこなかった。「移民の子孫」というのは，ある設定された状況での現実であり，従って一般的な分類や概念は，様々な経験例に合わせて調整する必要がある。

スペインにおける華人の子孫について考慮しなければならない重要な要素がある。それは，親がスペインに移住した時の子どもへの関わり方の相違と，その後の子孫の中国もしくはヨーロッパへの移動である。言い換えれば，ここで「移民子孫」というグループを構成している個人は，幼少時代の異国間での社会化および物理的な移動については，それぞれその状況や条件が異なるのである。移民子孫の不均一性は，「移住世代」という変数を超えて，移住背景がそれぞれ違うことと大きく関連している。そして，この理由によって，移民1.5世と移民二世の相違をもとに行う一般的な分析では，移住がどのように移民子孫のアイデンティティや将来計画を構築するかを理解するには十分ではない。

以下では，スペインにおける華人子孫の二つの一般的な社会化パターンの事例を紹介する。この二つの事例は，移住プロセスにより当事者の社会化に相違が見られるものの，現在の移民理論ではどちらも「移民二世」のグループに分類されてしまう。

（1）事例1：トランスナショナルな社会化とヨーロッパ内の移動

今日では華人の大半は，安全で安定したネットワークのある特定の国に直接移住し，母国と移住国の間を往来するのが一般的だが，1980年代と1990年代当時は，様々な国の複数の町を移動していくというのが，青田人の共通の移住パターンであった。青田人とそれらの移住先地域との間には，トランスナショナルな強い紐帯ができていた。当時人々は，親族間のトランスナショナルな強い紐帯と同様に，新たなよりよい経済チャンスとよりフレキシブルな移民政

第 4 章　中国―スペイン間を移動する華人子孫

図1　バレリアの移住経路

1978	1988	1994	1998	2001
ブリュッセルで生まれる	両親・兄姉と セビリアに移住	両親とブ リュッセル に移住	単身セビリ アに移住、 両親は青田 県に戻る	夫と中国に移動

出典：筆者の聞き取りにより作成。

策に魅力を感じ[16]，ヨーロッパの様々な国へ移住した。子どもは祖父母と中国に残り，両親だけ移住もしくは再移住するケースもあれば，子どもも連れて行くケースもある。

　子どもを連れて移住するバレリアのようなケース（図1参照）は，特に初期の移民子孫に多く見られる。バレリアは両親が中華レストランを開いた数年後にブリュッセルに生まれた。バレリアの父親は1974年，中国の青田県からおじを頼ってベルギーに移住したが，このおじは1950年代に露天商として中国から移住してきた。バレリアの母親と中国で生まれた兄姉たちは，父親が移住してから数年後に父親のもとにやってきた。1988年，長兄はすでに結婚していたが，ベルギーのレストランを任されて残り，他の家族は再びスペインへ移住した。当時スペインには，それほど多くの中国人がおらず，経済の成長期にあった。

　家族はスペインのセビリアに住居を定め，この土地で最初の中華レストランを開店した。この時バレリアは9歳，フランス語を話し，ベルギーのパスポートを所持していたが，外見は中国人である。我々のインタビューでもバレリアは何度か強調していたが，セビリアに到着した時，「周囲の人たちには，外国人，つまり自分たち以

16　Li, Minghuan. 1999. "'To Get Rich Quickly in Europe!' Reflections on the Motivations for Transnational Migration in Wenzhou." in Li Minghuan. *Seeing Transnationally. How Chinese Migrants Make Their Dreams Come True*. Leuven University Press and Zhejiang University Press. pp.9-23.

第二部　中国系新移民の経験と葛藤

外の人種, 少なくとも中国人を初めて見たかのような目で見られた」
そうである。図1からわかるように, バレリアは15歳になった時,
両親と再びブリュッセルに移住した。兄姉たちは全員結婚しスペイ
ンで各自ビジネスをしていたため, バレリアの両親は末っ子のバレ
リアだけを連れて中国に帰国しようと決めていた。だが, 中国に戻
る途中, 親戚に会うためにベルギーに立ち寄った際, バレリアのお
じは両親に対し, 引退して中国に戻る前に, もう一度レストランを
開くべきだと説いた。バレリアはその新しいレストランは彼女の
ためのものだとわかっていたが, 彼女には自分の人生設計があった。
その後, 両親とブリュッセルのレストランで5年働いた後, バレリ
アは, 両親にもう引退して中国に戻ってはどうか, 自分は二人の姉
とセビリアに移住し新しい生活を始めるつもりだと話した。バレリ
アは自分の両親や兄姉たちのようにレストランで働くような生活を
望んでいなかったため, 19歳の時, 初めて単身でスペインへ移住
した[17]。彼女にとってスペインは2回目であり,「元の地に戻る」移
動であった。セビリアに戻り, バレリアは役員秘書訓練コースで勉
強し, スペインの会社で仕事を見つけ, 中国へ移住するまでこの会
社で働き続けた。中国への移動がバレリアにとって, 初の移住とい
うことになる。

　ここで強調したいのは, バレリアは, 頻繁に移動する環境の下で
社会化を経験しており, 人生を通じて自身のルーツやアイデンティ
ティのとらえ方が変容していることである。両親の出身国から離れ
た異国で生まれ育った経歴から, 彼女は通常「二世」の移民とみな
すことができるだろう。しかし, スペインのみで社会化を経験した
移民子孫と比較した場合, バレリアは全く違う社会化のプロセスを
経験しているにも関わらず, その子孫たちと同じように「二世」と

17　バレリアが両親とともにスペインからベルギーに移住したのが, 彼女の最初の「帰
　　国」であることに注目してほしい。

166

いうカテゴリーに一括りにされてしまう。全てのいわゆる「二世の移民」といわれる人々，例えば，中国で社会化の時間を過ごさなかった移民の子孫が，移住後一つの異国だけで成長するとは限らない。そして，これが注目するべき重要な特徴である。

バレリアの事例のような移動経路は，特に 1980 年代と 1990 年代の移民家族では一般的であるが，移民子孫という観点から，その移動経路がもたらす結果には，十分な注意が払われてこなかった。

(2) 事例2：スペインにおけるトランスナショナルな社会化

とっても可笑しい話ですが，私がマドリッドに住んでいた時に，故郷（スペイン語で pueblo）[18] に帰るのよと言うと，友達は皆私が中国に帰ると思ったのです（笑）実際，私はサフラに帰って数日間父と過ごすつもりだと言いたかったのですが，私の外見が中国人なので私の故郷がスペインなんてありえなかったのでしょう。でも自分の気持ちとしては，私はサフラの人間です。サフラは私が育った場所なのです。（2011 年 4 月，青田県でのババラに対するインタビュー）

在スペイン華人子孫は移住先国に対してでなく，ある地域に対して局所的なアイデンティティをもっているということについて，この 29 歳の女性，ババラはほんの数語で説明している。ババラの認識によると，誰もババラがスペインの一地方の人だとは思わないのは彼女の外見のためであるという。

他方で，バレリアの場合は両親とともにコ　ロッパの国々を移動する過程でトランスナショナルな幼少時代を経験したが，子どもを

18　「故郷」は，スペイン語で「村」という言葉を使う。スペイン語で「村に行きます」という表現は，ババラがインタビューの中で使っていたが，田舎から都会に移住したスペインの人々が，自分の出身の田舎の村を訪れることを指している。

青田県に残し，移住先の生活が安定した後に子どもたちをスペインに呼び寄せる手続きをとった家族もある。その場合，子どもは中国とスペインの間でトランスナショナルな社会化を経験する。その他には，移動を繰り返さずスペインでのみ生活を送り，その間何度か青田県を訪れる家族もある。それがババラのケースである。ババラは1982年に青田県で生まれたが，スペインで育ち，20代後半の時に中国に移住した。ババラの言葉からもわかるように，故郷という概念は単に生まれた場所という意味を超えており，社会化し，自我に目覚め，帰属アイデンティティを獲得する文脈と密接に関連している。

　ババラは2歳の時に両親とスペインに移住した。家族はスペイン南部の小さな町，サフラに居をかまえ，中華料理店を開いた。ババラは20代前半までそこに住んでいたが，大学で勉強するためにマドリッドに移り住んだ。ババラは，バレリア同様20代後半で中国に移住するが，それまではバレリアとは違いスペインに住み続けた。従ってババラは中国で生まれたものの，バレリアほど移動を経験していない。にも関わらず両者とも，両親の出身国で就学していないため，移民理論上，「移民二世」の区分に入る。

　ここで筆者が主張したいのは，移民子孫にとって，様々な形で両親の移動に関わってきたことが，彼／彼女の後年のトランスナショナルな実践や，成人後の中国への移動の潜在性について分析する上で重要な要因になるということである。

4. 「トランスナショナルな家庭教育」と青田人の移民ハビトゥスの変容

　移民子孫の増加が青田県の社会的風景を作り上げている。特に夏に，青田県の主要都市部である鶴城区の賑やかな商業街路を歩いて

第 4 章　中国－スペイン間を移動する華人子孫

いると，スペイン語・イタリア語・フランス語の会話の一部がもれ聞こえるのは珍しくない。これらの会話は，夏休みに親戚を訪ねて滞在しているか，青田県へ中国語学習に来ているスペイン・イタリア・フランス・欧州のその他の国在住の 10 代の若者から聞こえてくるものである。

　移民世代間の関係は，現在中国で起こっている移民やその子孫の増加および青田人の移民ハビトゥスの変化を引き起こす主な要因となっている。中国系移民がアメリカへ移住する文脈にまで拡大してみると，Louie は「中国へ戻るという意味は，移民世代間で大きな違いがある」[19] と述べている。Louie の民族誌はおそらくアイデンティティ形成の面で，移民子孫が中国を訪問することの結果をとても詳細に分析している。アメリカやスペイン国内の華人の状況は，年代や出身地によって大きく異なるが，筆者が注目するのは，Louie が移民の中国訪問について長期的視点から見る必要性を主張している点である。

　通時的に世代を経て起こったトランスナショナルな実践の変化が，最も明確で物理的な形で表れているのが繋がりであり，それが中国への訪問である。移民と，スペインもしくは他の欧州の国で生まれ育ち社会化を経験したその子どもたちとの間で，帰属意識が変化したことは明らかである。そして親はこのような子どもに起こった変化に積極的に対応している。現在，スペインおよび他の欧州の国々や地域でアイデンティティを築いた子どもたちの青田県への訪問が増加している。子どもの中国への帰属意識を高めるために親たちがとった主な行動の一つは，子どもと一緒に青田県を訪れ，子どものトランスナショナルな実践を奨励することだった。週末に中国語の語学学校に通うことや，家庭内で中国的な社会化の教育を受けるこ

19　Louie, Andrea. 2004. *Chineseness across Borders: Renegotiating Chinese Identities in China and the United States*. Duke University Press. p.6.

第二部　中国系新移民の経験と葛藤

となどを通して，物理的に中国に移動することなくスペインにおける「異国の社会領域」で育てられたとしても，親は子どもの中国語能力を上げ，社交性を身につけさせ，より広範囲な中国人としてのアイデンティティ形成を刺激するために，子どもを中国へ旅行させることは大切だと考えている。このように，在スペイン華人は，子どもを青田県へ物理的に連れて行くことが子どもの「トランスナショナルな家庭教育」に重要な役割を果たすと考えている[20]。

　これらの中国訪問の増加の引き金になったのは，子どもが自分のルーツを忘れてしまうかもしれないという親の心配に加え，この決断の背後にはとても現実的な理由もある。それは，子どもが人生の目標を見出し，達成し，社会で上昇するために必要な知識や技術を身につけるのに最良の機会を与えるためであり，社会化の背景で関わった「二つの世界」の人生に適応する準備をするためである。こういった考えから，子どもの言語能力も大切だととらえられているのである。

青田県で言葉を学び，教える：移民の流れの進路と多様性

　青田県から／への循環と双方向の動き，つまり一方で移住があり，もう一方では元の土地に「戻ること」と「訪れること」が，この土地を文化的交差点に変えた。これらの双方向の動きの結果として，言語学習に関する豊富で広範囲な活動が生まれたが，これは青田県のような地方の小さな田舎町では非常に珍しいことである。青田県に豊富に存在する語学学校は，移民が田舎の国際的社会[21]の構築へ

20　Nyíri'(2014) は，「トランスナショナルな教育（training）」という概念について，ハンガリーの移民の子どもを例に，特に教育を目的として両親の出身国とのトランスナショナルな繋がりや帰属意識を維持するための活動だと述べている（Nyíri, Pál 2014. "Training for Transnationalism: Chinese Children in Hungary." *Ethnic and Racial Studies* 37(7):1253-1263）。

21　青田県の田舎の国際社会は，多くのカフェ・ワイナリー・洋食店の多さに現れている。

影響を与えることを体現している。

語学学校は30年以上も前から青田県で運営されており，この学校の歴史が青田県とヨーロッパの国々との移民の流れの紆余曲折を物語っている。実際，1980年代に最初の語学学校が青田県にできてから現在に至るまでの変遷を辿ると，移民の流れが変化し，冒頭で言及したような構造的かつグローバルな転換に適応するために，青田県の社会制度・経済制度の規模も変化していることがわかる。

青田県の外国語コースは，青田県からヨーロッパへ大規模な移住が始まった1980年代に現れた。語学学校で始まった外国語コースはスペイン語とイタリア語が中心で，南ヨーロッパのこの二国が青田県からの移民の大半を惹きつけたのと時期を同じくしている。しかし，2000年代の中頃になると，青田県でのスペイン語とイタリア語のコースは減少し始めた。これはその前の20年間の移民ブームが鎮まった時期と連動している。2008年以降，構造的かつグローバルな転換によって移民を希望する人が減少した時期に，スペイン語とイタリア語の学習を希望する生徒の数も顕著に減少し始めている。

しかし同時に，移民の家族から地方の学校の教員に対し，夏休みで帰省している間，子どもに中国語を教えて欲しいとの依頼が増え，移民の子どもを対象にした中国語講座が現れた。このように，かつては移民予定者を対象にスペイン語やイタリア語のコースを提供した語学学校が，カリキュラムを新しい動きに合わせ，移民子孫を対象に中国語講座を提供するようになった。

かつては主に移民希望者にスペイン語・イタリア語・ポルトガル語・その他の外国語を優先して教えていたのが，徐々に移民子孫を対象にした中国語講座に移行していった現象は，新たなトランスナショナルな流れと，青田県の「僑郷」（多くの移住者の送り出した地域）における移民文化・移民ハビトゥスの変容を反映している。

青田県において，移民子孫を対象にした中国語コースの生徒205

第二部　中国系新移民の経験と葛藤

人に調査を行った結果，ヨーロッパにおける青田県出身の移民の分布が明確になり，中国系移民の中で，移民が中心となっていることとトランスナショナルな家族[22]が強調される結果となった。青田県の移民家族は，出生国に関してはヨーロッパの様々な国に広範囲に分布する一方で，特にスペインとイタリアに集中していることが調査で確認された。

　調査の対象となった205人の生徒は14の様々な国で生まれているが，出生地で多い上位3か国は，上からスペイン・イタリア・中国だった。この数字は，移民子孫の殆どがすでに中国以外で生まれ，しかも大半がスペインかイタリアのどちらかの国で生まれていることを示している。しかし，これらの結果は動きのない現実ではない。ヨーロッパもしくは中国のどちらかで生まれた移民子孫は，家族のトランスナショナルな戦略に従って，さらに移動にさらされることになる。この戦略は，家族の経済や出生の状況，そして期待と直接関連している。中国で生まれたすべての子どもが，中国に留まるわけではないことは明らかである。留まっているのなら，夏の期間だけ中国語を勉強する必要はないだろう。そしてヨーロッパで生まれた全ての子どもが，出生地に永遠に留まるわけではない。このように，移民子孫は，幼少時代や青年時代に何度も移動を経験してきたのである。

　青田県訪問は，移民子孫にとっての生活経験と関連のある動きであり体験である。そして語学学校は子どもが経験するトランスナショナルな社会化経験の中心的な場所である。青田県に滞在中，スペインで生活している年齢の若い移民子孫は，他の国に居住する仲間と強い繋がりをもち人脈を築くようになる。このように，青田県

22　2011年の夏，移民の子孫に中国語講座を開いている主要3校のうち1校で学んでいる205人の移民の子孫に調査をした。この調査の詳細（方法や結果）については，Masdeu (2014)　http://hdl.handle.net/10803/285193 を参照。

にいる間，移民子孫は2種類の異国間の繋がりを構築し強化するが，これが両親の移動ライフスタイルに継続性をもたらしている。一つめは，彼／彼女はヨーロッパの他の国々に住む華人子孫とも新しい関係を築き，同時に青田県での生活や中国社会を経験する。二つめは，彼／彼女が生まれた土地もしくは両親の出身地を発見・再発見し，関係を構築・強化することである。これらの2種類のトランスナショナルな繋がりは夏季語学学習コースで実現するが，青田県出身の移民ハビトゥスにおけるトランスナショナルな移動性の継続と変化の交差点となっている。

　移民子孫は青田県に限って見られるわけではない。中国訪問は，青田県の土地や親戚との繋がりを超えた様々な目的がある[23]。子どもが幼児や10代の時には，ただ両親に連れられて青田県に行くだけだが，成人した時の「発見の旅」では，常に青田県が目的地になっているわけではなく，中国横断旅行をする場合にも，中国訪問という目的を含んでいる。これはアイデンティティに対する考えを形成し，見直し，将来の計画を立てる旅になる。移民子孫は成長し大人になると中国への興味が広がり始めるが，この場合の訪問は自分の「先祖の土地」というよりも，中国の大都市に興味が向いているのかもしれない。しかし一般的に，自分の出生地，もしくは両親の出身地の青田県という田舎から，あるいは親戚の繋がりを通して連絡をとり始める。

　こうした状況の中，移民子孫による中国への旅は常に「帰国」だと考えるべきだろうか。Louie は，次のように述べている。

23　移民子孫の中国訪問が両親との旅行や青田県にいる親戚の訪問のためから，やがて自分自身で中国体験をするための旅行へと発展する過程には，中国語の習得が介在している。筆者は，スペインの大学で学士・修士号取得を目指す多くの若い中国人移民の子孫で，上海・杭州・北京を訪れている人たちに，中国の大学が提供している外国人のための語学習得コースで数か月勉強してはどうかと勧めた。

第二部　中国系新移民の経験と葛藤

　「中国にある故郷は，そこに住んだことがなく，住んでこそ
感じる郷愁がない人にとって，どんな意味をもつのか？」[24]

　10歳の時にバルセロナに移住し2011年の中国の春節に初めて
中国を訪れた25歳の男性，パブロは，移民子孫が中国にいるのに
は，二つの要因があると述べている。一つは，ここに住んだことの
ある子孫と，住んだことのない子孫では青田県は違う意味をもつこ
と。もう一つは，青田県以外の中国の土地に滞在することとの関連
である。

　何と言ったらいいのでしょうか？　青田県には何もありませ
ん。私の故郷だから大切な場所ですが，スペインで生まれた人
にとっては，青田県には特別な物はありません。ここですること
もありません。しかし，中国は広く，私たちの国であり故郷
です。今中国は経済改革の真っ只中にあります。ご存知のよう
に中国はアメリカに次いで2位の経済大国であり，ここには
沢山のチャンスがあります（2011年2月，青田県での，パブロに対
するインタビュー）。

　パブロの言葉は多くの華人子孫と共通している。中国の経済成長
は，ナショナルアイデンティティを高め，華人としての帰属意識を
育んでいる。BentonとGomezは近年，中国の経済成長が「より広
範囲に混在した移民二世のアイデンティティとともに，異文化受容・
民族超越・国際性が混じり合った中での，（中国人であることの）意義
の再認識」に果たした役割について論じている[25]。以下では，構造的
な世界秩序における中国のこの新たな立ち位置に対する対応と，移

24　Louie, Andrea. Ibid. p.47.

25　Benton, Gregor and Edmund Terence Gomez. 2014. Ibid. p.1167.

動の新しい方向性が結果としてもたらす影響について考察する。

5. 中国への移住と帰国：異世代移民カップルの中国への移住

　移民子孫は，心理的な繋がりと理想化した現実によって「先祖の故地」に居住するために戻るといわれてきた[26]。しかし，スペインで育った若い世代や中年世代の移民子孫はそうではなく，彼／彼女が生まれた土地，もしくは両親の出身国に移住するのは，両親がスペインに移住したのとほぼ同じ動機によるものである。すなわち，現実的な動機で，よりよい生活の機会を求めるためである。

　これまで見てきたように，移民子孫は移住環境の中で社会化しており，子どもの頃から多かれ少なかれ移動が生活環境に組み込まれた形で社会化を経験してきた。ある者は主にスペインで成長し，ある者は中国かもしれないし他の国かもしれないが，スペイン以外の国で成長した。そして，幼少時代に多かれ少なかれ定期的に中国を訪問するという経験をしてきた。この広範囲に渡る経験にも，そして物理的な移住経験の有無にも関係なく，彼／彼女の両親の移住の経歴は幾分彼らに受け継がれる。従って，移民子孫はよりよい生活を求めて，彼／彼女の基準によるところの社会的な地位を上げるために，両親の物理的な移住を模倣する。そのため，両親がスペインに移住したのと同じ動機で，子どもは中国に移住するのかもしれない。それゆえ，トランスナショナルな環境で育った経験を活かすために地理的に中国へ移動することを考える子孫もいるが，それは彼／彼女らの移住経験やそれまでの中国との関係によって「帰国」もしくは「移住」と解釈することができる。

　中国で生活するために移住する華人子孫について，成人してからスペインに移住した人と，スペインで生まれ育った人とでは，中国

26　King, Russell and Anastasia Christou. Ibid. p.11.

第二部　中国系新移民の経験と葛藤

で生活することの意味が全く異なり，結果も異なるものになる。また，様々な国々を転々とした経験をもつ移民子孫の間にも重要な相違が見られる。それは，「異世代移民カップル」（異なる移民世代に属した個人同士が結びついたカップル）の事例である。移民研究において，「異民族間の結婚」は通常，移民と移住先の受け入れ国の人との異人種間の結婚を指すが，移民と移民子孫との結婚はあまり注目されてこなかった。というのは，人のアイデンティティについての基準変数は，社会化を経験した背景の違いよりも，主に民族性や他者性の集約した解釈だからである。しかし，移民と移民子孫が形成する核家族に関しては，同じ民族ながら帰属意識の相違や移住の軌跡上の複数の定住地についても考慮する必要がある。

　以下に挙げる「異世代移民カップル」が中国へ移住した二つの事例は，世代間の観点から，中国への移住の新しい形に焦点を当てている。ここでいう「世代」は，移民の同年代群と理解する。個人の移住軌跡が「中国への移住」について与える様々な意味とは別に，この二つの事例は，社会的な階級，もしくは中国に移住するまでの就労経験もまた移住の経験を形成するのに影響を与えていることを示している。

（1）事例1：社会的・物理的な移動―スペインでの専門職から中国での仕出し業へ―

　一つめの事例では，再びバレリアの例に戻り移動の軌跡（図1参照）を見てみよう。バレリアは19歳の時，自らの意志で初めて移動した。この移動では，店を経営している両親や兄姉の経済活動から離れ，新しく人生を始めるためにスペインに戻った。バレリアはスペインで役員秘書養成訓練のコースをとり，地元の企業に就職し，再び移動するまでこの会社で働いている。その後は夫（20歳まで青田

第4章　中国―スペイン間を移動する華人子孫

県で過ごした後にスペインへ移住)の希望で中国に移住した (図2参照)。

バレリアはベルギーとスペインに住んでいた時期に社会化を経験した。居住場所がどこであれ、その時バレリアの家庭内では中国的文化に従って生活していた。さらに成人後、バレリアは両親の出身地中国に移住し、それ以来そこが彼女の居住地となった。バレリアは子どもの頃から、思春期、成人期にかけて、最初は両親とともに、その後は自分の人生の選択によって移動を繰り返しており移住には慣れていた。

バレリアの気質や社会的能力は、家庭内で中国文化の影響を受けた社会化によるものだけでなく、移動先のスペインとベルギーで過ごした時期にも形成されたものである。図1は、幼少期に物理的な移動を経験したバレリアにとって、なぜその後の夫との中国への移動が成人後初めての移住になったのかを示している。一方、7年間だけスペインの親戚のレストランで働いた夫にとっては、この移住は自分の故郷への「帰国」ということになる (図2参照)。

従って、この夫婦にとって中国への移動は違う意味をもっている。

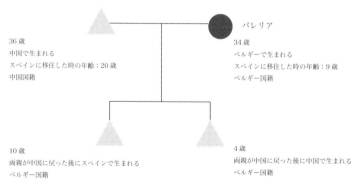

図2　異世代移民家族：バレリアの家族状況 (2012)

36歳
中国で生まれる
スペインに移住した時の年齢：20歳
中国国籍

バレリア
34歳
ベルギーで生まれる
スペインに移住した時の年齢：9歳
ベルギー国籍

10歳
両親が中国に戻った後にスペインで生まれる
ベルギー国籍

4歳
両親が中国に戻った後に中国で生まれる
ベルギー国籍

出典：筆者作成。

第二部　中国系新移民の経験と葛藤

バレリアの夫にとって，この移動はスペインで7年過ごした後（図2参照），彼が生まれ育ち社会化を経験した中国へ「帰る」という意味をもつ。一方，バレリアにとってこの同じ移動は社会的に順応した一つの場所を去って，一度も住んだことのない場所へ移動して一から生活を始める，つまり「移住」という意味をもつことになる。このバレリアと夫との移住軌跡の相違からわかるように，移民と移民子孫の結婚による核家族は，それぞれの帰属意識・社会文化的アイデンティティ・移動経路の中で居住した複数の場所に対する帰属意識の違いも考慮する必要があることを示している。

　　　彼と出会ってから1年後に結婚し，ここにやってきました。私はセビリアに全てを置いてきました。友達，家族…私の両親は今こちらにいますが，兄姉は全員，向こうにいます。私がしていた仕事も…私はすべてを捨て，まだ見たこともない場所で一から始めなければいけなかったのです。でも夫にとっては，全然違います（2012年11月，浙江省でのバレリアに対するインタビュー）。

　この夫婦は，青田県内の移民の影響を受けている麗水市に定住することにした。というのは，バレリアの夫はスペインに移住するまでここで働いていて，仕事を再開するのに十分な人脈があったからである。最初に夫婦は，いくつかの仕出し屋を始めた。日本の鉄板焼き，そして後に，広東料理店を始めた。だが，どれも長続きせず店を変え続けた。

　中国での1年目，バレリアは二人の息子の育児に専念し，第一子の出産の時にはスペインに戻っている。図2からわかるように，二人の息子の国籍は母親と同じである。この選択は非常に実用的であり，結局は移動の継続とスペインに戻る可能性を視野に入れてい

第4章　中国―スペイン間を移動する華人子孫

るのである。

　息子たちが成長し，母親として子育てから解放され始めた頃，ヨーロッパの国々と強い繋がりをもつ多くの人々と同様に，バレリアはヨーロッパで築いた社会文化的資本に関連したビジネスを始めた。青田県でモダンなベイカリー兼カフェを始めたのである。ここで，バレリアが中国へ移住したことによって，彼女の社会的・職業的な生活が変わったことに着目する必要がある。彼女は社会的な上昇をめざしてスペインの会社で働いていたのが，中国での小さな家族経営の店舗の経営者となり，最終的に両親の商売的気質を踏襲するようになっている。しかし彼女が両親と異なるのは，ヨーロッパでお店ではなく，中国で店をもった点である。

　　　私はレストランやお店をもちたくありませんでした。小さな商いをして，他に何もせず，一日中お店に没頭する生活は望んでいませんでした。私の夢は仕事と自由な時間をもつことで，私はそれらを手に入れました。セビリアで仕事をもち，アパートや車をもっていた。すべて私が欲しかったものです。しかし突然私は今の夫と出会い，我を失いました（笑）（2012年11月，浙江省でのバレリアに対するインタビュー）。

　ヨーロッパで社会的な立場を上昇させるには，家族経営のお店という隙間商売を離れ，スペインへ移動し，地方の会社で仕事を見つける必要があった。しかし中国では，社会的な立場を上昇させるというと，移民子孫としての他の住人との違いや異国で身につけた社会文化的な特徴を活用して，ヨーロッパの雰囲気をもつ家族経営の店を開くことだった。このようにバレリアも中国へ移住することによって，両親がヨーロッパで営んだ商売（家族経営の仕出し業）を続けることになった。しかしバレリアの場合は，両親や兄姉のように

179

第二部　中国系新移民の経験と葛藤

ヨーロッパで中華料理店を続けるのではなく，中国で「ヨーロッパ風」のカフェを始めたのであった。

　バレリアの両親はエスニック料理を切望しているヨーロッパで，中国人であることや特殊性を武器にしたが，バレリアは，地元麗水市の大半の人と自分との違いに着目したビジネスを始めた。つまり，ベルギーとスペインの間で社会化を経験した結果として彼女が身につけたヨーロッパのアイデンティティである。この世代間移動の戦略は，移住先の環境で求められるビジネスにつきものの民族性の商業化を暗示している。しかし移動の新しい方向性によって，各移民の違いを利用するビジネス形態が生まれ，様々な地域でビジネスが行われるようになっている。

(2) 事例2：社会的・物理的移動—スペインでの仕出し業から中国での専門職へ—

　中国に移住した異世代移民カップルの二つ目の事例は，青田県で生まれ2歳の時に両親とともにスペインへ渡ったババラの事例である。バレリア同様，ババラは，青年期に青田県からスペインに移住した夫，トゥアンに伴って2010年に中国へ移住した（図3参照）。ババラと夫は数年の違いで同じ地域（青田県）に生まれたものの，移住によって全く違う結果を経験している。それが二人の中国への移動の意味の違いに表れている。

　トゥアンは18歳の時にヨーロッパへ移住し，一時期ドイツとフランスで生活した後，19歳でマドリッドに移動した。一方ババラは，2歳になる前に両親とともにスペインへ移住し，スペインで育った。このように，トゥアンにとって，中国への移動は自分が育ち，実際に心情的な愛着のある土地に「戻る」ことになる。ババラにとっては，バレリア同様，中国への「移住」は両親・兄弟姉妹・友達を残

180

第4章　中国―スペイン間を移動する華人子孫

図3　異世代移民家族（ババラとトゥアン）　インタビューの時の状況
　　　（2012）

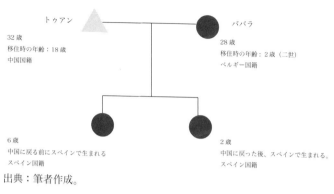

出典：筆者作成。

してきたという気持ちがあり，これまで言及してきたように，彼女が考える「故郷」サフラから引き離されたという意味をもつ。

このように，ババラは自分の生まれた地に戻ったが，彼女の中国への移動は「戻る」というよりも，より「移住」体験に近い。図3からわかるように，ババラは第二子の出産の時にもスペインへ行っている。そして彼女の二人の娘は彼女と同じスペイン国籍を取得している。バレリアの子どもと同じである。この決断は非常に実用的で，二人の女性がその後も移動を続け，「スペインに戻る」可能性を示唆している。

ババラとトゥアンは，彼らの人生で起こった移住による明らかな結果として，それぞれの中国とスペインとの関係性は異なるものの，二人ともスペインで同じような職業の経験をしている。ババラはマドリッド大学の大学院を卒業したが，自分の家族が経営する会社で働き続けた。ババラは三人の兄弟姉妹の長子であり，家業に関わり続けたが，ババラの上の兄と姉は，大学卒業後スペインの会社で働き始めた。これはバレリアのケースと同じで，バレリアもまた四人

第二部　中国系新移民の経験と葛藤

兄弟姉妹の末っ子である。

　成人後，ババラは最初マドリッドの中国人顧客向けに母親が開いた宝石店を手伝っていた。後に夫とレストラン―バルを開いたが，そこではスペイン料理と伝統的なタパスを出している。このようにババラは移民の子孫だが，自営の中小規模の仕出し屋や貿易ビジネスを念頭に入れた，在スペインの中国人移民一世と同じ隙間の経済活動をしていた。

　トゥアンは18歳の時にマドリッドへ移住した。そしてババラと同じ階層で働いていた。実際彼は，スペインの主流社会により近い，地方でのバルの経営をめざし，働いていた中国の居留地を離れてスペインへ移住した。従って，ババラとトゥアンはそれぞれの移民経験や移住軌跡の明らかな違いによって，中国やスペインとの関係性もそれぞれ違っているが，同じ社会階層に属し，スペインで非常に似た職業の経験をもっていたのである。二人とも自分の生活スタイルを変えたいと望み，中国はそれを実現するのに適した場所だと思われた。中国へ移住しようと最初に提案したのはトゥアンの方で，トゥアンは長い間，仕事や家族の生活を変える機会を模索していた。彼は生活を楽しみ，家族と過ごす自由な時間がもてるように規則的な仕事に就きたいと願っていたが，そうする（例えば，家族との自由な時間をもつために，他の新しい職業を始める）ためには，中国に戻る必要があった。

　　スペインでは，僕たち中国人にはそれほど多くのチャンスはありません。バルやお店，レストラン，どんなところでも毎日長時間労働するだけです。そして経済危機が起こり，さらに状況は悪化しました。この生活が嫌になりました。私たちは必死で働き，まだ若く，そしてついに，ある日起きて「人生を無駄に過ごしている。こんな生活は嫌だ」と思いました。中国に戻

る度に変化に気づき，チャンスをみつけ，そしてついに，やってみようか？ということになったのです（2011年での青田県，トゥアンに対するインタビュー）。

　ババラもまた人生を変えたいと望んでいた。最初こそ中国への移住を躊躇っていたが，自分の夫にはバルで働く以外スペインにはあまりチャンスがないと思った。彼女自身については，自由な時間がもてるような定職をマドリッドで見つける選択肢は沢山あったものの，夫にとっては簡単ではないだろうと考えたのだった。
　青田県で8か月過ごした後，家族は最終的に杭州市に落ち着き，ババラはそこで中国語の勉強を始め，後に大学院に入り国際関係のコースをとった。トゥアンは新しい生活に向かって働き始めた。スペイン語を話す団体客のガイドとして，数社の中国旅行代理店で働き始めた。彼のスペイン語は流暢で彼自身も語学に自信をもっており，もうスペインに住んでいないが，この語学力は失いたくないと思っていた。スペイン語は杭州での生活で，家庭だけでなく職場でも日常語となっていた。ババラは子どもにバイリンガルの環境を作ろうと家でもスペイン語で会話するよう最善をつくした。ババラは子どもの時，家で中国語，学校でスペイン語を話すという習慣だった。彼女は娘たちに同様のシナリオを立てたが，言語の使い分けは家でスペイン語，外で中国語という自分の子どもの頃とは逆の習慣になった。
　杭州で生活を始めて4年後，夫婦は働く分野は違うものの，二人ともスペインでの経験を活かせる職場で働いていた。二人は中国でのビジネスや旅行業界でスペイン語が話せる人を増やすことを目的にしたいくつかのプロジェクトで働くことで，社会的地位を上げていった。筆者が夫婦と初めて会ってから2年後に再会した時，二人は「スペインのバルで働いていた時ほど収入はありませんが，今

第二部　中国系新移民の経験と葛藤

は私生活が充実しています」と認めた。彼らが中国に移住しようと計画した時，これがまさに二人の主要目標だった。

　異なる移民世代に属する人たちが核家族を形成した場合，例えば移民と移民子孫の夫婦は，自分たちが育ったそれぞれの場所への帰属意識についての違いを認識し理解し合う必要がある。今回分析した二つの家族の構造を示した図（図2と3）を見ると，第二子の出産のために，二人の女性がスペインに戻ったことがわかる。さらに，両方の例において，子どもたちは母親の国籍（スペインとベルギー）を取得している。これは，移動を継続していくための可能性を残そうとする戦略であり，自分が生まれ，社会化を経験したヨーロッパへ「戻る」可能性を示唆している。従ってババラとバレリアにとって，中国へ向かう動きは，前の世代が行った移動性を継続していくという循環論の一部であり，この中国への移住が最終的で決定的な移動だと解釈するべきではない。

6．結　論

　世界規模での構造変化（発展する中国経済，ヨーロッパ・特にスペインでの経済危機），スペインにおける変化する移民状況（二世の出現・増大する華人のスペイン社会への浸透・局所的帰属意識），および中国や青田県の社会の変化は，青田県とスペインの間のトランスナショナルな繋がりに変化をもたらし，移民形態の多様化や帰郷行為によって，物理的な風景が多様化していった。

　過去数年で，トランスナショナルな社会的活動が，その意味・頻度・方向性・規模において変化し，中国―スペインの領域の中で，新しい様式の移動が起こりつつある。民族誌的調査によって，今日のトランスナショナルな繋がりと移動性は，構造的変化，性別，世代の連続に関連した一連の複雑な要因と関係していることが明らか

184

第4章　中国―スペイン間を移動する華人子孫

になった。

　華人によるスペインから中国への物理的移動には，様々な異なる理由・方法・時期が関係しており，世代の違う移民（移民と移民子孫）についても考慮する必要がある。しかし，本章では移民子孫がどのような形で移民ハビトゥスの変化や中国とスペインの間の新しい移動の方向性に重要な役割を果たし，関わってきたかを見てきた。

　青田県の語学学校は，古い移民パターンの変化と，移民子孫によるトランスナショナルな活動の継続性を如実に表している。実際，世界の構造的変化・通時的な移民の変容・今日の青田県とスペインの間のトランスナショナルな活動における移民子孫の新たな移動は，青田県の語学学校での変化や方向転換に現れている。生徒という点では，以前は移住を計画していた人を対象としていたのが，今は移民の子どもに取って代わり，教える言語もイタリア語やスペイン語から中国語へと変化した。

　本研究では，両親の移住軌跡への関わり方の違いによって起こる移民子孫の移民の多様性を調査した。筆者は，移民子孫の移動性に関する違いが，移民の子どもが成人した時のアイデンティティや成人以降の移動に影響すると主張してきた。従って，異なった移動経験に基づいて分類された移民子孫のグループの多様性を再検討する必要があると考えた。

　中国やヨーロッパにおいて変化する現実，経済状況の中で，移民子孫は自分の生活をよりよいものにし，社会的地位を上げるために両親の物理的な移動を再現している可能性がある。このように，彼／彼女らの両親をスペインへと駆り立てたのと同じ理由が子孫を中国への移住に導いているのかもしれない。

　異世代移民カップル，つまり異なった移民経験をもつ華人夫婦の分析は，移動の分析において，移民の世代間の要因の複雑性を示す非常に動態的な事例である。移民と移民子孫とのカップルによる核

185

第二部　中国系新移民の経験と葛藤

家族は，移動経路の中で感じる帰属意識や定住した複数の移住場所に抱く愛着の違いを認識する必要がある。このような異世代移民カップルによる中国への物理的な移動は，これまで研究者に等閑視されてきた異文化間の実践を明らかにしている。

　本章で取り上げた経験的な事例は，世代間の観点から中国への移動がもつ意味の違いを調査すること，そして，移動経路の違いにより生じる移民子孫の非常に不均質なアイデンティティを調査することが，今でも自明視されている民族的アイデンティティ，帰属意識，そして出自である「祖先の」祖国の関係を解明し，わかりやすく説明するのにいかに必要な要素であるかを示した。さらに，異世代移民のカップルの調査を通して，アイデンティティは民族的・人種的な要素よりもむしろ社会化の過程の中で培われるということを強調した。

　中国への移動は，移民とその子孫では違った意味をもつ。しかし，二つを切り離して全く違うグループとして分析するよりも，連続体として分析することが重要である。移民世代間という観点から分析した場合，同じ中国への物理的移動を含むトランスナショナルな実践が，どのようにして訪問，帰国，あるいは移住行動と違ってとらえられるのか，本章で取り上げた事例の分析によって明らかにすることができた。しかし，移民もしくはその子孫への言及の有無に関わらず，今日の華人のスペインから中国への移住の動きは，従来の意味でいうところの「帰国」として説明することはできない。

　今日も中国へ向かう移民および移民子孫の動きは，社会的に上昇するための戦略であり，時や世代を経て変わらない共通の移動実践の論理を示している。こうして，移動の継続と変化は在スペイン華人の移民ハビトゥスの変容に大きな作用を及ぼしている。

第 4 章　中国—スペイン間を移動する華人子孫

参考文献

Abbas, Ackbar. 2004. "Building Hong Kong: From Migrancy to Disappearance." in S. Cairns (ed.). *Drifting: Architecture and Migrancy.* Routledge. pp.129-140.

Beltrán Antolín, Joaquín. 1998. "The Chinese in Spain." in G. Benton and F. N. Pieke. Londres (ed.) *The Chinese in Europe.* Macmillan. pp.211-237.

Beltrán Antolín, Joaquín. 2003. *Los Ocho Inmortales Cruzan El Mar: Chinos En El Extremo Occidente.* Edicions Bellaterra.

Benton, Gregor and Edmund Terence Gomez. 2008. *The Chinese in Britain, 1800 - Present: Economy, Transnationalism, Identity.* Palgrave Macmillan.

Benton, Gregor and Edmund Terence Gomez. 2014. "Belonging to the Nation: Generational Change, Identity and the Chinese Diaspora." *Ethnic and Racial Studies* 37(7):1157–1171.

Castles, Stephen. 2010. "Understanding Global Migration : A Social Transformation Perspective." *Journal of Ethnic and Migration Studies* 36(10):1565–1586.

Chu, Julie Y. 2010. *Cosmologies of Credit. Transnational Mobility and the Politics of Destination in China.* Duke University Press.

Cresswell, Tim. 2010. "Towards a Politics of Mobility." *Enviroment and Planning D: Society and Space* 28:17-32.

Eckstein, Susan. 2006. "On Deconstructing and Reconstructing Generation." in P. Levitt and M. C. Waters (ed.) *The Changing Face of Home: The Transnational Lives of the Second Generation.* Russell Sage Foundation. pp.211-216.

Gowricharn, Ruben. 2009. "Changing Forms of Transnationalism." *Ethnic and Racial Studies* 32(9):1619-1638.

King, Russell and Anastasia Christou. 2008. Cultural Geographies of Counter-Diasporic Migration: The Second Generation Returns 'Home'" *Susssex Migration Working Paper* 45:1-30

King, Russell and Anastasia Christou. 2010. "Cultural Geographies of Counter-Diasporic Migration: Perspectives from the Study of Second-Generation 'Returnees' to Greece." *Population, space and place* 16:103-119.

Lee, Helen. 2011. "Rethinking Transnationalism through the Second Generation." in *The Australian Journal of Anthropology* 22(3):295-313.

Levitt, Peggy. 2009. "Roots and Routes: Understanding the Lives of the Second Generation Transnationally." *Journal of Ethnic and Migration Studies* 35(7): 1225-1247.

Levitt, Peggy and Nina Glick Schiller. 2004. "Conceptualizing Simultaneity: A Transnational Social Field Perspective on Society." *International Migration Review* 38(3):1002-1039.

Levitt, Peggy and Marcy C. Waters. 2006. "Introduction." in P. Levitt and M. C. Waters(ed.) *The changing face of home: The transnational lives of second generation.*

187

Russell Sage Foundation. pp.1-30.

Li, Minghuan. 1999. "'To Get Rich Quickly in Europe!' Reflections on the Motivations for Transnational Migration in Wenzhou." in Li Minghuan. *Seeing Transnationally. How Chinese Migrants Make Their Dreams Come True*.Leuven University Press and Zhejiang University Press. pp.9-23.

Louie, Andrea. 2004. *Chineseness across Borders: Renegotiating Chinese Identities in China and the United States.* Duke University Press.

Louie, Vivian. 2006. "Growing Up Ethnic in Transnational Worlds: Identities Among Second-Generation Chinese and Dominicans." *Identities* 13(3):363-394.

McKeown, Adam. 2001. *Chinese Migrants Neetworks and Cultural Change. Peu, Chicago, Hawai, 1900-1936.* The University of Chicago Press.

Nyíri, Pál. 2014. "Training for Transnationalism: Chinese Children in Hungary." *Ethnic and Racial Studies* 37(7):1253-1263.

Ribas-Mateos, Natalia. 2016. "Eastern Meiterranean Mobilities after the Arab Spring: Transformations over Time or Sudden Change?" in N. Ribas-Matos (ed.) *Migration, Mobilities and The Arab Spring. Spaces of Refugee Flight in the Eastern Mediterranean.* Edward Elgar Pub. pp.3-34.

Rumbaut, Rubén G. 2004. "Ages, Life Stages, and Generational Cohorts: Decomposing the Immigrant First and Second Generations in the United States." *International Migration Review* 38(3):1160-1205.

Salazar, Noel B. and Alan Smart. 2011. "Introduction. Anthropological Takes on (Im) Mobility." in *Identities : Global Studies in Culture and Power* 18(6):1-9.

Somerville, Kara. 2008. "Transnational Belonging among Second Generation Youth : Identity in a Globalized World." *Journal of Social Science* 10 *(Special Volume)*. pp.23–33.

Tamaki, Emi. 2011. "Transnational Home Engagement among Latino and Asian Americans: Resources and Motivation." in *The International migration review* 45(1):148-173.

Tan, Chee-Beng. 2007. "The Shishan Ye People in Malaysia and the Ancestral Homeland in China." in C.-B. Tan (ed.) *Chinese transnational netwroks.* pp.73-91.

Thunø, Mette. 1999. "Moving Stones from China to Europe: The Dynamics of Emigration from Zhejiang to Europe." in Frank Pieke (ed.) *Internal and International Migration: Chinese Perspectives. Routledge.* pp.159-180.

第5章　在オランダ華人二世の宗教信仰
―仏教徒を例に―

呂　雲芳

奈倉　京子　訳

1．はじめに

　在オランダ華人二世は特殊なグループである。彼らはオランダで生まれたか，幼少期に両親とともにオランダに移住したため，彼らの社会化プロセスは基本的にオランダで完成している。従って「彼らは自身の血縁文化と育った環境の文化とが互いにぶつかり合い，また互いに融合しながら成長してきた世代」[1] であり，思想や言動，行動などには必ず，二つの文化が入り交じることによって生じた矛盾や融合，あるいは均衡化の痕跡が残っている。とりわけ文化の中核をなす宗教信仰は，このプロセスにおける重要な要素となっている。本章では，華人二世の仏教徒を研究対象とし，彼らが信仰を現地社会の中でどのように表現し，融合させ，また父方出身地の文化的アイデンティティを選択・均衡化し続けてきたかを採る。

　華人がオランダへ移り始めたのは 100 年前であるが，一定の規模まで移住・集住するようになったのは第二次世界大戦前からである。第二次世界大戦後，ヨーロッパの戦後の経済復興に多くの華人が魅了されて移住してくるようになったが，初期の頃の移民の多く

1　李明歓（2002）『欧州華僑華人史』中国華僑出版社，696 頁。

はインドネシアやスリナムといったオランダの植民地にいた華人や，イギリスを経由してきた香港人であった。1970年代，インドシナ半島の動乱によりインドシナに住んでいた華人がヨーロッパへ避難するようになると，オランダもその一部を受け入れた。1980年代以降，中国大陸の対外開放により浙江省や広東省，福建省などの人々による海外移住ブームが始まり，オランダにおける華人の規模は急速に膨れ上がった。その後，オランダ華人の人口規模は拡大を続け，現在はおよそ10万人いると推定される。オランダ華人の人口構成をその出身地別に見てみると，①香港人や広東人の広東語グループ。②浙江人，すなわち青田人，温州人。③オランダ植民地にいた華人の再移民。④福建人。⑤台湾人。⑥留学生，となっている。大部分の移民は1970～80年代以降に移住してきたため，現在のオランダ華人社会は移民第一世代が中心となっている[2]。

　他の西ヨーロッパ諸国と同じように，オランダ社会も信仰が多様化している。自由主義の世俗的価値観の影響を大きく受けているため，高度な世俗化プロセスを歩んできた。アムステルダム自由大学が2014年末に行った調査データによると，25%以上のオランダ人が，自分は無神論者であるとしているが，宗教は社会文化や個人の生活に深く影響を及ぼしている。信仰人口の割合順で見た場合，オランダにおける重要宗教は多い順にカトリック・プロテスタント・イスラム教・仏教あるいはヒンドゥー教などとなっている[3]。

　オランダの仏教徒の人数に関する確実な統計は今のところないが，最低でも6～7万人，最高で175万人いると推定されている[4]。デー

2　李明歓（2002），前掲書，696頁。

3　Van Beek, Marije. 2015. "Ongelovigen halen de gelovigen in". Dossier Relige. der Verdieping Trouw.

4　Henk Blezer. 2004-2005/2011-2012.*Buddhism in the Netherlands, 2600 Years of Sambuddhatva: Global Journey of Awakening* (ed. Oliver Abenayake, Asanga Tilakaratne). Ministry of Buddhasasana and Religious Affairs, Government of Sri Lanka. p.428.

タにこれほどの差があるのは，仏教徒の定義がさまざまだからである。オランダには，さまざまな仏教宗派が存在する。2001年にオランダ仏教ラジオ局（オランダ語）が開局すると，信徒は大幅に増加したが，その多くは日本の禅宗・南伝仏教（上座部仏教）・チベット仏教の三大宗派に属している。漢伝仏教の中では，佛光山や北京龍泉寺が道場を開いているほか，真佛宗，慈済基金会などをはじめとする一定規模の宗派も集会場所を形成している。その他，インターネットを通じて結成されたインターネット仏教学習グループなども あり，それぞれ異なる宗派に属している。

　オランダ華人の信仰状況について，今のところ具体的なデータは存在しない。多方面から集めた情報を分析して見積もった結果，オランダ華人の信仰は比較的多様化しているが，仏教徒の人口が最も多いとされている。温州移民については，75%の在オランダ温州人が仏教徒であると自称しており，また広東語圏グループの仏教徒またはその他中国伝統宗派の信徒の割合は，それよりもっと多いとされる。留学生やその他の地方の伝統的移民の中にはキリスト教徒も多い。こうした状況は，ヨーロッパ全土における華人の宗教信仰の状況と基本的に一致している。李明歓は，中国本土の伝統とヨーロッパ社会の現実という二重の影響を受け，ヨーロッパの華人が信仰する宗教は主にキリスト教と仏教であり，他にも道教やカトリック教徒もいくらか存在するが，その人数は少なく，影響も比較的小さいと指摘する。また，広東人・香港人・福建人は主に仏教を信仰しているが，浙江人にはキリスト教信者も多く，ヨーロッパに移った移民の多くは出国前に既に入信していたとされている[5]。

　オランダ社会を構成する人口の一部となった華人二世の信仰状況はどうなっているのか？両親世代の移民や宗教的コミュニティは，華人二世に何を与え，華人二世は何を受け入れたのだろうか。また，

5　李明歓（2002），前掲書。

第二部　中国系新移民の経験と葛藤

彼らは自身の信仰をどのように構築し，解釈しているのだろうか。

本章では，これらの問題について検討する。

2．先行研究の論点と問題意識の所在

オランダ華人子孫の宗教信仰をテーマとした研究は今のところ見られない。しかし，既存の研究成果の中に，貴重な参考意見を見ることができる。関連研究の種類は二つに大別される。

一つは，華人およびその子孫の宗教信仰研究についてである。既存の研究は主に東南アジアや北アメリカに集中しており，西ヨーロッパ華人の宗教に関する研究は少ない。例えば汲喆や曹南来がいるが，華人の子孫に焦点をあてた事例ではない（後述を参照）。興味深いのは，欧米華人のキリスト教信仰や東南アジア華人の伝統的な中国民間信仰がこの分野における研究の重点となっており，宗教信仰を移民の溶け込みや文化的アイデンティティと直接関連付けていることである。アメリカでは，移民は移住先の主流宗教を信仰することで，移民のコミュニティを抜け出して主流社会へ溶け込み，アメリカナイズしている[6]。このモデルは，特に華人子孫の身に顕著に表れている。またカナダでは，呉徳齢の研究により，キリスト教を信仰しているかどうかが移民およびその子が主流社会に溶け込んでいるか否かの重要な指標になることがわかった[7]。しかし彼女は，中国文化が儒釈道と密接に関わっていることから，華人のキリスト教徒は時に「社会的キリスト教徒」（social Christian）または「名義上のキリスト教徒」になることがあると述べている。プライベートな場面では仏教的儀式を行うこともあるし，儒教の伝統的儀式はな

6　楊鳳崗 (2008)『皈信・同化・疊合身分認同——北美華人基督徒研究』民族出版社。

7　Tak-ling Terry Woo（呉徳齢）. 2016."Distinctive Beliefs and Practices Chinese Religiosities in Saskatoon, Canada" in *Journal of Chinese Overseas* 12:251-284.

おさら欠かせないものとなっていることにも言及している[8]。

東南アジア華人の宗教信仰に関する研究によると，中国の伝統的な民間信仰と仏道信仰が主流となっており，華人の宗教は，「中華性」と「現地性」を兼ね揃えた独特の民族的特徴を有していることを示している[9]。加えて，先行研究では，華人の信仰が持つ社会的ネットワーク機能が重視されている[10]。宗教活動の場は，華人が集まって社会的アイデンティティを確認し，祖国の文化とつながる橋渡し的な重要な役割を担っているのである。

ヨーロッパの華人の信仰については，中国本土の伝統とヨーロッパ社会の現実という二重の影響を受けているため[11]，北アメリカや東南アジアとは明らかに違うモデルとなっている。汲喆は，ヨーロッパにおける漢伝仏教は全体的に今なお「エスニック・グループ宗教」であり，華人のエスニック・グループのシンボルとなっているが，新たな移民の増加やインターネットの発展に伴い，既にグローバル化の動きも見せていると考察している。ヨーロッパにおいて，華人がキリスト教を信仰することは，必ずしも中国文化から抜け出し，主流社会に溶け込んでいることを意味するのではない[12]。在フランス華人のキリスト教徒は温州からの移民が中心だが，彼らは一般的に，中国を出る前に既にキリスト教に入信しているのである。曹南来の研究は，フランスに移住した温州出身の移民は，自分たちは祖国のキリスト教を信仰することを堅持しており，それによって中国

---

8 Tak-ling Terry Woo（呉徳齡）. Ibid.p.276.

9 張禹東（2005）「東南亜華人伝統宗教的構成，特性与発展趨勢」『世界宗教研究』第1期，98-108頁。

10 曽玲（2007）「社群辺界内的" 神明"：移民時代的新加坡媽祖信仰研究」『河南師範大学学報』第2期，70-74頁；黄海徳（2013）「東南亜地区清水祖師信仰網絡的形成及其特征」『清水祖師文化研究』厦門大学出版社，178-189頁。

11 李明歓（2002），前掲書。

12 汲喆（2014）「法国的華人仏教道場之初歩調査」『世界宗教文化』第3期，41-48頁。

第二部　中国系新移民の経験と葛藤

の文化的アイデンティティを保っていることを私たちに教えてくれる。彼らは，自分たちの下の世代は移住先の教会に身を任せることで，中国の言語文化的アイデンティティを堅持すると同時に，温州のグローバル化経済モデルも維持しているのだと強調している[13]。

　関連研究のもう一つは，オランダ華人子孫グループに関する研究である。この分野においても専門著書は見られないものの，在オランダ華人社会に関する研究の中でこれに関する研究が散見される。オランダは西ヨーロッパの中では小さな国だが，ヨーロッパ諸国の中では比較的大きな華人コミュニティを形成していることから，学界はオランダ華人に関する研究に対して一定の熱意を持ち続けている。特に 1980 年代以降，在オランダ華人に関する全面的な考察が行われた時には，華人子孫に対する非常に強い興味が見られた。まず，オランダ人学者が在オランダ華人の社会に関して実施した各方面の調査研究であるが，その中で華人二世という小さなグループを取り上げている。1950 年代中頃，オランダの「カトリック社会教会研究所」が実施した在オランダ華人の宗教信仰状況調査は，1957 年にハーグで『オランダにおける華人グループ』(De groep van Chinese afkomst in Nederland) というタイトルで研究報告として出版された。同書では，在オランダ華人を中国本土で生まれた華人，インドネシアやスリナム，アンティル諸島など元オランダ植民地で生まれた華人，そして現在オランダで学んでいる華人学生の三つのグループに分類している。

　また，1960 年代初めにヴェリンガ（M.L. Vellinga）とウォルタース（W.G. Wolters）による研究論文『アムステルダムの華人——オランダ社会に溶け込んだ少数エスニック・グループ』(De Chinezen van Amsterdam: de integratie van een ethnische minderheidsgroep in de

---

13　曹南来（2016）「旅法華人移民基督教：疊合網絡与社群委身」『社会学研究』第 3 期，152-169 頁。

Nederlandse samenleving）が出版されている[14]。同研究はオランダ語がわかる華人の若者を聞き取り対象としている。彼らの多くは中国人男性とオランダ人女性との間に生まれた子どもである。同研究は，文化的風習やアイデンティティ傾向に関わらず，このタイプの子どもたちは，オランダ人の母親から受けた影響が，中国人の父親から受けた影響をはるかに上回っていることを明らかにしている。そのため，アムステルダムの華人は「オランダ社会に溶け込んだ少数エスニック・グループ」であると結論付けている。当時の社会背景による影響を深く受けていることから，同研究の結果には議論の余地があるものの，華人の若者に関する重要な特徴は，オランダ社会にアイデンティティを持っている点も指摘している。

　加えて，1998 年にピーク（Pieke）とブレゴール（Bregor）の共著により発表された『ヨーロッパにおける華人』(Chinese in Europe)[15] の中の「オランダにおける華人」(Chinese in Netherlands) という章では，在オランダ華人の歴史や言語の多様性，人口変遷によってもたらされる老年華人の介護問題や華人二世のアイデンティティ問題，在オランダ華人のコミュニティなど，在オランダ華人グループについて全面的で詳細な考察が行われている。オランダ華人二世に関する部分で，研究者は 1970 年代以降，華人二世の人口が増え始め，1980 年代中頃には既に 5,000 ～ 6,000 人に達したと指摘している。華人二世は基本的にオランダで教育を受けているため，彼らはオランダ語と中国語（中国標準語，広東語，客家方言または浙江方言）のバイリンガルであり，オランダの主流社会にアイデンティティを持っている。しかし，両親が中華文化を受け継がせようとして彼らに中国語または中国文化を学ぶことを強制し，それによって彼らがオランダ社会に溶け込むペースが鈍化したり，ひどい場合はそれを阻止されたり

14　李明歓（2002），前掲書。

15　Bregor Benton and Frank Pieke. 1998. *The Chinese in Europe*. Palgrave Macmillan.

第二部　中国系新移民の経験と葛藤

することもあるという。

　さらに華人グループに関する歴史分析において，ピークとブレゴールは，海外華人使節団（The Overseas Chinese Mission）および福音伝道基金会（The Foundation for the Evangelical Mission）という二つの重要な宗教団体に注目している。1970 年代末頃の華人のキリスト教徒はわずか 1% であったものの，この二つの宗教団体はオランダ語，広東語および中国標準語での宗教サービスを提供していたことに加え，華人の子どもたちのために中国語講座を設けており，一部の華人二世のキリスト教徒に影響を及ぼしていた。

　オランダ国籍の華人学者である池蓮子は，華人当事者としての視点からオランダ華人の歴史，現状および直面している問題についてまとめている[16]。彼女は，次世代の華人および前世代の華人との間にあるジェネレーションギャップについて重点的に検討している。この研究で特徴的なのは，西洋文化の影響を受けた程度別に華人子孫をそれぞれ異なるグループとして細分化したという点と，子孫グループごとにそれぞれ異なる行動的特徴が見られたことである。例えば，インドネシア華人の子孫はオランダ社会との間に何の言語文化的障害も存在しない。なぜなら，その父親世代は知識人としてオランダへ留学した経験があるため，中国・西洋間の文化的衝突問題が存在せず，ジェネレーションギャップもはっきりと生じていないためである。しかし，中国からの移民の子孫は，父親の世代（特にレストラン経営者）との間に大きなジェネレーションギャップが存在する。事業を起こす上で辛酸を嘗めつくした一世に対し，既に裕福な環境にいる二世は，まだオランダ社会に溶け込めないでいることから，ギャンブルなどに耽り，三世からは嫌われてしまう。三世と四世は西洋の教育を十分に受けており，生活や職業選択の幅はより広く，そして理性的である。

16　池蓮子（1998）「荷蘭華人的歷史，現狀及問題」『汕頭大学学報』第 3 期，71-77 頁。

第5章　在オランダ華人二世の宗教信仰

　その他のオランダ華人に関する著書には，1987年に発表された
アムステルダム大学のブレゴールとヴェルムラン（Hans Vermeulen）
監修の，オランダ社会における移民シリーズ叢書4『華人』(Migranten
in de Nederlandse Samenleving 4: De Chinezen)，1992年にA.L. Roode
が著した『ロッテルダムにおける華人の生活状況』(De Leefwereld
van Chinezen in Rotterdam)（エラスムス・ロッテルダム大学出版），1998
年に発表されたPaul GeenseとTrees Pelsの共著『オランダ華人
の家庭教育』(Opvoeding in Chinese Gezinnen in Nederland)，1999年
に発表されたピーク（Pieke）の著書『オランダ華人の社会的地位』(De
Maatschappelijke Positie van Chinezen in Nederland) などがある。これ
らの研究はその多くが説明的内容であり，我々に現地の社会的視点
から見たオランダ華人およびその子孫に対する認識を深めてくれる。

　中国人学者によるオランダおよびヨーロッパ華人研究の中にも，
オランダ華人の子孫グループについて言及している論文がある。李
明歓は著書『現代海外華人グループ研究』『私たちには二つの世界
が必要——西洋社会における華人移民グループ』『ヨーロッパにお
ける華人社会調査報告』『ヨーロッパにおける華僑華人史』や，「海
を隔てた感情——ヨーロッパにおける東南アジア華人と海洋アジ
ア」（『華僑華人歴史研究』, 2005年12月, pp.7-9)「特殊な華人移民グルー
プ—オランダにおけるインドネシア華人のケーススタディ」（『華僑
華人歴史研究』, 1993年第2期, pp.60-66) などの一連の論文の中で，オ
ランダ華人について数多く言及しており，中国人学者の視点からオ
ランダ華人社会の経済・文化・中国語教育・グループおよびアイデ
ンティティなど各方面について全面的に研究している。

　李明歓の研究によると，在オランダ華人は主に中華料理業や貿易
サービスに従事しているが，一世であるため，現地社会と言語的・
文化的な隔たりがあり，それによりかなり閉鎖的な華人グループを
形成しているという。彼らはオランダで一生懸命働き，成果を残し

197

ながらも，祖国・故郷で錦を飾る欲求を持っているのである。彼らはなおも中国文化に対するアイデンティティを持ち続けており，彼らの生活には「二つの世界」[17] が必要なのである。しかし華人の子孫世代グループについて，李明歓は当該の華人グループは少なくともインドネシア華人の三世であり，彼らはオランダに到着後，明らかな「中国化」傾向を見せ，「インドネシア・中国・オランダの3種の文化的色彩を同時に受け入れている」[18] と指摘している。加えて，李明歓がオランダ華人二世の中国語学習現象（調査対象のうち82%以上の生徒がオランダ生まれのため）について分析したところ，「両親の要求だから」「中国人なので中国語を学ぶべきだから」「自分の将来にプラスになるから」「自分自身が中国語に興味があるから」などが，華人二世たちが中国語を学ぶ動機であることがわかった。中国語を学ぶことについて受動的に服従することから理性的に選択するようになるというこの現象は，華人二世がオランダ社会にアイデンティティを持っているが，その中の多くの人は中国文化にも素朴にアイデンティティを持っていることを反映している[19]。

　張康清は，在オランダ華人社会の中で，新世代と旧世代とでは就職面においても違いが見られることに言及し，その理由として，新世代たちはオランダの教育を受けているため，一定レベルにおいて既にオランダ社会を受け入れているからだと分析している[20]。彼の観点については，他の学者も賛同している。例えば袁素華や鄭卓叡が，中国で行われた「海外華人青少年　中国ルーツを尋ねる旅　広

17　Li Minghuan. 1999. "*We Need Two Worlds*"in *Chinese Immigrant Associations in a Western Society*. Amsterdam University Press.

18　李明歓（1993）「一個特殊的華裔移民群体――荷蘭印尼華裔個案剖析」『華僑華人歴史研究』第2期，60-66頁。

19　李明歓（1999）「従『被動遵従』到『理性選択』：荷蘭中文学校高年級学生問巻調査数拠剖析」『華僑華人歴史研究』第4期，41-48頁。

20　張康清（1993）「荷蘭的華人，華人経済与就蘭」『中国人口科学』第3期，41-46頁。

東サマーキャンプ」に参加したオランダチームメンバーに対してインタビューを行ったところ，自分が華人という身であることを認めたインタビュー対象者はわずか 25% しかいなかった[21]。

また，華人社団についても研究が行われている。オランダ華人社団は 100 以上にのぼるが[22]，研究成果の中で，華人二世を中心とするグループについて触れられた内容は極めて少ない。

さらに王春光は，ヨーロッパの温州人や青田人について詳細な研究を行っている。オランダの温州人グループについて，王春光は，彼らの擬村落化現象について指摘している[23]。温州華人は，祖国・故郷の伝統的習慣をオランダでも踏襲し，華人の価値を体現する場所を構築していることがわかる。また，李明歓は，華人グループの発展傾向は，華人の子孫が積極的にヨーロッパ社会に溶け込み始めてはいるものの，エスニック・グループとしての潜在意識も根強いことを指摘する[24]。

以上の既存の研究をまとめると，学界では，華人二世と華人の宗教信仰を別々に研究していることがわかる。しかし，華人二世に焦点化されている研究の主題は，華人二世の現地社会への溶け込みと中国文化に対するアイデンティティの関係に置かれており，その中で宗教信仰が一つの重要な特徴になっていることから，両者の関連性を等閑視すべきではないと考える。東南アジアや北アメリカの研究では，中国の伝統宗教を選択することは，エスニック・グループ

21　袁素華・鄭卓叡（2009）「試析欧美華末裔新生代文化身分認同的困惑」『湖北社会科学』第 8 期，109-111 頁。

22　宋全成（2013）「中国海外移民在欧州：規模，特征，問題与前景」『理論学刊』第 11 期，69-73 頁。

23　王春光（2010）「華僑華人社団的『擬村落化』現象 ——荷蘭華僑華人社団案例調査和研究」『華僑華人歴史研究』第 3 期，1-12 頁。

24　李明歓（2015）「21 世紀初欧州華人社団発展新趨勢」『華人華僑歴史研究』第 12 期，1-12 頁。

や祖国文化に対するアイデンティティを持っていることをより強く意味しており，西洋の宗教を選択することは，西洋社会に溶け込んでいることをより強く意味することを示唆している。しかし，ヨーロッパ華人の研究では，もう一つの可能性を示している。温州出身の移民の多くは故郷でキリスト教に入信しているが，欧州へ来て初めて欧州人は無信教者が多いことに気づくという事例から見ると[25]，華人二世がキリスト教のような西洋の宗教を選択することは，出身地の信仰を継承することならびに出身地の文化的アイデンティティを堅持することを意味するのである。こうした現象はどういうことを意味するのであろうか。

3．調査の概要

筆者は 2014 年，オランダを 1 年間学術訪問した際に，フィールド調査を実施した。その中で，ランダムに十数名のオランダ華人二世と親交を深め，彼らとともに仏事や交流活動に参加した。加えて，彼らに対して詳細なインタビューを行い，彼らがどのように自分たちの宗教を解釈しているのかを探った。同時に，中国語学校において，100 名以上の華人二世の文化傾向を考察した。

本稿では，典型的な六つの事例を取り上げて重点的に分析する。これらはそれぞれ華人二世の宗教信仰の選択に対する異なるタイプを表す代表的な事例といえる。事例は順にアルファベットABCDEF で表記するものとし，年齢などの情報は，2014 年時点での状況とする。

Ａさん，男性，オランダ生まれ，31 歳。両親はマレーシア出身，祖父母は福建省からマレーシアへ移住。マレーシアには現在も親戚がおり，両親は親戚に会うために時々マレーシアを訪れている。母

25　李明歓（2002），前掲書；曹南来，前掲論文。

親は中国の伝統行事を行うが，同時にマレーシア華人の風習に基づき民間の神様を信仰している。家族は他に弟が一人いる。大学卒業後，スキポール国際空港そばのホテルで働いている。彼は体が大きく，現地のオランダ人とほとんど区別がつかないほどである。オランダ語を母国語とし，英語や広東語，中国標準語も堪能だが，中国語の読解力には乏しい。小さい頃からカトリック教会の学校に通っていたが，18歳の時，人生について考え直したところ，カトリックは自分には合っていないと感じ，その後オランダにある佛光山の道場・荷華寺を訪れ，仏教を知るようになった。また，台湾の佛光山本部を訪れて仏教に関する知識を取得し，そこで仏教に帰依した。その後はオランダの佛光会で積極的に活躍し，オランダ佛光会初の青年団責任者も務める。布教や渉外などの各種活動に参加したり，企画を担当したりしている。

Ｂさん，男性，オランダ生まれ，24歳。両親は香港出身で，早くから荷華寺を守り，維持してきた人物でもある。オランダ語を母国語とし，英語や広東語は流暢だが，中国標準語は苦戦している。中国語の読解力はやや低い。大学を卒業したばかりで，在学中はコンピュータ技術を専攻していた。現在，オランダ佛光会青年団の責任者を務めている。

Ｃさん，女性，広州生まれ，22歳。10歳の時，両親とともにオランダに移住。技術学校に通っており，間もなく卒業する。ハーグ在住で，荷華寺のホームページデザインの見直しやFacebookアカウント管理を手伝っている。オランダ語・広東語・中国標準語のいずれも堪能。中国語の読解力はやや低い。生活の中で困難に直面した時，友人の紹介で佛光山の門をたたいた。彼女は，ハーグにも観音様を拝む場所があることは知っていたが，やはりアムステルダムの荷華寺を選択。ただし，まだ正式に帰依はしていない。

Ｄさん，女性，オランダ生まれ，25歳。両親は香港出身。大卒

第二部　中国系新移民の経験と葛藤

で，既に就職している。オランダ語を母国語としており，広東語や英語も堪能。中国標準語は基本的なコミュニケーションしかできない。両親の信仰についてははっきりとしていないが，彼女自身は仏教に興味を持っている。仏事活動に参加することは少ないが，仏教知識研修会には参加することがある。

　Ｅさん，男性，福建省生まれ，28歳。8歳の時に両親とともにオランダに移住。オランダ語・閩南語・中国標準語が堪能なほか，広東語でのコミュニケーションもできる。中国語読解力もまずまずで，中国語でWeChat（微信）のやり取りをすることもできる。両親が仏教徒だといっているため，自分もそれに従って仏教を信じているが，普段は焼香して仏様を拝むことはなく，また仏教組織に参加したり，仏教理解を深めたりするといったこともしない。家族の先祖は，清朝時代の台湾侵攻の名将とされる施琅で，家庭でも先祖を敬う儀式を厳格に行っている。両親は仏教に対する信仰心が厚いが，同時に媽祖や関帝といった福建閩南地方に伝わる神様も崇拝しており，基本的に福建閩南地方の伝統に従って宗教活動を行っている。しかし，Ｅさんは普段はこれに参加していない。

　Ｆさん，女性，オランダ生まれ，21歳。ライデン大学の学生。両親は香港出身。オランダ語を母国語としており，英語や広東語も堪能だが，中国標準語は話せず，中国語の基礎はゼロ。父親は真佛宗の信徒（真佛宗とは世界的な華人仏教組織で，インターネット技術を多く利用してネットワークを拡大している）である。仏教に対して理解があり，考えを持っているが，彼女自身は何の宗教も信じていないという。

　華人二世へのインタビューや非公式な雑談の中で，筆者は，彼らの生活経験・家庭的背景，および信教の動機や活動などについて理解を試みた。その他に，荷華寺で行われる読経・仏教学習講座や，佛光山の主催によりライデン民族学博物館で開催された仏教デーへの参加，オランダ人家庭に引き取られた中国人児童の旧正月イベン

202

ト，浴仏会（花祭り）や中秋節のお祝い，荷華寺のガイドやホームページ作成，学業の指導教員との意見交換など，彼らの重要な活動にも随行し，その中から，彼らがどのようにして自分たちの信仰を認識し，他者に対して自分の理解を示しているのかという点について考察を行った。

4．考　察

以上の現地調査を基に，本節では，華人二世が仏教を信仰するようになった動機，参加している宗教活動のタイプ，宗教信仰に対する独自の理解や解釈などの面から，華人二世の仏教信仰の特徴を明らかにする。

（1）信仰の実践や活動の選択動機

華人二世は，エスニック・グループや中国文化にアイデンティティを求めているのではなく，宗教的アイデンティティや精神的癒しを求めており，そのため，信仰の実践の中でエスニック・グループの文化的要素が希薄化していることがわかった。

華人二世の仏教徒の多くは「改宗帰依型教徒」であり，「エスニック・グループ伝承型教徒」[26] ではない。例えば，今回の事例のうち A，C，D さんは，いずれも生活の中での経験がきっかけで宗教に対する理性的な思考を持つようになり，その後仏教を受け入れている。

彼らが加入先として選択した仏教組織は，正当な漢伝仏教団体・佛光山である。佛光山は「会館仏教」[27] と異なり，中国宗教信仰の特徴である儒釈道の融合が，特別濃厚ではない。オランダの各大都市にはいずれも，中国南方の民間信仰的特徴を持った仏教の崇拝場

26　Henk Blezer. Ibid. p.424.

27　汲喆，前掲論文。

第二部　中国系新移民の経験と葛藤

所，つまり汲喆が言う「会館宗教」の場がある。例えば，C さんが
住んでいるハーグについて，彼女は「ハーグにも観音様を拝む場所
はあるが，私はそこへは行かない」と言っている。観音様を拝むと
いうことは，中国の民間信仰的特徴が濃厚だという理由で，C さん
は選択しなかったのである。また，D さんが住んでいるロッテルダ
ムにはオランダで 2 番目に大きな華人居住区があり，こちらにも
一貫道道場など民間信仰的特徴が濃厚な仏堂がある。「そこは通常，
華人が焼香してお参りをしたり，精進料理を食べたりする場所」と
されており，そこよりも，毎回列車に乗ってアムステルダムにある
佛光山道場・荷華寺を訪れ，仏教知識に関する討論活動に参加して
いるのである。

　寺院は，両親世代の移民らとともに仏教と中国文化の二重のアイ
デンティティを構築してきたが，華人二世は，仏教的アイデンティ
ティを選択的に受け入れている。荷華寺は 2000 年に創建されて以
来，佛光山が推し進める漢伝仏教のグローバル化戦略に基づき「中
国文化を以て仏法を大いに発揚する」「現地化を重点的に行う」「世
俗的仏教[28]により世俗的浄土を構築する」といった方針で，各種関
連活動を積極的に実施している。荷華寺も，主に華人二世のニー
ズに応えてかつては中国語講座を用意していたが，実施から 1 ～
2 期後，継続できなくなってしまった。寺院の法師による説明では，
華人二世が少なく，また中国語学校も多いため，荷華寺で中国語を
学ぶことを選択する人が少なかったのだという。法師の紹介による
と，荷華寺の中国語講座は，中国語学校の内容とは大きく異なるそ
うだ。中国語学校では，通常文字の勉強から始まり，読解・作文と
いった実用技能の訓練を行う。それに対し，荷華寺の中国語講座に
は仏教学の基本的知識や中国文化などが含まれている。「私たちは，

28　李湖江 (2010)「当代仏教組織藍海戦略的三個特点——法身寺教団与仏光山教団的
　　対比分析」『五台山研究』第 1 期，13-17 頁。

204

中国語だけを教えることはできません。それだとあまりにも味気なさすぎますから。私たちは，例えば『孝』文化といった，中国文化における重要なことを教えるため，親御さんからも人気です」と法師が話してくれた。このことから，寺院と両親世代の移民が子どもたちに知ってほしい，実践してほしいのは中国語だけではないこと，寺院側としては仏教的知識を取り入れたいこと，両親世代の移民としては儒教的ルールも取り入れてほしいと願っていることがわかる。

　しかしその後中国語コースは継続不可能となった。ただし，毎月行われるオランダ語による仏教知識の討論会はずっと継続しており，参加者も華人二世が中心で，時々現地のオランダ人も参加しているという。このことは，華人二世が求めているのは宗教であって，中国文化やエスニック・グループの文化でないということを示している。

　活動においては，エスニック・グループの文化的要素は薄れており，仏教的要素が際立っている。A，B，C，Dさんは毎年オランダ人家庭に引き取られた中国人児童の旧正月イベントに参加している。活動場所は荷華寺である。里親の家庭は，彼らが引き取った中国人の子どもたちに対しては，自分たちの血縁文化をたくさん理解するべきだと考えており，また荷華寺の活動が典型的な中国文化的活動であると考えているようだ。しかし，実際は決してそうではない。A，B，C，Dさんおよびその他華人二世の仏教徒も，中国文化に対しあまり多くを理解していない。2014年の活動は，ほとんどが仏教に関する活動であり，全てオランダ語で行われた。活動内容は寺院参拝や仏教アニメの鑑賞のほか，ゲームや精進料理体験などであったが，そのうち手作り体験だけが，その年の干支を貼ったり塗り絵をしたりするという，明らかな中国の文化的特徴を持つ活動であった。

　華人二世は中国文化に対してあまり熱心ではなく，時にはかなり

205

無関心な場合もある。花祭りや中秋節といったお祝いのイベントにおいて，荷華寺や佛光会では中国歌舞や武術，詩歌朗読といった中国文化の演目を多数組み込んでいるが，華人二世らが示す興味反応といえば，現地のオランダ人と同様に武術の演目に対しては興奮した様子を見せるが，その他の演目には参加しなかったり，無関心であったりする。彼らは，中国人との交流にもあまり熱心でなく，時には拒絶することもある。筆者が接触できた人たちの大半は移民一世や留学生であった。留学生の話によると，彼らが華人の子孫と接触することは少なく，華人の子孫は通常，中国人留学生とはあまり交流せず，他のオランダ人と交流しているのだという。彼らの両親世代は，そうした彼らの中国文化に対する距離感について残念がっている。例えば，佛光会の前会長（移民第一世代）は「私たちは，彼らの心の中に善因の種を蒔きたいだけなのです」と語っている。

(2) 信仰の実践のタイプや内容

華人二世は既にオランダ社会にどっぷり溶け込んでおり，活動を選択する際，現地との関係を指針とし，自分をオランダにおける仏教大家族の一員にしようと努力している。そのため，活動の選択も現地化を方向性としている。彼らが信仰している仏教は，日本の仏教やチベット仏教，南伝仏教などと同じく，ただオランダの仏教界における一つの仏教宗派であるに過ぎないのだということを示しているのである。

現地のオランダ社会と関係のある活動に専念しているということは，エスニック・グループの宗教活動に対してはあまり熱心ではなく，反対にオランダ語を媒介とした小グループを形成しているということである。荷華寺では毎週法事活動が行われているが，参加者の多くは一世の移民で，華人二世はあまり頻繁には参加していないか，華人二世や現地のオランダ人を中心とした，オランダ語による

仏典学習グループ活動にのみ参加している。彼らの行動は，学界における過去の研究で明らかになった点と合致している。それは，移民の子孫は通常，現地の言語による宗教小グループを形成し，メインとなるグループとは分裂して独自の道を歩むという指摘である[29]。

彼らは，オランダ語をより幅広く使用するよう推し進めている。Cさんは荷華寺の新ホームページのデザインを担当しているが，新サイトは2014年に開設し，従来のホームページはそれと同時に削除された。従来のホームページは，中国語バージョンと英語バージョンが提供されており，英語バージョンは寺院の活動予定に関するお知らせのみであった。新たに開設された新ホームページも提供言語は2種類だが，今度はオランダ語と英語になっており，メインはオランダ語で，英語は寺院および佛光山の紹介のみに留まっている。中国語の情報は，2014年の活動予定表に登場しただけである。全ヨーロッパの佛光山道場のホームページの中で，荷華寺だけ，ホームページ上で中国語による情報提供を行っていないのである。Facebookアカウントの内容も，使用言語は基本的にオランダ語と英語で，オランダ語の割合が多くなっている。

このように彼らの活動は，現地化を指針としているのである。A，B，Cさんは，ライデン民族学博物館が毎年開催している仏教デーに佛光山名義で3年連続参加している。仏教デーの活動では，仏教の各宗派が自分の宗派の教義を積極的に宣伝している。観衆は主に現地のオランダ人で，外国人観光客はたまに少し見られる程度である。A，B，Cさんは漢伝仏教の紹介およびガイドを行っているが，寺院の法師や彼らの父親世代の佛光会員はこのことを知らず，また関心も持っていない。興味深いのは，2014年の仏教デーでは中国

29　Helen Rose Ebaugh and Janet Salzman Chafetz. 2000. "Dilemmas of Language in Immigrant Congregations: the Tie that Binds or the Tower of Babel?" in *Review of Religious Research* 41:4.

第二部　中国系新移民の経験と葛藤

の少林寺からも人員が派遣され，武術パフォーマンスや漢伝仏教の講座を行っていたのだが，佛光山の青年たちは彼らと何の交流も行わなかったということである。彼らは，自分たちはオランダにおける仏教の一派であると考えているため，中国の禅宗寺院である少林寺とは全く関わりを持たなかったということが明らかにわかる。

　Aさんは，荷華寺や佛光会が現地のオランダ人仏教組織や仏教関係者と関係を持つよう推し進めているのだが，「彼ら（寺院側や佛光会の責任者）を説得するのは難しいね。彼らは，オランダの仏教協会と何の関わりも持ちたがっていないし，オランダの宗教管理部門の助成にも興味を持っていない。私は彼らに対して，オランダの仏教組織の会員になる必要はないけれど，友人として付き合ってもいいのでは，と話しているのですが」と語った。そのため，Aさんはオランダの仏教研究学者やオランダの仏教協会などと広く関係を持っているのである。筆者がオランダ学術訪問の際に会った学者も皆，Aさんの名前を挙げていた。Aさんが，佛光山の現地化の基盤をつくり，現地社会との関係を拡大することを積極的に推し進めているのは，華人たちの輪の中だけに留まらない，オランダにおける仏教大家族のメンバーになるためなのである。

　Aさんは，荷華寺や佛光会がオランダの仏教界が行っている社会公益活動に参加するよう積極的に動いている。例えば，オランダ仏教協会は毎年冬に身寄りのない人々のための慈善活動をしており，荷華寺はAさんが渉外活動を担当している際には毎回参加して，身寄りのない人たちのために温かいお粥を振る舞っているが，オランダの佛光会や荷華寺は，世界佛光会の会員・佛光山道場として，普段は台湾本部のスケジュールに基づき活動を行っている。しかし，Aさんの動きは明らかにオランダ現地化を指針としているのである。

　現地の社会に溶け込むには，必然的に現地の人に向けて布教するようになる。A，B，C，Dさんはいずれも現地のオランダ人に仏

208

教を説明し，伝播したいと考えている。対して，彼らの父親世代は言葉が通じなかったり，生活圏がやや隔絶されていたりするため，それを実行できないのだ。Ａさんは，参拝に来たオランダ人に仏教を理解してもらえるよう，荷華寺のガイド内容を作成している。Ｂさんは，普段から現地のオランダ人と仏教について語っている。「彼らは仏教に対して間違った解釈していることが多い。けれど私は，彼らに間違った解釈をしてほしくないので，正しい仏教を紹介するのです」「例えば，オランダ人は仏像が好きなのですが，彼らは仏像が "peace"（平和）をもたらしてくれると思っている。それなのに，仏像をまるで植物を部屋に飾るかのように出窓のところに置いたりするのです。私は，仏像は飾りでも植物でもなく，神聖なものだから，出窓に置くのではなくて，仏壇に置かないといけないよ，と教えています」Ｂさんが現地の人に伝えたい情報とは，これは文化風習的装飾なのではなく，神聖な宗教である，ということが明らかである。また，Ａさんは「ヨーロッパ人の多くは，仏教というのは座禅を組んで瞑想することだと思っている。私は彼らに，それは全体のごく一部であって，仏教は広い智慧を教義としており，他にもさまざまな規則・戒律があるのだということを教えてあげる。そうすると，彼らもようやく仏教が厳粛な宗教であることを知ってくれるのです」と語った。彼らは，漢伝仏教に貼られている移民の風習というレッテルを剥がし，厳粛で普遍的という宗教的本質を強調しようと試みていることが明らかである。

　華人二世は，エスニック・グループというレッテルが貼られた仏教を，オランダ現地の宗教の一員に変えるべく，使用言語や活動のタイプ，活動内容などの面で脱中国化をはかると同時に，現地の人々に布教し，仏教を現地へ根付かせようと努力している。

第二部　中国系新移民の経験と葛藤

(3) 信仰に対する理解や解釈

　華人二世は，彼らの仏教信仰がグローバル性，現代性という特徴
を持っていることを強調しているほか，彼らが加入している宗教団
体は，伝統文化的特徴ではなく，グローバルな現代組織という特徴
を備えていることを強調することによって，西洋およびグローバル
ニーズに適応できるようにしていることがわかった。

　例えば仏教知識に関する解説においては，世俗的宗教としての仏
教という点を際立たせている。Aさんが荷華寺のガイド内容を作成
する上で強調しているのは，仏教の歴史であり，漢伝仏教の歴史で
はない。佛光山が属する漢伝仏教禅宗が重視する「大道至簡」「明
心見性」などの概念には一切触れていないのである。仏教知識討論
会でも，よく取り上げられるのは「大乗仏教」(Mahayana) であっ
て「漢伝仏教」(Chinese Buddhism) ではない。民族学博物館で行わ
れる仏教デーの活動でも，彼らは中国ホールを借りてはいるものの，
活動全体の中で「中国仏教」や「漢伝仏教」を取り上げることはほ
とんどなく，「佛光山はグローバルな宗教組織である」こと，「世俗
的仏教」であることを重視しており，仏教の世俗的な特徴は現代社
会のニーズに合っている，といったことを紹介しているのである。

　宗教的実践に関する紹介の中で，A，B，C，Dさんたちが強調
しているのは，座禅を組んで瞑想することや，読経・戒律などであ
り，中国人の習慣である焼香・礼拝ではない。これは，筆者が中国
国内で経験した仏教の布教・宣伝とは全く異なるし，またオランダ
における華人一世の仏教徒が行っている内容とも異なる。中国国内
の寺院が行う仏教の宣伝は，「霊験」「徳を積み，善を行う」といっ
た概念のもとで行われている。華人の一世も同様である。参拝者が
荷華寺に入ると，奉仕者（通常，華人一世）は普通「お焼香しますか？
灯明を供えますか？」「観音菩薩様にお祈りしましょう」などと話

210

しかけてくる。しかし，華人二世はそのようなことはしない。彼らは，焼香や灯明，叩頭などについては一切説明せず，まず参拝者に向かって観音とは何か，仏とは何かということや，仏様を信じれば冷静さ・智慧を得られる，などといった仏教の基本的知識を説明する。

華人二世は，加入している佛光山のシステムについて「佛光山は現代的宗教組織」であり，「グローバルな宗教組織」であり，「世俗的仏教」を重視しており，「国連 NGO にも加盟している」などと解釈している。つまり，彼らが加入したいと考える宗教団体は現代的組織，グローバルな組織であって，「会館宗教」「移民のエスニック・グループ的宗教」[30] ではない，ということだ。彼らは，東南アジアの華人のように，地縁や血縁によって結びついた宗教組織に熱中するのでもなく，また北アメリカの華人のように，西洋性も強調していないのである。

5．おわりに

以上の分析から，オランダにおける華人二世の仏教信仰は，積極的な選択と構築の過程にあることがわかった。彼らは，エスニック・グループ的特徴を持つ中国仏教を伝承するよりも，仏教という世界的な宗教の中での漢伝仏教を選択し，日本の禅宗・チベット仏教・南伝仏教などの宗派の教徒とともに，オランダにおける仏教大家族の一員に加わろうとしているのである。

両親世代の華人で組織される宗教団体では，宗教信仰の面で自分たちのエスニック・グループ性を構築し，この宗教とエスニック・グループ的文化を下の世代にも伝えようと努力している。しかし，華人二世はこのエスニック・グループ的伝統や宗教信仰が混在した信仰システムを受動的に受け入れるのではなく，エスニック・グ

30　汲喆，前掲論文。

第二部　中国系新移民の経験と葛藤

ループというレッテルを全力で剥がし，信仰に，グローバル時代の
現代的意味を与えているのだ。彼らにとって，仏教を選択すること
は，中国文化を受け入れることとイコールではない。仏教という中
国の伝統的信仰に帰依する際，彼らは血縁文化的アイデンティティ
を求めているのではなく，西洋の現代文化的アイデンティティを求
めているのだ。彼らの宗教的アイデンティティは，中国文化的アイ
デンティティをはるかに上回っているのである。

　これは，彼らが早くにオランダ社会に溶け込んでいたという事実
に依るものである。西洋教育を受けた後に，彼らはさまざまな角度
でエスニック・グループの文化や，自分自身の需要を見つめた。西
洋の個別化社会において，彼らが追求しようとしているのは，伝統
的な血縁文化を支持することではなく，宗教による精神的癒やしな
のである。

　これに基づき，現地化を指針とした宗教的実践を華人二世が積極
的に選択するようになった。そして，これは彼らの中国仏教に対す
る選択的な理解・実践が，銭徳勒の言う「中国文化の付着から離れ，
仏教の本真に回帰する」[31]過程に相当するということになる。その
ため，彼らは中国仏教に貼られた移民のエスニック・グループとい
うレッテルを剥がしてそこにグローバルな宗教というラベルを貼り，
自分たちの身をオランダにおける宗教的大家族の中に置き，また仏
教のグローバル化の波を推進する側に位置付けているといえる。

　要するに，オランダにおける華人二世は，中国の伝統的な仏教信
仰を選択し，漢伝仏教の団体に加入してはいるものの，それは決し
て自然なエスニック・グループの伝承過程ではないということであ
る。彼らがオランダ社会に溶け込んでいるという事実は，彼らが宗
教的実践において，エスニック・グループの文化的特徴を薄めて現

31　Stuart Chandler. 2004. *Establishing a Pure Land on Earth: The Foguang Buddhist Perspective on Modernization and Globalization*. Honolulu: University of Hawai'I Press.

第5章　在オランダ華人二世の宗教信仰

地との関わりを指針とし，オランダ本土に根を張り，グローバルな
仏教文化の構築を推し進めることを促しているのである。

　付　記

　本章の基になった調査研究は，福建省社会科学研究助成（研究課題「福建僑
郷宗教与民俗文化研究」，課題番号 FJ2015TWB024）により実施した。

参考文献

【中国語】

曹南来（2016）「旅法華人移民基督教：疊合網絡与社群委身」『社会学研究』第
　　3期，152-169頁。

池蓮子（1998）「荷蘭華人的歴史, 現状及問題」『汕頭大学学報』第3期, 71-77頁。

黄海德（2013）「東南亜地区清水祖師信仰網絡的形成及其特征」『清水祖師文化
　　研究』厦門大学出版社，178-189頁。

汲喆（2014）「法国的華人仏教道場之初歩調査」『世界宗教文化』第3期, 41-48頁。

李湖江（2010）「当代仏教組織藍海戦略的三個特点——法身寺教団与仏光山教
　　団的対比分析」『五台山研究』第1期，13-17頁。

李明歓（1993）「一個特殊的華裔移民群体——荷蘭印尼華裔個案剖析」『華僑華
　　人歴史研究』第2期，60-66頁。

——（1999）「従『被動遵従』到『理性選択』：荷蘭中文学校高年級学生問卷
　　調査数拠剖析」『華僑華人歴史研究』第4期，41-48頁。

——（2002）『欧州華僑華人史』中国華僑出版社。

——（2015）「21世紀初欧州華人社団発展新趨勢」『華人華僑歴史研究』第12期,
　　1-8頁。

宋全成（2013）「中国海外移民在欧州：規模，特征，問題与前景」『理論学刊』
　　第11期，69-73頁。

王春光（2010）「華僑華人社団的『擬村落化』現象——荷蘭華僑華人社団案例
　　調査和研究」『華僑華人歴史研究』第3期，1-12頁。

楊鳳崗（2008）『皈信・同化・疊合身分認同——北美華人基督徒研究』民族出版社。

袁素華・鄭卓叡（2009）「試析欧美華末裔新生代文化身分認同的困惑」『湖北社
　　会科学』第8期，109,111頁。

曽玲（2007）「社群辺界内的"神明"：移民時代的新加坡媽祖信仰研究」『河南
　　師範大学学報』第2期，70-74頁。

張康清（1993）「荷蘭的華人, 華人経済与就蘭」『中国人口科学』第3期, 41-46頁。

張禹東（2005）「東南亜華人伝統宗教的構成, 特性与発展趨勢」『世界宗教研究』
　　第1期，98-108頁。

213

第二部　中国系新移民の経験と葛藤

【英　語】

Bregor Benton and Frank Pieke. 1998. *The Chinese in Europe.* Palgrave Macmillan.

Helen Rose Ebaugh and Janet Salzman Chafetz. 2000. "Dilemmas of Language in Immigrant Congregations: the Tie that Binds or the Tower of Babel?" in *Review of Religious Research* 41:432-452.

Henk Blezer. 2004-2005/2011-2012 *Buddhism in the Netherlands*, *2600 Years of Sambuddhatva: Global Journey of Awakening* (ed. Oliver Abenayake, Asanga Tilakaratne). Ministry of Buddhasasana and Religious Affairs, Government of Sri Lanka.

Li Minghuan. 1999. "*We Need Two Worlds*"*: Chinese Immigrant Associations in a Western Society.* Amsterdam University Press.

Stuart Chandler. 2004. *Establishing a Pure Land on Earth: The Foguang Buddhist Perspective on Modernization and Globalization.* Honolulu: University of Hawai'I Press.

Tak-ling Terry Woo(呉德齢). 2016."Distinctive Beliefs and Practices Chinese Religiosities in Saskatoon, Canada". *Journal of Chinese Overseas* 12:251-284.

【オランダ語】

Van Beek, Marije. 2015. "Ongelovigen halen de gelovigen in". Dossier Relige. der Verdieping Trouw.

第6章　在マレーシア華人の海外移住

何　　啓才

奈倉　京子　訳

1.　はじめに

　西洋世界で 18 世紀に巻き起こった工業革命 (Industrial Revolution) は，西洋諸国における現代化の歩みを促進し，工業が大きく発展したことにより，加工製品の一次産品に対する需要が急速に増加し，また西洋列強が競って植民地プロセスを進めていくこととなった。植民主義に包まれる中，マレー半島は 18 世紀末，徐々にイギリスの植民地となっていき，この状態は 1957 年の独立まで続いた[1]。

　イギリスの植民地であったマラヤ (British Malaya) は，天然資源，特に錫や金などの鉱物産出が盛んな地域であると同時に，ゴムをはじめとする商品作物の栽培にも適した地域であった。19 世紀半ば頃，マラヤに豊富な錫鉱が存在していることを発見したイギリス植民地当局は，大量採掘のために華人を投入した。19 世紀末から 20

1　本章における「マラヤ」(Malaya) とは，1957 年以前のマレー半島を指し，多くの場合シンガポール地域を含む。「イギリス領マラヤ」(British Malaya) と呼ぶ場合もある。このほか，1957 年 8 月 31 日以降の「マラヤ」とは，すでに独立自治権を獲得し，1963 年 9 月 16 日にマラヤ・シンガポール・北ボルネオ・サラワクによる連邦国家「マレーシア」(Malaysia) が正式に成立するまでの「マラヤ連邦」のことを指す。

世紀初頭まで，イギリス植民地当局はマラヤでゴムのプランテーション開発をおこない，これにより大量のインド人労働者もマラヤに入ってきた。資料によると，1900 〜 1910 年の 10 年間で，少なくとも 4 万 8000 人のインド人が投入されたという[2]。錫やゴムの開発成功は，マラヤにおける経済の急成長を促進した。

　一般的に，中国人がマラヤに大量移住した理由は，主に中国の内在的問題および南洋（東南アジア）／マラヤの外在的要因によるものであるとされている。こうした内外双方の要因は「プッシュ・プル要因」（Push & Pull factors）とも呼ばれる。「プッシュ」要因は，中国国内の長期的な混乱・不安定な社会性のことを指し，これにより人民の生活は困窮し，長年かけて中国人を海外へ「押し出す」カギとなった。また，「プル」要因は，当時のマラヤ経済が大開発時代にあって大量の労働力を必要としていたことであり，このため彼らを自然と「引っ張って」くることとなったのである。

　中国とインドからの移民労働者を導入したことで，マラヤの逼迫した経済開発状況が緩和されただけでなく，彼らは最終的にマレーシアの社会構造に深い影響をもたらし，多様なエスニック・グループ社会を形成した。これにより，マレー人・華人・インド人を三大エスニック・グループとするマレーシアの基本的な姿が構築された。

　本章では，マレーシア華人の人口流動について概説を試みる。主に，一部の新世代マレーシア華人がどのように前の世代の華人移民の歩みを引き継ぎ，再び海外へ移住して「マレーシア華人の海外移民」となっていったのかについて論述する。また，注意しなければならない点は，いわゆる「マレーシア華人の海外移民」の多くは，マレーシア国民としての権利を放棄せずに移住国の「永住」権を保有していることである。康暁麗は，次のように述べている。

2　龔暁輝, 蒋麗勇, 劉勇, 葛洪亮編著（2012）『馬来西概論』世界図書出版公司, 68 頁。

「マレーシア華人の海外移民には，永住者および留学生をはじめとする短期移民などを含むが，大半は技術移民が中心で，家族団欒型移民，留学移民はサブである。受け入れ国の国籍を取得した永住者なども，海外移民に該当する」[3]。

2. マレーシアから海外への移住

(1) 第二次世界大戦後のマレーシア社会の発展

第二次世界大戦後，元々戦前から東南アジア各地を植民統治していた植民国は，植民地を元の状態に戻すつもりであった。しかし戦後，東南アジア各地で民族主義が台頭し，様々な手段を用いて植民者から独立自治の地位を奪おうとする動きが次々と起こった。第二次世界大戦終結後，東南アジア各地において天地を覆すほどの政治環境の変化が生じ，「新たな発展の新時代」に突入した[4]。

1957年8月31日，マラヤはイギリス植民地当局から独立した。独立当初，マラヤの総人口は627万9000人で，そのうち主要三大エスニック・グループの人口は，マレー人が312万5000人，華人が233万4000人，インド人が70万7000人であった。表1に示すのは，1921年から1957年のマラヤにおける三大エスニック・グループの人口である。

多様なエスニック・グループが共存する社会であるマレーシアには，原住民の各民族を含めると30以上の民族が存在するが，一般的には三大エスニック・グループ，つまりマレー人・華人・インド人が中心である。第二次世界大戦後，マラヤではマレー民族主義が徐々に台頭し，それと同時に，華僑移民もマラヤという土地に対し

3　康暁麗（2015）『二戦後東南亜華人的海外移民』厦門大学出版社，47頁。

4　李恩涵（2015）『東南亜華人史』東方出版社，502頁。

第二部　中国系新移民の経験と葛藤

表1　1921, 1931, 1947, 1957 年のマラヤ連邦における各民族人口（単位：1,000 人）

年 民族	1921 (総人口に占める割合)	1931 (総人口に占める割合) (シンガポールを含まない)	1947 (シンガポールを含む)	1957 (シンガポールを含まない)
総人口	2,907	3,788	5,848	6,279
マレー人	1,569 (54%)	1,864 (49.2%)	2,543 (43.5%)	3,125 (49.8%)
華人	856 (29.4%)	1,285 (33.9%)	2,614 (44.7%)	2,334 (37.2%)
インド人	439 (15.1%)	571 (15.1%)	559 (10.3%)	707 (11.3%)

資料出典：Victor Purcell.1965[1948] .*The Chinese in Southeast Asia*. Oxford University Press. p.223.（李恩涵（2015）『東南亜華人史』東方出版社，141頁。）

て感情が芽生え始め，マラヤは彼らにとって今後の帰結の地であると認識するようになった。そのため，華人が自身の公民権を手に入れるにあたり，マレー人やインド人らと協力してマラヤの独立を目指し奮闘したのである。

　ある学者は，イギリス領マラヤ時代，植民地当局がマレー人・華人・インド人の移民労働者に対して，職業分野における「分割統治」政策をおこなったため，マラヤの社会構造に「産業分布とエスニック・グループの境界がほぼ重なるいびつな社会現象」[5]をもたらしたと捉えている。「分割統治」の影響を受けたことに加え，各エスニック・グループの歴史・宗教・文化的伝統の違いにより，マラヤのエスニック・グループ間において，水面下では対立関係が形成されていった。特にマラヤ独立後に実施された「マレー人優先」（または「マレー人特権」）政策は，政治の中でしばしば極端なマレー民族主義者に利用され，エスニック・グループ関係に対する挑発や煽動のボトムラインは日々緊迫化していった。さらには「ブミプトラ」（Bumiputra「土着の人，地元の人」の意）と「非ブミプトラ」（non Bumiputra）という区別も生まれ，これを元にブミプトラ（マレー人を含む）と華人・イ

5　龔暁輝，蒋麗勇，劉勇，葛洪亮編著，前掲書，69頁。

ンド人の権利および地位が区別され，華人やインド人は「外来者」
であるというステレオタイプが形成された。こうした「マレー人を
主体とする」意識と「非マレー人を客体とする」意識が形成された
ことにより，「非マレー人」はかえって彼らのエスニック・グルー
プの特徴を強め，自身の文化的伝統や宗教信仰を堅守するように
なった[6]。このように，エスニック・グループ間の関係は常に変動状
態，一触即発状態にあった。

　1957年のマラヤ独立から1963年の「マレーシア」成立までの期
間中，マラヤにおけるエスニック・グループ間の関係はまだ平穏で，
調和のとれた状態であったといえる。1969年5月に全国総選挙が
おこなわれ，その結果，マレーシアの二大敵対陣営の政党支持者間
で摩擦が生じ，最終的にマレー人と華人の流血殺人事件が発生した。
この事件は一般的に「5・13民族衝突事件」と呼ばれている[7]。

　「5・13事件」発生後，マレーシア政府は新たな政策「新経済政策」
（New Economy Policy）を打ち出し，「分割統治」の結果残された社会
構造を再構築することで各エスニック・グループ間の経済格差を減

6　龔暁輝，蒋麗勇，劉勇，葛洪亮編著，前掲書，70頁。
7　「5.13エスニック・グループ衝突事件」（「5.13事件」または「5.13の悲劇」）は，
　1969年5月13日に発生した。これは，華人とマレー人という二つのエスニック・
　グループの衝突により発生した暴力事件である。1969年5月10日，マレーシアに
　て第3回全国総選挙がおこなわれる中，野党陣営が初めて「国民戦線」の得票率を
　上回り，「国民戦線」は国会において有利な獲得議席比率である3分の2を維持でき
　なかったと同時に，クランタン，ペナンなどの州における政権も失った。勝利を祝
　して野党陣営が5月11日に勝利の行進をおこなったが，同時に「国民戦線」支持者
　も抗議デモを実施した。5月13日，両派の支持者によるデモは最終的に流血の暴動
　に進展した。事件後，副首相のアブドゥル・ラザク（Abdul Razak）をトップとす
　る「National Operations Council」がこの事件について分析し，華人とマレー人両
　民族による衝突が発生した主な原因は，経済・社会構造における双方の格差による
　ものであると判断した。そこで，貧困の解消と社会再建を二大目標とする「新経済
　政策」（New Economic Policy）が制定された。

第二部　中国系新移民の経験と葛藤

らすとともに，赤貧率なども減らそうとした。「新経済政策」のもと，マレーシア当局は 20 年（1970 ～ 1990）の間に赤貧率の減少およびマレー人の経済的実力引き上げに成功したものの，新経済政策期間中，マレー人の主権もこれに伴って引き上げられた。実際，新経済政策実施後は非ブミプトラ企業に対して様々な規制が設けられ，マレーシアの華人の中にはビジネス先をマレーシア以外に移し，資金を国外に移す者が見られるようになった。Morgan Guaranty の推算によると，1976 ～ 1985 年の間，マレーシア華人の資本の国外流出額は約 300 億リンギット（約 78.94 億ドル）[8] とされている。

(2) マレーシアから海外への移住の現状

　世界銀行（World Bank）は 2011 年 4 月，マレーシアの人材流出問題に関する報告書を発表した。タイトルは「マレーシア経済観察：人材流出」（Malaysia Economic Monitor: Brain Drain）である。この報告書によると，およそ 100 万人ものマレーシア人が海外各地に移住したという。このうち大部分のマレーシアからの移民（約 46%）はシンガポールへの移住を選択し，その他はオーストラリア・ブルネイ・アメリカ・イギリスなどへの移住を選択している（表2）[9]。

　国連人口部（United Nation Population Division）のデータによると，マレーシアにおける 1990 ～ 2010 年の移民総数は 114 万 1983 人で，同期間中の東南アジアにおける移民総数の 9% を占めた（東南アジアにおける移民総数は 1259 万 9869 人）。ブルネイおよびバングラデシュの移民統計データが入っていないこの統計に基づくと，マレーシアにおける海外移民総数は東南アジア 8 か国中第 4 位となっている [10]。

　世界銀行の報告書の中には，マレーシアにおける海外移民のう

8　韓方明（2002）『華人与馬来西亜現代化進程』商務印書館，268-269 頁。

9　World Bank. 2011. *Malaysia Economic Monitor: Brain Drain.* p.90.

10　康暁麗，前掲書，95 頁。

220

表2 海外へ移住したマレーシア人の移住先 （1980～2000）

移住先	1980	1990	2000	最新統計年
シンガポール	120,124	194,929	303,828	385,979 (2010)
オーストラリア	31,598	72,628	78,858	92,334 (2006)
ブルネイ	37,544	41,900	60,401	60,401 (2000)
アメリカ	11,001	32,931	51,510	21,885 (2005)
イギリス	45,430	43,511	49,886	61,000 (2007)
カナダ	5,707	16,100	20,420	21,885 (2006)
香港	——	12,754	15,579	14,664 (2006)
インド	23,563	11,357	14,685	14,685 (2001)
ニュージーランド	3,300	8,820	11,460	14,547 (2006)
その他	7,855	17,179	50,947	——

資料出典：World Bank.2011. *Malaysia Economic Monitor: Brain Drain.* p.90.

表3 1990～2010年のマレーシア人の各国への移民者数 （総数：1,141,983人）

移住国	人数	移住国	人数	移住国	人数	移住国	人数
エジプト	2,496	ブルネイ	462	タイ	2,019	ドイツ	6,555
リビア	6,962	カンボジア	700	バングラデシュ	1,110	カナダ	25,834
中国大陸	6,563	インドネシア	116	インド	8,966	アメリカ	59,459
中国香港	14,752	フィリピン	487	イギリス	58,027	オーストラリア	97,898
日本	8,248	シンガポール	842,899	フランス	2,154	ニュージーランド	22,084

資料出典：康暁麗（2010）『二戦後東南亜華人的海外移民』厦門大学出版社，97頁。

ち約3分の1がこれまでに高等教育を受けたことがあり，高い技術力を持つ移民人材に属するという統計データもある。図1は，2010年のマレーシアにおける海外移民100万人のうち，専門的背景を持つ人材が2010年の移民総数の3分の1を占めていたことを示している。マレーシアに人材流出をもたらした原因についても，報告書内でいくつかの原因を列挙しているが，主な原因は事業の将来性・社会的不平等・賃金待遇・留学後の海外残留・安全問題などとされている（図2）。

現在，我々はすでに科学技術情報の入手・移動を自由におこなえるグローバル化時代にいるが，ここで気をつけて深く考えなければ

第二部　中国系新移民の経験と葛藤

図1　2010年のマレーシアにおける海外移民と専門人材流出の割合

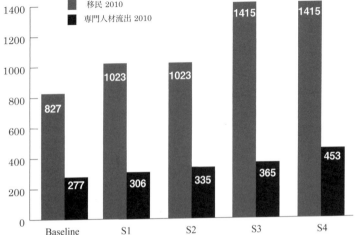

資料出典：World Bank.2011. *Malaysia Economic Monitor: Brain Drain*. p.103.

図2　マレーシアにおける人材流出の原因

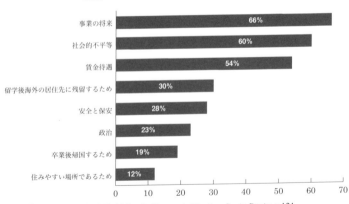

資料出典：World Bank.2011. *Malaysia Economic Monitor: Brain Drain*. p.121.

第6章　在マレーシア華人の海外移住

ならないことは，高等教育を受けた高い技術を持つ人材が海外へ流
出した後，同等の資質を備えた人材を入れて補充するといったよう
に，彼らが流出したことによる空白が穴埋めされるのかどうかとい
う点である。このような懸念は，現在まさに発展段階にあるマレー
シアにとって，大きな影響を及ぼすといわざるをえない。

（3）マレーシア華人の海外移住の現状

　19世紀半ばから20世紀初めにかけて，大量の中国人が生計を立
てるために故郷を離れ，マレーシアに移住した。彼らはマレーシア
で荒地を開墾し，マレーシアの経済基盤構築に参加し，その後のマ
レーシアの経済発展に大きく貢献した。当時マレーシアに移住した
華人は皆，東南アジアでお金を稼いで故郷に錦を飾り，故郷である
中国の経済状況を改善したいと願っていた。

　第二次世界大戦以降，大部分の在マレーシア華人の国に対する認
識に変化が生じた。彼らはマレーシアに定住し，最終的にマラヤ/
マレーシアの国民として帰化する道を選択するようになったのであ
る。「落葉帰根」（中国に帰国する）から「落地生根」（マレーシアに定住
する）という認識の変化は，彼らの身分を「移民」から「国民」へ
と変化させ，これによりマレーシアのエスニック・グループおよび
文化に多様性が生まれたのである。

　華人の移民労働者が大量かつ継続的に流入したことで，マレーシ
アにおける華人人口は急増し，またマレーシアにおいて「華人コミュ
ニティ」の基盤が形成されることとなった。華人コミュニティおよ
び華人社会の登場は，マレーシアにおける華人が政治・経済・教育・
文化などの分野で発展するにあたって団結力や影響力を発揮し始め
たこと，また華人がイギリス領マラヤにおいて重要な社会的地位を
持つまでに発展し始めたことを表している。

　大部分の華人は中国の華南一帯，すなわち福建・海南・広東（潮州）・

223

第二部　中国系新移民の経験と葛藤

表4　マラヤにおける華人の各方言グループの人口およびその比率

方言グループ	年（単位：1,000人）			
	1921	1931	1947	1957
福建人	380,658	540,736	538,200 (28.6%)	740,600 (31.7%)
客家人	218,139	318,738	397,400 (21.8%)	508,800 (21.8%)
広東人	332,307	418,298	484,000 (25.7%)	508,200 (21.7%)
潮州人	130,231	209,904	201,000 (11.0%)	283,100 (12.1%)
海南人	68,393	97,894	105,000 (5.6%)	123,000 (5.3%)
広西人	998	46,129	71,100 (3.8%)	69,000 (3.0%)
福州人	12,821	31,371	38,600 (2.0%)	46,100 (2.0%)
興化人	──	──	9,600 (0.5%)	11,000 (0.5%)
総　数	1,174,777	1,709,392	1,884,500	2,333,900

資料出典：Victor Purcell.1965［1948］. *The Chinese in Malaya*. Oxford University Press. p.224.（李恩涵（2015）『東南亜華人史』東方出版社，150頁。）

広西などの出身であったことから，マレーシアにおける華人社会の内部では「華人方言グループ」というものも形成された。「方言グループ」とはエスニック・グループにおける「サブエスニック・グループ」の社会構造である。華人は皆似通ったエスニック・グループの特徴を持っているが，華人社会の内部構造，即ち華人方言グループの中に入った場合，方言グループごとに故郷（中国）の地理的環境や言葉の違いによる差が明らかに認められ，こうした差がマラヤおよび後のマレーシアにおける華人社会の中で統合または張力（Integration or tension）を生み出す状況ももたらしているのである。

　2010年の人口統計データによると，華人は約620万人で，マレーシア人口の約25%を占めている。マレーシアで2番目に大きなエスニック・グループとして，在マレーシア華人はマレーシア全体の政治・経済・文化・教育などの分野において大きな役割を担っている。政策上の格差，例えば「マレー人優先」・経済割当制・教育割当制・公用語などの行政保護政策により，マレーシア国民としての華人は，現実の生活の中での待遇や地位において，実際に不平等が存在している[11]。そのため，ある意味で華人はしばしば「二等国民」

11　朱振明主編（1995）『当代馬来西亜』四川人民出版社，54頁。

表5 2010年のマレーシア華人の各方言グループの人口(マレーシア総人口統計を含む)

州	総数	福州①	海南	興化	福清	福州②	福建	広東	客家	広西	潮州	その他
全国	6,163,381	541,342	175,591	44,466	28,594	78,402	2,512,726	1,030,000	1,077,237	68,794	472,265	363,964
Johor ジョホール	997,590	24,959	37,035	6,197	4,731	15,435	520,928	96,711	124,044	11,080	80,170	76,300
Kedah ケダ	243,772	2,601	3,721	502	939	2,427	125,092	17,835	21,463	1,071	65,793	7,328
Kelantan クランタン	48,787	745	1,881	320	253	229	33,174	4,607	3,576	681	1,092	2,229
Melaka マラッカ	194,588	3,620	8,416	1,146	1,193	1,369	109,659	16,659	28,267	817	10,539	17,903
Negeri Sembilan ヌグリ・スンビラン	215,745	4,863	8,020	2,008	1,144	4,653	72,632	48,798	51,725	2,670	2,920	16,312
Pahang パハン	222,390	5,016	11,861	2,103	1,407	2,564	74,834	42,933	37,824	20,895	9,832	11,121
Perak ペラ	675,517	22,829	11,022	2,957	4,986	21,234	215,682	183,037	111,813	11,426	51,732	38,799
Perlis プルリス	17,522	256	233	40	25	67	9,649	1,007	2,833	375	2,118	919
Pulau Pinang ペナン	654,828	4,335	10,136	1,685	1,346	4,489	418,312	54,661	34,256	1,040	116,345	8,223
Sabah サバ	284,049	9,327	5,316	869	443	1,580	31,734	23,470	156,035	691	6,449	48,135
Sarawak サラワク	560,150	209,601	7,255	13,466	1,503	3,256	76,491	21,901	176,669	1,304	35,522	12,882

資料出典:Department of Statistics, Malaysia.

注)「福州①」は"Foochow"(広府地方の方言を指し、「福州②」は"Hokchiu"(閩南地方の方言を指す。イギリス植民地時代に、イギリス人もしくはマレー人の役人が、現地の華人の方言に基づいて登録した。

第二部　中国系新移民の経験と葛藤

であるという印象を与えるのである。

　このようなマレーシア国内における行政格差のもと，比較的経済状況に恵まれているか条件が整っている，あるいは機会のある在マレーシア華人の多くは，次々と海外へ留学・就職・移住する道を選択している。推算によると，1957〜2010年の50余年間で，約113万の華人が海外に移住した[12]。マレーシアは在マレーシア華人の海外移民に関する統計データを正式に発表していないため，表6に示す在マレーシア華人の転出者統計は，時期ごとのマレーシア華人人口の自然増加率に基づき，各時期におけるマレーシア華人の転出者数を推算したものである。

表6　1980〜2010年の在マレーシア華人転出者数統計

	1980	1985	1990	1995	2000	2005	2010
華人人口	365,1196	404,1357	445,9971	491,0183	536,3139	581,0258	624,5361
時　期	1980〜1985	1985〜1990	1990〜1995	1995〜2000	2000〜2005	2005〜2010	
人口自然増加率（％）	2.85	3.17	2.57	2.33	1.85	1.73	
転出者数	160,648	263,860	153,119	146,366	67,669	851,77	
転出者数合計	876,839人						

資料出典：康曉麗（2015）『二戦後東南亜華人的海外移民』厦門大学出版社，50頁。

　表6の推算に基づくと，在マレーシア華人の海外移民者数は45万2331人にのぼる。国連人口部が統計したマレーシアの移民総数（表3）に基づくと，1990〜2010年における在マレーシア華人の海外移民者数は，マレーシアにおける移住者数全体の約40％を占める。いずれにしろ，筆者は，上述のデータはどれも合法的なルート

12　康曉麗，前掲書，51頁。

または登記を経て出国した移住者数であることから，実際のマレーシア華人の海外移住者数は上述の推算よりも多くなるのではないかと考える。

3．在マレーシア華人の海外移住の原因

在マレーシア華人の海外移住または華裔人材の海外流出は，もはや珍しいことではなくなっている。いわゆる「氷凍三尺，非一日之寒」（三尺の氷は一日の寒さでは張らぬ）である。在マレーシア華人の人口は，1970年の356万4400人から，2010年には619万3381人に増加し，合計73.8%増加した。しかし全体から見ると，在マレーシア華人の人口比率は1970年の34.3%から2010年には22.6%まで減少している。今後数十年，在マレーシア華人の比率は引き続き減少していくと思われる（表7）。

表7　マレーシアにおける各エスニック・グループの人口分布（%）

	1970	1980	1991	2010	2020*	2030*	2040*
マレー人	56.0	57.1	57.9	61.8	63.9	66.0	67.5
華人	34.3	32.1	26.9	22.6	21.0	19.6	18.4
インド人	9.0	8.6	7.6	6.7	6.5	6.2	5.9
その他	0.7	2.2	1.2	0.7	0.9	1.1	1.2
非公民	—	—	5.9	8.2	7.7	7.2	7.0

*推算

資料出典：Department of Statistics, Malaysia

マレーシアの人口変遷を研究している文平強氏は，複数のエスニック・グループが存在する多民族国家において，人口比率の数値は，関連するエスニック・グループの長期的な利益に影響を及ぼすと主張している。文氏は，こうした影響は具体的に次のような場面に表れると述べている[13]。

13　文平強（2004）「馬来西亜華人人口比率下降：事実与対策」文平強主編『馬来西亜

第二部　中国系新移民の経験と葛藤

　第一に，権力バランスである。政治・経済分野における華人の影
響力が徐々に減り，マレーシアにおける華人の地位が下がる可能性
がある。

　第二に，高齢化の加速である。華人の出生率が低下すれば人口の
高齢化が加速し，華人社会に経済・政治面での打撃，圧力をもたら
す可能性がある。

　第三に，華人の出生率が置換率（Replacement rates）以下の水準ま
で下がれば，華人の人口は徐々に減少し，絶対数が減少する。

　在マレーシア華人が人口比率の低下という問題に直面すれば，彼
らは政治・経済面において影響を受ける可能性がある。特に政府が
エスニック・グループに関する重大な政策決定をおこなう際，各エ
スニック・グループの人口比率が重要なカギを握るであろう。

　1957年にマレーシアが独立した際，三大エスニック・グループ
をはじめとするグループは暫定協定（modus vivendi）[14]，即ち「社会契約」
（social contract）といわれるものを取り交わした。実際の「社会契約」
は，マレーシアが独立を提起する際に各エスニック・グループの代
表が合意に達した協定であるが，この協定を仮に一つの取引と考え
ると，この取引の条件とはつまり，非マレー人側は国民権を獲得す
ることができ，もう一方のマレー人側は「特権」（special privileges）
を得られるというものである[15]。

　マレーシア独立後も，華人は国家経済において一定の優位性を
保っていたが，華人の経済状況は実際には徐々に蝕まれていった。
特に「5・13事件」発生後，マレーシア政府が実施した「新経済政

　華人人口：趨勢与議題』華社研究中心，59-60頁。

14　Andaya, Barbara Watson, and Leonard Y. Andaya. 2001[1982]. *A History of Malaysia* 2nd
　　ed. Palgrave. p.282.

15　Kua Kia Soong. 2011. *Patriots and Pretenders: The Malayan Peoples' Independence
　　Struggle* Suaram Kommunikasi. p.4.

第 6 章　在マレーシア華人の海外移住

策」により，在マレーシア華商らは徐々にビジネス先を海外に移し始めた[16]。これと同時に実施された「マレー人特権」または「マレー人優先」の積極的優遇措置（affirmative action）は，華人に対して国民間の差別待遇を実感させるものとなった。在マレーシア華人は国家建設のためにたゆまぬ努力を重ね，華人の若者は小さい頃から愛国意識を教えられてきたのに，現実の華人社会では，国の教育体制（国家奨学金・国立大学入学基準・大学進学割当制（Quota System）・教育政策など）から国の公共サービス制度（公務員採用など）あるいは国家経済体系（ブミプトラ株式）まで，様々な場面において二等国民としての地位が明らかとなったのである[17]。

　マレーシアの多様性社会に徐々に溶け込みつつある中で，在マレーシア華人がマレーシアという国に対して共感を持っているのは疑う余地もないことである。新世代の在マレーシア華人たちの身体の中に流れているのは，赤道上で作られた熱い血なのである。彼らが国家建設に参加し，よりよい国づくりを目指そうとしても，ややもすれば最終的に国や社会から不平等な待遇を受け，深刻な打撃を受けてしまう。このような現実や経験により，多くの在マレーシア華人は「自分は国を愛しているのに，国は自分を愛してくれない」という共通の嘆きを発する。そこで，機会があれば海外に移住し，マレーシアに戻ってこないという場合が多く，在マレーシア華人のエリートたちが続々と海外流出してしまうのである[18]。

　政策面や社会面における不平等な待遇は，在マレーシア華人に対してマレーシア国内での将来性に困惑をもたらす。世界銀行が

16　何肖才（2012）「華人与外来華商在馬来西亜的経済活動」『東南亜縦横』第 9 期，45 頁。

17　在マレーシア華人国民の地位に関する論述は，王国璋（2014）「真実与虚幻：馬来西亜華人公民地位与人権論述」陳鴻瑜主編『海外華人公民権与人権』華僑協会総会，301-330 頁を参照するとよい。

18　同上，327 頁。

229

第二部　中国系新移民の経験と葛藤

2011 年に発表した報告書「マレーシア経済観察：人材流出」でも，マレーシアにおいてなぜ人材流出が発生したかという問題についてアンケート調査がおこなわれている。この調査報告書の回答者（respondents）は 194 人だが，このうち 81% の回答者は在マレーシア華人であった[19]。そのため，この調査結果はある意味，在マレーシア華人が海外移住を選択する主要な原因を示していると考えてよいであろう。

　この調査で得られた結果によると，マレーシアにおける人材流出の原因は (1) 事業の将来性，(2) 社会的不平等，(3) 賃金待遇，(4) 留学後海外の居住先に残留するため，(5) 安全と保安，(6) 政治，(7) 卒業後帰国するため，(8) 住みやすい場所であるための八つにまとめることができる（図2）。半数以上のマレーシア人（華人のみと捉えてもよい）が，マレーシア国内における事業の将来性に困惑を示している（66%）か，不平等な待遇や社会的に不平等な事柄に対して不満を持っている（60%），あるいはマレーシアでの仕事の待遇が海外での手厚さに及ばないと考えている。そのため，機が熟したら海外に移住しようと考えるのである。

　2012 年 10 月 22 日〜 11 月 20 日にかけて，マレーシア Merdeka Center for Opinion は電話による世論調査を実施し，マレーシア半島で投票資格を持つ有権者 1,018 名に対して，彼らが関心を持っているマレーシアの重要議題についてアンケートをおこなった。この調査報告書『National Public Opinion Survey：Top Issues of Concern』によると，マレーシアの現在の国の方向性や将来性が正しいと答えた人はわずか 52% で，このうち正しい方向に進んでいると答えた華人はわずか 16% であった。簡単にいえば，84% の華人はマレーシアの将来性に対して不安を抱いているということである。このため，この報告書は，在マレーシア華人がマレーシアの全

19　World Bank. 2011. *Malaysia Economic Monitor: Brain Drain.* p.103.

第6章　在マレーシア華人の海外移住

図3　国が正しい方向に進んでいると考える各エスニック・グループの比率

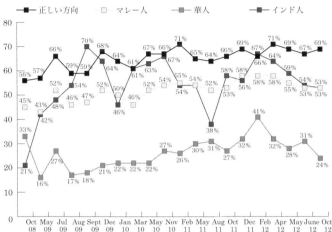

資料出典：Merdeka Center for Opinion.2012. *National Public Opinion Survey: Top Issues of Concern*. p.8. (http://www.merdeka.org)

体的な発展を不安視し，そこから徐々に他の国へ移住しようと考えるようになっていることをある程度反映しているのである。

　マレーシアの治安や国民の安全に関する問題については，いつから人々が不安を覚えているか説明できる正確なデータはないものの，2005年前後より，徐々に治安に赤信号が点くようになったことは明らかである。また2009年7月20～28日，マレーシア内政省（Ministry Of Home Affairs）もマレーシアにおける安全課題について，全国的なインターネット世論調査を実施した。その結果，投票者1万60名のうち97％もの投票者が，この国は安全性が低いと考えており，加えて犯罪率も高止まり状態であるため，95％の投票者がマレーシアにおける生活には保障がないと回答した[20]。この

20　「民調一面倒・97％不安全・95％没保障・整肅治安不容緩」(http://www.guangming.com.my/node/70951) 光明日報ホームページ，閲覧日：2017年7月15日。

図4 現在，マレーシア国民を最も悩ませている議題

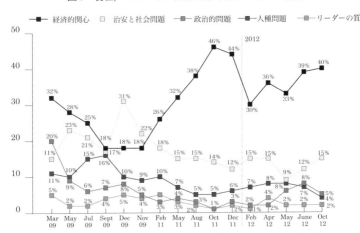

資料出典：Merdeka Center for Opinion, *National Public Opinion Survey: Top Issues of Concern*. p.11. (http://www.merdeka.org)

ように，2011年の世界銀行の報告書にしろ，2012年のMerdeka Center for Opinionによる世論調査報告書にしろ，治安と安全・経済問題・政治などに関する議題は，マレーシアの各エスニック・グループ，あるいは（海外移住の意向がある）マレーシア華人にとって，常に関心のある課題となっている（図4）。

もう一つ注目に値する現象は，海外に留学する在マレーシア華人学生には，海外留学での滞在国に馴染み，機会があれば引き続き現地に残留して仕事をしたい，さらには長期的に現地に移住したいと考えている人が多いということである。当然，彼らが卒業後海外に残留することも，マレーシアの全体的な発展・社会的な現実・治安などの問題と関係している。

2010年に，アメリカ・カリフォルニア州のスクリップス大学（Scripps College）に留学したあるマレーシア留学生が，当該大学の「Johnson Student Research Grant」による支援のもと，「あなた

はマレーシアに帰りますか？」というインターネットアンケート調査を実施した。このアンケート調査は 2010 年 6 月 11 ～ 26 日に実施され，合計 854 部の回答を得た。このうち 84% はマレーシア華人であった。この報告書の回答者のうち 32% は学生で，62% は海外在住のマレーシア人であった。筆者は，回答者の大半が華人であることがこの報告書の主な弱点であると考えるが，このような現象はまさに「海外のマレーシア留学生の中で，華人留学生が多数を占めている」という事実を説明するのにぴったりである[21]。

　この調査報告書は，先に述べた議論とも関連している部分がある。例えば，経済・治安・政治の現状はマレーシア人／華人が移住を選択するかどうかである。経済面については，2010 年時点ではマレーシアの経済状況が非常に悪いと考える人はごく少数であった。しかし大部分（約 66%）の回答者はマレーシアの現在の経済状況は一般的な水準であると回答している（図 5）。実際，2010 年はマレーシア政府が 2007 ～ 2009 年の世界的金融危機により受けた大きな打撃を乗り越えようとしていた時期である。マレーシアは，経済を刺激するために拡張的財政政策（Expansionary Fiscal Policy）と通貨政策（Monetary Policy）を実施した。経済的不況の空気が漂う中，約 78% もの回答者が，マレーシアの経済状況の良し悪しは，マレーシア人（筆者は，これを「華人」と捉えてよいと考える）がマレーシアに残るか，それとも離れるかを決定するうえで非常に大きな影響力を持っていると回答した（図 6）。

　マレーシアの治安問題については，少なくとも 68% の回答者がマレーシアの犯罪率はかなり高いと回答している（図 7。0-3 の最高レベル内）。しかも，少なくとも約 85% の人が，犯罪率の高さはマレーシア人／華人がマレーシアに残るか，それとも離れるかの選択に影

21　Wong, Evelyn. 2010. *Will You Come Back to Malaysia? Results of An Online Survey.* from: https://pluggingthebraindrain.wordpress.com

第二部　中国系新移民の経験と葛藤

図5　あなたは，現在のマレーシアの経済状況についてどのように思いますか？

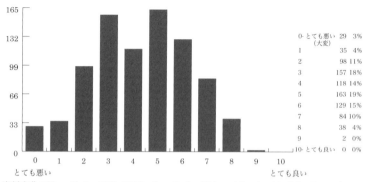

資料出典：Wong, Evelyn. 2010. *Will You Come Back to Malaysia? Results of An Online Survey*. from: https://pluggingthebraindrain.wordpress.com

図6　マレーシアの経済状況は，あなたがマレーシアに残るか，それとも離れるかの決定にどれくらい影響を与えますか？

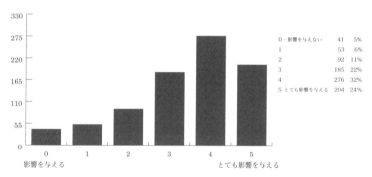

資料出典：Wong, Evelyn. 2010. *Will You Come Back to Malaysia? Results of An Online Survey*. from: https://pluggingthebraindrain.wordpress.com

第 6 章　在マレーシア華人の海外移住

図 7　あなたは，現在のマレーシアにおける犯罪率についてどのように思いますか？

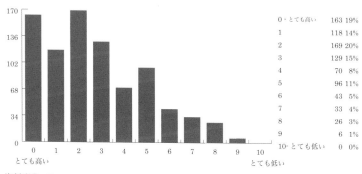

資料出典：Wong, Evelyn. 2010. *Will You Come Back to Malaysia? Results of An Online Survey.* from: https://pluggingthebraindrain.wordpress.com

図 8　犯罪率はあなたがマレーシアに残るか，それとも離れるかの決定にどれくらい影響を与えますか？

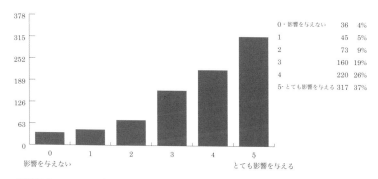

資料出典；Wong, Evelyn. 2010. *Will You Come Back to Malaysia? Results of An Online Survey.* from: https://pluggingthebraindrain.wordpress.com

第二部　中国系新移民の経験と葛藤

図9　あなたは，現在のマレーシアの政治状況についてどのように思いますか？

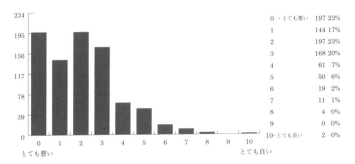

資料出典：Wong, Evelyn. 2010. *Will You Come Back to Malaysia? Results of An Online Survey.* from: https://pluggingthebraindrain.wordpress.com

図10　マレーシアの政治状況は，あなたがマレーシアに残るか，それとも離れるかの決定にどれくらい影響を与えますか？

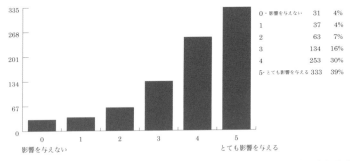

資料出典：Wong, Evelyn. 2010. *Will You Come Back to Malaysia?Results of An Online Survey.* from: https://pluggingthebraindrain.wordpress.com

響を及ぼすと認めている（図8）。

　政治状況については，かなり不満を示している回答者が多く，マレーシアの政治状況は非常に悪い（23%）とし，約60%の回答者が現在のマレーシアの政治状況は悪いと回答している（図9）。2009〜2010年は，ちょうどマレーシアの主要政党にとって問題の多かった時期で，政治派閥闘争が頻発していた。例えば「統一マレー国民組織」（The United Malays National Organization, UMNO）の第四代首相・マハティール，第五代首相・アブドラ，第六代首相・ナジブによる派閥権利闘争や，マレーシア華人協会（Malaysian Chinese Association, MCA）の党派争い問題などがある。国の政治状況が不明瞭であったため，回答者は国の発展を楽観視できず，そのため約85%の人が，政治情勢はマレーシア人が海外移住するか否かの決定に影響を及ぼすと明確に回答したのだと思われる（図10）。

4．おわりに

　本章では，上述のとおり，実際に意義のある調査報告書のデータと分析結果をまとめたほか，関連する問題を歴史的イベントの変化の中で捉えることにより，在マレーシア華人が海外移住を選択する原因と変化について検証した。調査報告書で帰結された華人の海外移住または人材の海外流出に関する現実的な要因は，主に経済的要因（低迷，待遇の悪さなど）・政治的要因（政策の格差，社会的不平等など）・社会的要因（治安の不安定性）であった。筆者は，これら三つの要因は，主にここ30年末の発展によるものであると考える。マレーシア全体の歴史的発展を振り返ってみた場合，在マレーシア華人が海外移住を選択する主要な原因は，おそらく下記の数点，あるいはいくつかの発展段階に集約されると思われる。

　第一に，1957年の「社会契約」でマレー人に特権が付与された

第二部　中国系新移民の経験と葛藤

ことにより，各エスニック・グループ間で建国当初からすでに水面下で待遇の不平等が進行していた。

　第二に，1969年の「5・13エスニック・グループ衝突」事件がある。実際に，「5・13事件」が引き金となり，エスニック・グループ間の問題が直接表沙汰となった。衝突事件後に関連当局が実施した「新経済政策」「高等教育割当制」「国家文化政策」といったマレー人優先・マレー文化中心・公用語としてのマレー語といった一連の政策や決定は，中華系商人や華人が海外移住を選択する大きな原因であった。

　第三に，1990年に「新経済政策」が終了し，それに代わって「国家発展政策」が登場した（1991～2000年）。この時期，ちょうどマレーシアは経済の急成長期に入り，マハティール政権が中華系商人とマレー商人との経済協力開発を奨励したことに加え，マレーシアが国際教育の中心として発展して個人教育分野の自由化を進めたことにより，在マレーシア華人社会において華人系大学の創設が間接的に奨励されることとなり，また同時に中国への親族訪問や観光訪問の規制が自由化されるなど，華人社会にとって有利な政策が打ち出された。これにより，この期間中に海外移住する華人は自然と減少していった。資料によると，1980～1990年にマレーシアから転出した華人の数は42万4508人であったが，1990～2000年の転出者数は29万9485人で，2000～2010年の華人の転出者数は15万2846人であった[22]。

　移民として海外へ移住する在マレーシア華人の数は1990年以降減少傾向を見せ始めたが，2010年以降，マレーシアの政治的局面や経済発展の継続的な鈍化に加え，マレーシア政府が2015年4月より消費税（Goods and Service Tax, GST）の徴収やガソリンをはじめとする多くの日用品に対する補助の段階的な廃止を開始したことな

22　康曉麗，前掲書，50頁。

どによる影響を受け，マレーシア国民は経済的圧力を感じるようになった。政府に対する世間の不満により，華人を中心とする有権者は第13回総選挙（2013年）の中で「政権交代」を望んだが，選挙の結果，やはり「国民戦線」が勝利し，引き続き政権を握ることとなった[23]。

　そのため，マレーシア全体の発展，特に経済や政治が引き続き混乱・低迷状態にある場合，過去の経験からまとめると，経済能力のある在マレーシア華人が再移民を選択するかどうか，その答えはもはやいうまでもない。

参考文献

【中国語】

龔暁輝，蒋麗勇，劉勇，葛洪亮編著（2012）『馬来西概論』世界図書出版公司。

韓方明（2002）『華人与馬来西亜現代化進程』商務印書館。

何啓才（2012）「華人与外来華商在馬来西亜的経済活動」『東南亜縦横』第9期，44-49頁。

康暁麗（2015）『二戦後東南亜華人的海外移民』厦門大学出版社。

李恩涵（2015）『東南亜華人史』東方出版社。

王国璋（2014）「真実与虚幻：馬来西亜華人公民地位与人権論述」陳鴻瑜主編『海外華人公民権与人権』華僑協会総会，301-330頁。

文平強（2004）「馬来西亜華人人口比率下降：事実与対策」文平強主編『馬来西亜華人人口：趨勢与議題』華社研究中心，59-78頁。

朱振明主編（1995）『当代馬来西亜』四川人民出版社。

【英　語】

Andaya, Barbara Watson, and Leonard Y. Andaya. 2001 (1982) *A History of Malaysia*. 2nd ed. Palgrave.

Kua Kia Soong. 2011. *Patriots and Pretenders: The Malayan Peoples' Independence*

23　2013年5月5日に実施された第13回全国総選挙において，野党連合の「人民連盟」が初めて全国で過半数の得票率を獲得した（50.1％）。一方，国民戦線の得票率は46.7％であったが，選挙区の優位性により，133議席の単純多数議席を獲得して勝利した。人民連盟の獲得議席数は合計89議席であった。

第二部　中国系新移民の経験と葛藤

    Struggle. Suaram Kommunikasi.

World Bank.2011.Malaysia Economic Monitor: Brain Drain.

【インターネット資料】

「民調一面倒・97% 不安全・95% 没保障・整肅治安不容緩」(http://www.
    guangming.com.my/node/70951) 光明日報ホームページ, 閲覧日：2017 年
    7 月 15 日。

Will You Come Back to Malaysia? (https://pluggingthebraindrain.wordpress.com) 閲覧
    日：2017 年 7 月 15 日。

第7章 家のない女たち
―ロウ・イエ『パリ、ただよう花』とグオ・シャオルー『中国娘』に見られる中国人女性の移動

及川　茜

1．はじめに

　1965年生まれのロウ・イエ（婁燁）[1] による『パリ、ただよう花』（2011）[2] と1973年生まれのグオ・シャオルー(郭小櫓)[3] による『中国娘』（2009）[4] は、いずれも単身ヨーロッパに赴く若い中国人女性を主人

1　長編劇映画に『ふたりの人魚』（蘇州河）（2000年),『パープル・バタフライ』（2003),『天安門, 恋人たち』（頤和園）（2006),『スプリング・フィーバー』（春風沉醉的夜晚）（2009）などの作品がある。

2　原題『花』, 英題《Love and Bruises》, 中国・フランス合作。

3　映画監督としては長編作品にドキュメンタリー『The Concrete Revolution』（2004),『We Went to Wonderland』（2008),『Once upon a time Proletarian』（2009),『Late At Night - Voices of Ordinary Madness』（2013), 劇映画『How Is Your Fish Today?』（今天的魚怎麼樣？）（2007),『UFO in Her Eyes』（2011) がある。並行して作家としての活動も展開しており, 英語で執筆した最初の長編小説『A Concise Chinese-English Dictionary For Lovers』（2007) で注目を集めた後, 長編小説『20 Fragments of a Ravenous Youth』（2008),『UFO in Her Eyes』（2009),『I am China』（2014) 短篇小説集『Lovers in the Age of Indifference』, 回想録『Once upon a Time in the East』（2017) とコンスタントに作品を発表している。

4　英題《She, A Chinese》, 中国語題『中国姑娘』, イギリス・フランス・ドイツ・中国合作。

公としている。パリとロンドンをさまようこの二人の主人公に，映画的な共通点を見出すことはたやすい。いずれの作品も，前に向かって歩みを進めるヒロインを正面から手持ちカメラで捉えたショットから始まる。ただし，『パリ、ただよう花』の主人公・花（ホア）は最後に自らの歩みを止め，一度は乗ろうとするかのように見えたバスが走り去ってゆくのを無表情に見送るが，『中国娘』の梅（メイ）の歩みは映画の冒頭につながり円環を成す。この二人の歩行という行為によって何が語られているのだろうか？

2．家族・同胞との断絶

（1）稀薄な血縁関係

　二つのフィルムにおいて顕著なのは，血縁や地縁を介した結びつきの稀薄さである。家を出た二人が家族と連絡をとる場面は一度もなく，劇中でその存在が意識されることすらない。

　『パリ、ただよう花』では花の家族についてまったく触れられない[5]。一時帰国の際にも家族に連絡している様子はなく，北京の空港から直接かつての恋人の丁一の家に身を寄せる。その後丁一から結婚を申し込まれ，パリから中国に戻って結婚することを承諾してからも，家族については言及されない。家族という要素が劇中から排除されることにより，彼女を中国国内に繋ぎ留める引力が弱められている上，パリでの生活で血縁に基づくつながりを利用することも

5　この映画には原作となる中国語による小説『花』（北京：鳳凰出版社，2011 年）があり，その作者である劉捷（Jie LIU-FALIN）はロウ・イエと共に映画『パリ、ただよう花』の脚本の執筆にも携わっている。小説では花は山東省で高校を卒業したことが記され，家族についても簡単に触れられてはいるものの，家族の誰かが登場したり花と会話をしたりする場面はない。

第 7 章　家のない女たち

ないため，個としての彼女の存在がいっそう際立っている。

　花がパリの路上で知り合った恋人であるマチューの家族については炭鉱労働者であることが語られ，オーシェルの実家の様子も画面に映る。最後にマチューの実家を訪れた花は家族に紹介されるが，まったく友好的には迎えられない[6]。その後，黄昏の街をマチューの車でホテルに連れてゆかれ，最後のセックスをする。花がマチューとの間に結べるのは性関係のみで，中国人である彼女は家族の一員となる可能性をあらかじめ排除されているといえるだろう。

　一方，『中国娘』の梅の育った家庭についてははっきりと描かれる。四川省と思われる山村に暮らす両親は農民で，父は近くのゴミ捨て場でゴミ拾いもして生計を立てている。母は梅が家の手伝いをせずにビリヤード小屋で働いていることを苦々しく思っている。町の文化部に勤める男との見合いの話を願ってもないと喜んだのは母だけで，梅は会いに行くのを嫌がる。それでも，深圳の出稼ぎ帰りの男に去られた後で，バスに乗って見合いに向かうのは，母からの圧力もあってのことだろう。結局彼女は結婚を選ばず重慶に出稼ぎに行くことにするが，娘の結婚に親の意思が強く働くことが示される。ほとんど同年代の生まれと推定される『パリ、ただよう花』の花と比べてみれば結婚に関する母の介入の度合いの差には歴然たるものがある[7]。

6　原作の小説ではマチューの兄と会うシーンはあるが，実家を訪ねるというプロットは見られない。その代わり，映画には登場しない凱文（ケヴィン）という米国人留学生と婚約し，フォンテーヌブローに暮らす彼の祖母を訪ねてケヴィンの親戚たちと新年を祝う描写がある。マチューとの関係が家族と切断された個と個のものに近いとすれば，ケヴィンとの関係は家族や親戚とのつながりを含むものであることは疑いを容れない。すると，映画では丁一との結婚について家族や親戚のつながりが示唆されないのは，花をそうしたつながりの中に結びつけないための操作であると考えられる。

7　『中国娘』では大釘の部屋にかかったビッグベンのカレンダーから 2008 年 4 月以降

243

第二部　中国系新移民の経験と葛藤

　出稼ぎに出発する際，荷物を背負った梅と村の友人が二人で村を出て山道を延々と歩くシーンが挿入されるが，家族との別れや見送りのシーンはない。母の勧める見合いを断ったのだとすれば，家出同様に村を出てきたとも想像される。実際，梅と家族とのつながりは村を出た段階でフィルムの表面からは消え，血縁を介した共同体による援助を受けることが示される場面は見られない。

（2）「弱い紐帯」のネットワーク

　家族・親族の関係が同様に稀薄な二人のヒロインであるが，しかし，「強い紐帯」「弱い紐帯」の概念に即してみると，二つのフィルムに表れた人間関係の相違が明らかになる。家族や親戚，同級生や友人などによって構成される親密な関係の「強い紐帯」，比較的疎遠な個体によって構成される関係である「弱い紐帯」が華人の新移民コミュニティーで果たす役割について，王維は東北出身者の海外移住のケースを例に「海外移住先の求職の面においては弱い紐帯のネットワークこそより効果的な役割を果たしている」[8]としている。『パリ、ただよう花』の花は，家族・親族でこそないが元恋人という「強い紐帯」を留学生活の足がかりにするが，『中国娘』の梅はロンドンで中国人コミュニティーの「弱い紐帯」を利用して住居と仕事を得る。

　『パリ、ただよう花』では花は留学生であり，パリで求職する場面はない。映画の中で彼女が賃金労働をするのは，一時帰国しての

──────────

　であることが分かる。『パリ、ただよう花』には明確な時間は表されていないが，原作の小説ではカンヌ映画祭でミヒャエル・ハネケ『ピアニスト』（2001）が上映されるほか，フランからユーロへの切り替えの描写もあるため，2001年から2002年を背景としていることが分かる。映画はそれより少し後，恐らく公開の2011年の同時代が設定されているのだろう。二人とも恐らく80年代生まれのひとりっ子世代である。

8　王維（2006）「新移民にみられる「弱い紐帯」のネットワークの活用」『香川大学経済論叢』79（3）：451-475.

北京での映画関係者へのインタビューの通訳のみである。どのような経緯でその仕事を引き受けることになったのかは、映画の中では花の口から「通訳の仕事があるの」と語られるのみで明らかにされないが、原作の小説では彼女が映画研究者であり北京の大学ですでに教壇に立っており休職してパリに来ていること、日頃から取材や映画祭の通訳を務めていることや国内外の雑誌に寄稿していることが記されており、これまでの経歴とそこで築かれた人脈から依頼があったことが分かる[9]。映画ではこのインタビューのための一時帰国中に、かつての同棲相手で北京の大学の准教授である丁一の勤務先キャンパスを訪れる場面がある。そこで花は丁一の所属の系主任（学科長）から、大学に戻って教壇に立つようにとの誘いを受け、承諾する。会話で「戻ってくる」（回来）ことを望むとの表現が見られることから、この大学は丁一の勤務先であると同時に花自身の母校でもあるのだろう。フランス留学の経験を買われてのことでもあるが、これも中国での学歴とキャリアに基づくオファーである。つまり、本国に生活の基盤を有しパリで仕事を探す必要のない立場の留学生である限り、パリでの生活において何らかの「紐帯」を利用する必然性は低下する。

　この作品の中で人間関係について注目すべきは、求職よりむしろパリでの住居の問題であろう。パリに到着した花は、旧知の梁彬という男の部屋にスーツケースを置き、マチューと一夜を過ごして翌朝また梁彬の部屋に戻る。その後、大学で授業を受けるシーンを挟み、梁彬と身体を重ねるシーンの後で、荷物をまとめて新しい部屋に移る様子が描かれる。映画では梁彬とのこれまでの関係に特に説明はないが、後のシーンで梁彬が既婚者であり妻との関係が悪化し

―――――――――
9　原作の小説では北京に帰るのは職場から分配された住宅の処理をするためであり、通訳の仕事でパリを離れるのはフランスのある田舎街の映画祭とカンヌ国際映画祭の二回である。

第二部　中国系新移民の経験と葛藤

ていることが語られる。花の男性関係は錯綜して時系列が分かりにくいが，梁彬とは北京時代からの関係であり，さらにパリに発つ直前まで丁一と同棲していたものの，彼の元を去りティエリーというフランス人男性を追ってパリに来たところ，マチューと出会ったということになるだろう。原作の小説では花は梁彬に対してまだ感情を抱いているが，梁彬の方では性関係を伴う友人の一人としてしか彼女を見ていないとされる。いずれにせよ，花と梁彬との関係は親族でこそないものの「強い紐帯」に分類されるものであり，花はパリで新しい住居が得られるまでの間，その関係を利用して住む場所を確保している。

　それに対して，『中国娘』の梅は中国での生活基盤が弱く，安定した基盤を得るために結婚することが期待されているが，その選択肢をすでに放棄した上で重慶に出稼ぎに出ている。そこでも工場からヘアサロンへと，長期的な勤務を期待しにくいと思われる職場を移動しており，戻れば生活基盤が確保されている花とは大いに事情を異にする。観光ツアーに参加することでロンドンに入った梅は，ツアーから離脱した後，恐らく正規のビザを取得していないため，住居と仕事の両方で中国人コミュニティーの「弱い紐帯」を利用せざるを得ない。最初に彼女の仕事として画面に映るのは，着ぐるみで中華料理店の看板を持って路上に立つことである。中国系新移民にとっての中華料理店の重要性は，「はじめて海外へ渡った者や特殊な技能を持っていない移民のほとんどは，中華料理店で仕事をした経験があり，不法移民にとって中華料理店はいわゆる避難所のような存在である」[10] と指摘されている。もともと親族や友人などの「強い紐帯」を頼って出国したわけではない彼女は，恐らくまず中華料理店に飛び込み，そこで仕事を与えられたか，あるいはそこか

10　王維（2011）「中国系新移民　概況，原因，特徴及び発展の趨勢」陳天璽・小林知子編『東アジアのディアスポラ』明石書店，p.104。

ら紹介を受けたものと想像される。重慶で工場を解雇された際にも，飛び込みで入ったヘアサロンで働かせてくれるよう頼むシーンがあり，梅にとってそうやって仕事を得ることが特別ではないのは想像がつく。続いて医学生対象の講義で血管や内臓の位置を肌に描きこんだ裸体モデルとなる場面が示される。いずれも単発の短期的な仕事である。経理の女性とのやりとりで，梅はほとんど英語が話せず，銀行口座も開設していないことが分かるが，このようにイギリスの社会や労働慣習になじみのない中国人労働者でも，仕事の紹介を受けられるようなつながりの中に入れることを示唆するシーンが続く。梅が暮らすのも，彼女とほぼ同年齢の若い中国人女性が共同で生活するアパートだ。彼女は常にヘッドホンを耳に当て，周りの女たちのおしゃべりや喧嘩の声には耳を塞いでいる。中国人同士のつながりをさらに深め，個人的な関係を築き，それを利用してロンドンで暮らしてゆこうという意思は全く無いかのように見える。やがて，「時に人生には奇跡が起こる」（生命有時會發生奇蹟的）と題される通り，マッサージ店で働くうちに年金生活者の常連男性と出会い，彼の後妻となったのを機に，中国人コミュニティーから完全に離脱する。最後の場面で妊娠した彼女は大きなお腹を抱えながらもバックパックを背負ってただ一人歩き続け，中国の家族や親戚，あるいはロンドンに来た当初につながりのあった中国人コミュニティーに援助を求める様子は見うけられない。

3．接線としての性関係・婚姻関係

　それでは，二人は中国人コミュニティーの外部とどのようにつながりを求めるのだろうか。花も梅も，華人ではなく文化的・言語的にも中国の背景を有さない男性と性関係を持ち，あるいは婚姻を結ぶ。それは一見してフランスないしイギリスの現地社会に根を下ろ

第二部　中国系新移民の経験と葛藤

し安定した基盤を得るためのようであるが，実際にはいずれの関係においてもあくまで個と個のつながりにとどまり，家族やそれぞれの属するコミュニティーに関与するような関係に発展することはない。二人の行動はさながら現地社会という円に，セックスを介して接線を引くようである。二人とも中国人コミュニティーから離脱している上，相手の男性の属するコミュニティーにも加わることはない。

（1）知識階級の「中国女」

　『パリ、ただよう花』の原作の小説『花』では，フランス人が第三世界の人間に対して抱いている優越感が明示される。たとえば，中国に帰るという花にジョバンニは「帰っちゃだめだ！　フランスに来てから自分の国に帰りたがる女なんていない。中国のような国で女が暮らすのは楽じゃないだろう」と言い，花は内心「愚かで無恥で，独善的で，物知らずのフランス人たちと来たら！」と罵る[11]。さらにフランス社会に自分が占める位置についても次のように語られる。「もともと国にいれば，私たちのような人間は自分の生きる環境や関心を持つ出来事が世界の中（重）心だと感じるものだった。それがフランスに来ると，そうした『中（重）心感』は完全に失われ，フランス社会のいちばん周縁にいる異邦人になってしまう。私たちの思想や言論に関心を持つ者はおらず，どんなに高学歴で知恵があり，高い見解を持っていようと，私たちは肌の色と，外国人という身分のせいで，この国では取るに足らないものになってしまうのだ」[12]。

11　原文は「你不能回去！沒有女人到了法國後，還會想回她們自己的國家。我知道女人在像中國這樣的國家裡的日子是很難過的」および「這些愚昧無知的、自以為是的、孤陋寡聞的法國人！」（劉捷（Jie LIU-FALIN）（2011）『花』，鳳凰出版社，p.320）

12　原文は次の通り。「本來在國內，我們這些人會覺得，我們和我們所生存的環境以及

248

第 7 章　家のない女たち

　一方，映画においてはこうした感慨が直接語られることはなく，登場人物の会話のはしばしにほのめかされるに留まる。原作の小説では，前科があり外人部隊にいたと自称するマチューについて，青い眼が印象的に描写され，花に対して無意識の優越感を持つフランス人であることが示される。映画ではこの役を，青い眼の男優ではなくアルジェリア系のタハール・ラヒムが演じているため，視覚上の印象からマグレブ移民二世として想像されやすい。だが，かといってマチューが移民の子であることを明示するような描写が見られるわけでもなく，あくまで彼はフランス社会の一員として設定されている。したがって，マチューと同じ世界を共有しようとする限り，花は畢竟よそものの「中国女」と位置づけられるしかない。後に花を強姦するジョバンニは，最初にマチューから花を紹介された際に，「食事には箸を使うのか」「中国女を紹介してくれ」などと繰り返しふざける。花に向けられる彼の性的な関心は，単に女あるいは友人の恋人に対して向けられるものというより東洋人女性を性的な存在とみなす癖に近いといえるだろう。強姦事件の翌日，花に責められたマチューがジョバンニを殴ると，ジョバンニは逆に花を「中国女」と罵る。さらに，マチューの故郷のオーシェルを訪ねる場面で，マチューと遊んでいる子供には「中国人が来てる」「その中国女は誰」と言われ，マチューの家を訪れれば父親らしい男に「前につきあってた中国のアバズレか」と言われる。ここにきて花は自分がマチューの属する場所にあってはよそものにすぎないことを改めて認識させられる。

　しかし同時に，マチュー自身もまたフランス社会においては周縁

─────────────

　我們所關注的事件，就是世界的中（重）心；可是，來到法國以後，這種"中（重）心感"完全喪失了，我們成了游離在法國社會最邊緣的外郷人，沒有人會關心我們的思想和我們的言論，即使我們有再高的學歷、再高的智慧、再高的見解，我們都會因為我們的膚色、我們外籍人的身份而在這個國家裡變得無足輕重。」（同上，p.369）

249

第二部　中国系新移民の経験と葛藤

的な存在であることが浮かびあがってくる。それは彼のエスニシティーというより社会階層に由来するものである。花は外国人であるが中国では大学教員で，フランスでも知識人と交友を持っているのに対し，マチューはマルシェの設営のために鉄骨を組む作業に従事する肉体労働者であり，花の友人のような知識階級にとっては周縁的な存在である。マチュー自身も知識階級に対して好感を持っていない。花が中国語を話すフランス人男性に送られて帰宅したのを目にし，激しく嫉妬して「インテリはみんなろくでなしだ」と吐きすてるほか，花に結婚を申し込んだ時も，自分で働いて稼ぎたいという花に「君の学問もバカみたいだ」と言う。他方，梁彬をはじめとする花の友人たちも，マチューを好意的には見ていない。中華料理店での集まりに遅れてきたマチューに梁彬は職業を尋ね，組立工だと聞くと軽蔑の色をあらわにして中国語で「悪くない」（不錯）と返す。梁彬はフランス語の会話能力が充分であるにもかかわらず，ここで故意に相手の話さない言葉を用いている。マチューをそうした無礼な態度を取って構わない相手だと判断したのである。マチューはマチューで，席上で長々と花とキスを交わすが，そうした率直な感情の発露が野卑なものとみなされ，テーブルの雰囲気をぎこちないものにするのに気づかない。あげく，梁彬の離婚の問題に口を挟んで怒らせてしまう。もみ合いになってマチューが立ち去った後，梁彬は「あんな男といて恥を知らないのか」（要不要臉）と強い言葉で花を難詰する。激怒した花は彼に平手打ちを見舞い，走ってマチューを追いかける。

　花は中国で暮らしていれば路上で声をかけてきた組立工と交際することはなかっただろうが，パリではそれが起こってしまう。そのことによってパリでの数少ない人間関係から離脱してゆく反面，マチューからは教育程度とフランス人ではないということの二重の意味で隔てられている。

第7章　家のない女たち

（2）ロンドンの中国娘とインド人ムスリム

『中国娘』の梅は，ロンドンで二人の男性と関係を結ぶ。一人は
イギリス生まれの白人男性ハント氏で，もう一人はインド料理の店
を営むラシードだ。この二人を通じて，梅は自分が「中国娘」であ
ると思い知らされることになる。

　梅は中国系の女性が経営する整体院で働くうち，常連のハント氏
と知り合う。退職した数学教師の彼は腰が悪く毎週マッサージを受
けに通っていたが，2か月前に35年間連れ添った妻を失ったばか
りだった。やがてハント氏と梅は結婚するが，式には友人も家族も
参列しない。ハント氏の暮らしは，日光浴をしては新聞を読んだり
クロスワードパズルを解いたりする単調なもので，社交生活をほと
んど持っていないため，彼に付き添っている限り梅の生活圏が広が
ることはない。正式な妻にはなったものの，亡くなった先妻の遺
品や写真が常に存在を主張しており，家の中にも彼女の居場所はな
い。彼女の結んだ婚姻は，家族の一員として迎えられることではな
く，ハント氏の家に間借りするのとほとんど変わらない。

　加えて，ハント氏の無自覚な傲慢さに梅は業を煮やすようになる。
浜辺に行けば，泳げない梅が水泳の授業はなかったというのに対し，
ハント氏は「ここでは誰もが習う」と答える。「ここ」の人間と梅
との差異を強調する一方で，今は「もう年だから」泳がない，と言
い，彼女に泳ぎを教えてイギリス社会の中に引き込もうとするわけ
ではない。ハント氏はイギリス人として過ごしてきたこれまでの人
生を梅と分かち合うつもりはなく，梅をイギリス人社会の外側に置
いたままにしようとする。それは梅とチェスをして遊ぶ時も，彼女
が席を立った隙にこっそり駒を動かすことからも窺われる。イギリ
ス人としての自分の優勢を花に脅かされることは潔しとしない彼に
とって，花はあくまで中国人として外部に置いておくのが望ましい。

251

第二部　中国系新移民の経験と葛藤

梅はその不満を伝えるのにただ空腹を訴えるしかない。

　また，卵料理ばかりでうんざりだと言う梅に，ハント氏はイギリス料理のデリバリーを頼んでいると答えるが，現れた店主のラシードはインド人で，届けたのはチキン・マサラだった。これはEnglish food ではなく Indian Food だと反発する梅に，ハント氏はチキン・マサラは "popular English dish" だと答える。

　結局，梅はハント氏の家を出て，ラシードの店に転がりこむ。少なくともラシードはプールに連れていってくれ，泳ぎを教えてくれるのだ。だが，旧イギリス植民地であったインドの料理をイギリス料理だと言い張るハント氏の元を離れたとしても，インド人のラシードからも同じ視線を向けられるにすぎないことに次第に気づかされる。

　ラシードがムスリムであることは，花が荷物を持ってモスクの前で彼を待つ場面で明らかになる。人目を避けるのか，ラシードは花に気づいても声をかけようとはせず，目も合わせずに歩き去るが，ちらりと振り返っては花がついてきているかどうかを確認する。花はハント氏の妻であった時と同様，家族の一員として迎えられることはない，人に知られたくない存在にすぎない。豚は穢れているといって豚肉を食べることを拒むラシードに，「私の国では貧乏人ならなんでも食べる」と梅は怒りをあらわにする。ラシードによる宗教上の禁忌の説明は，自分の食べるものを穢れだと言われた梅の感情を思いやるものではない。この豚肉をめぐるやりとりによって，互いに自明のものと思っていた前提を相手がまったく共有していなかったことが明るみに出る。

　しかし，それ以上に梅を失望させるのは，ラシードが中国の女に向ける性的な視線を隠さないことである。ラシードは彼女の髪を撫で，ツインテールに結んでみせてほしいという。AV で oriental girl がその髪型をしているのを見たからと説明するラシードに，梅

252

は軽蔑の表情を見せて顔を背ける。そこにタイトル「インドは東洋
か西洋か？」（印度是在東方？是在西方？）との問いが挿入される。さ
らにラシードは，市場で盗ってきたという裾の短いチャイナドレス
を梅に着せ，盗んだ服などいらないと言って脱ごうとする彼女を押
さえつけて後ろから犯す。このシーンでは薄暗い部屋の照明で，ラ
シードの顔には影が落ち，浅黒い肌の色が強調される。それに対し
て鏡の前に立つ梅には窓からの光が当たり，顔と手足の白さが二人
の間にコントラストをつくり出している。やがて梅は妊娠するが，
ラシードは取りあおうとせず，新聞に読みふけるハント氏と同様に
本から目を離そうとしない。あげくに，花に帰るようにと勧め，自
分もインドに帰るつもりだと告げる。

　梅はハント氏との婚姻およびラシードとの関係を通じて，一時的
にはロンドンで自分の生活基盤を築くための「強い紐帯」を持つこ
とができる。婚姻によって恐らく合法に滞在し，就労する資格を得
ていると考えられるし，ラシードの店にいる限り少なくとも寝る場
所は保障される。しかし，梅はその紐帯を利用してイギリス社会に
自分の生存領域を確保しようとする様子は見られない。それはあく
まで個と個の間に結ばれる関係であり，そこから先につながってゆ
くことはない。

4．銀行口座と通じない言葉

　新たな土地で生活を始めるに際して，二人のヒロインはいずれも
血縁関係を利用するのではなく，現地の男性との性関係を通じて現
地社会との新たな接点を得ていることをこれまで見てきた。それで
は，人間関係のほかに海外生活の基盤となるどのような要素が劇中
に見られるだろうか。

第二部　中国系新移民の経験と葛藤

(1) 金融機関の利用

　花とマチューとの出会いの場面と，それから梅と後に結婚するハント氏との初めての会話の場面の双方で，銀行が関与していることは特筆すべきだろう。

　花はすでにパリの ATM で預金の引き出しが可能な銀行口座を持っているが，ATM で金を下ろそうとするもののうまく行かず途方にくれる。そこに，先刻彼女に建築資材のパイプをぶつけて転倒させたマチューがやってきて，銀行への案内を申し出る。銀行口座があるということは，フランスの様々な機構・機関とスムーズに金銭の授受が可能だということで，現地社会とのパイプを持っていることに等しい。

　対して梅はイギリス人ならみな持っているといわれる銀行口座を持たず，医学部で人体モデルを務めても現金で報酬を受け取らざるを得ない。パブでビールを飲んでいるハント氏を見つけて話しかけるが，片言の英語で尋ねるのは「銀行口座を持ってる？」である。ハント氏は「おかしな質問だ」と笑うが，イギリス生まれの人間なら誰かに教わるまでもなく開設されている口座は，梅にとってはロンドンで暮らしてゆくための生活基盤の一つに匹敵する。

(2) 現地語の能力

　もう一つの重要な要素は現地語の能力である。『パリ、ただよう花』の花はパリに到着した時点ですでにフランス語で問題なくコミュニケーションが取れるのに対し，『中国娘』の梅が使えるのは故郷の山村でつれづれにめくっていた英語のベストセラー教材『クレイジー・イングリッシュ』から得た程度の英語である。

　映画『パリ、ただよう花』では，花の役にフランス生まれの任

潔（Corrine Yam ／コリーヌ・ヤン）[13] がキャスティングされているため，フランス語によって社会から隔てられる感覚は表現されていない。花が大学で講義を受ける場面はあるが，そこで多くの留学生が感じるであろう言語の面での困難を覚えていることも示されない。これは映画独自の操作であり，劉捷の小説『花』においては，主人公は映画と同様にフランス語に堪能な女性として造型され，北京にいた時からフランス語の通訳や翻訳をしているという設定であるが，にもかかわらず作中では繰り返し言葉の不自由が語られる。電話をかければフランス語が思うように口から出ず，日常会話はこなしても大学の講義を聴き取って意味を理解することには困難がある。講義と並行して留学生対象のフランス語の授業に出ていることも述べられる。また，言葉の問題のみにとどまらず，その不透明さは彼女の行く手を阻むフランス社会の規則，ロジックとしても現れる。花の手を取ってパリの街に導き入れるのは肉体労働者のマチューだが，小学校も卒業しておらず社会の周縁にいる彼を通して見るフランス社会は，漠然としてつかみどころがない。フランスで生まれ育った人間にとっては自明の慣習や法律が，花にはそれらの存在の有無も把握できず，常に伝聞の外側をぐるぐる回っているだけで，中に入ってゆけない。

　先に触れた通り，映画では原作の小説に見られるこうした言葉による疎外はほぼ見られない。ただし，その代わりに手持ちカメラを多用する撮影スタイルによってもたらされる視覚的な揺らぎが，パリにおける不安定さを印象づけることになる。花が路上を歩く姿が

13　広東系（両親が香港出身）の彼女は中国語も話せず，撮影のために初めて北京を訪れたという。映画の中で花が話す中国語は吹き替えである。以下の記事を参照。「對話《花》女主演任潔：為拍片第一次去北京（北京新浪網）2011 年 09 月 03 日」http://dailynews.sina.com/bg/ent/film/sinacn/20110903/20302740446.html　（閲覧日：2017 年 9 月 6 日）

計算されつくした揺れとともに繰り返し手持ちカメラによって収められる時，その移動の頻度には驚かされる。

　他方，『中国娘』の梅は英語がまったく話せない状態でロンドンに行き，口を開く必要のない職や中国語で事足りる職を転々とする。しかも彼女の発音は意味の理解にも困難をもたらし，再三聞き返され，コミュニケーションは遅滞したまま先に進まない。英語に対する困難が最も前面に出るのは，ハント氏との結婚の場面だろう。牧師が誓いの言葉を述べて梅に復唱させるが，梅にはそのフレーズを正確に聴き取って復唱することは不可能であり，途中を飛ばし，意味とは無関係に聴き取れた箇所のみを繰り返すのがせいぜいである。『パリ、ただよう花』において携帯電話での会話の様子が繰り返し画面に映るのに対し，『中国娘』では梅は電話を持たないのも，英語による会話が限定的なものであるため，他者とつながりを有する手段が限られるためだといえよう。梅はいつもヘッドホンで音楽を聴いており，暇つぶしといってもルービックキューブのような一人遊びばかりだ。

　結婚生活が始まってから，梅は英会話のテープを聴いては後について発音するが，その例文は「移民は英語を学ぶべきです」「私は税金を払います」など，イギリス社会や政府によって期待されるあるべき移民の姿を押しつけるものばかりであり，こらえかねたハント氏は途中で手を伸ばしてそのテープを停める。結局，映画の最後まで，梅はこうした望ましい移民の姿を受け入れて英語を身につけることはないが，相手の言葉を聴き取って自分の意思を伝えられる程度に到達する。

5．歩き続ける女

　『パリ、ただよう花』の花も『中国娘』の梅も一箇所に留まって

第7章　家のない女たち

自分の立場や生活の基盤を安定したものにしようとするのではなく，ある場所から次の場所へと移動を繰り返し，歩行を継続する。

この二人の歩行を考えるためには，移動手段としての交通機関，乗り物について整理する必要があるだろう。乗り物を利用せず歩行するのはどういう場合なのか。

ここで問題になるのは乗り物の機能である。たとえば鉄道のように，ふだんは交わることの少ない雑多な人間が同じ空間を長時間ともにするような交通機関であれば登場人物を出会わせ，結びつける機能を持つことがある[14]。実際，『パリ、ただよう花』において，主人公の花と恋人関係になるフランス人男性マチューは，ルワンダ出身の妻とはかつて列車で知り合ったと回想シーンで描かれる。しかし，それは花と梅については適用されず，二人の女はいずれも乗り物の中で誰かに出会うことはない。乗り物の中の様子にはほとんど注意が払われることはなく，むしろ目的地へと運ばれてゆく彼女らの目に映る車窓の風景がレンズを通して提示される。

すると，ここで問題になるのは純粋に乗り物のもたらす移動という機能のみということになるだろう。それがバスであれ列車であれ船であれ，乗客を目的地に運ぶことが主眼となる。花と梅のそれぞれの移動について対照的なのは，二人が乗り物を利用して向かう先はどこなのか，そこに何が待ち受けているのかである。

14　鉄道の車内に形成される空間については様々に論じられているが，たとえば小関和弘の次の記述が挙げられる。「封建的な身分制が強固であれば，武士の隣に町人のカミさんが腰を下ろすことなど考えられない，というように各々の占めることができる空間は暗黙のうちに決まっていた。空間が身分的秩序によって分割されていたということである。「乗合」はそうした空間占有の身分的差別をとりあえず無化したのであった。近代以前にも渡し船の乗合程度のことは例外としてあっただろうが，鉄道の場合にはその規模と質がまったく異なっていた。」（小関和弘（2012）『近代日本の社会と交通 14　鉄道の文学誌』日本経済評論社，p.12）

第二部　中国系新移民の経験と葛藤

（1）男の元への移動手段

『パリ、ただよう花』の花にとって，乗り物は自分を恋人の元へ
と運ぶ道具である。それに乗ることに失敗した時，彼女は都市の路
上に生の身体を晒しながら歩みを進めることになる。

　28歳の花は北京で大学院まで出ており，留学生という身分で合
法的にパリにやってくる[15]。様々な資源を自由に使うことを許され
ている彼女は，しかし外に出るにあたっては男の力で引っ張られる
ことを必要とする。そして男という点をくさびに自分の場所を確
保し，点から点へと移動する。こうした花の性情は，小説において
「わたしは男を離れては暮らしてゆけない女だ」[16]や，「わたしは自
分の最大の弱点が心優しいことだとわかっている。若い頃は，特に
好感を持っている相手にはノーと言えなかった。多くの場合，男と
ベッドに入るのは，愛ゆえではなく性欲ゆえでもなく，優しさから
だった」[17]と説明される。ただし，映画ではこうした説明は排除され，
彼女の内面を窺い知ることはできない。画面に映し出されるのは，
パリについたその夜，マチューと激しいセックスをした後で，旧知
の中国人男性・梁彬の部屋に身を寄せ，彼とも身体を重ねるさまで
あり，北京に帰ればかつての交際相手であり大学教員である丁一が
彼女の帰りを待っているさまである。

　留学生というのも半ば建前で，冒頭の会話から，実は北京でのア
バンチュールを楽しんだ相手の男を追いかけるため，パリに来る機
会をつかんだという方が正しいらしいことが明らかになる。地下鉄

15　原作の小説では，花の年齢は32歳から33歳に設定され，もともと北京の大学で
　　教職にあり，パリ留学にあたっては奨学金を得ていることも記されている。

16　劉捷（2011）『花』，鳳凰出版社，p.219。原文は「我是一個離開男人無法生活的女人」。

17　同上，p.249。原文は「我知道我最大的弱點就是心地善良，年輕的時候，我不會說
　　"不"，尤其是對那些懷有好感的男人。很多時候，跟男人上床，不是出於愛情，也不
　　是出於性欲，而是出於善良」。

第7章　家のない女たち

の駅前で男をつかまえた花は，素っ気なく心離れを告げられながらも，諦めずに「もう一度抱いて」とすがる。しかし男は取りあおうとせず，彼女の滞在先のメモを見て，地下鉄での行き方を教えると，階段を下りて地下に姿を消す。花は教えられた地下鉄には乗ることなく，茫然自失の態で行先も知れぬままに歩きだす。やがて雨に降られて入ったカフェでブランデーをあおり，テーブルに酔い伏す[18]。眠りを挟んだところで，目覚めた彼女の前に去った男が再び現れることはあり得ない。しかし，ぼんやりと定まらない瞳のまま路上に出た彼女は，夢の続きを見ているようで，その実すでに次の悪夢の中に目覚めたのであることが明らかになる。

　地下鉄に乗ることを放棄してからの一連のシーンで，花の身体は二度にわたってパリの男マチューのために突かれ転がされることになるが，彼女に痛棒を見舞ったのはパリという都市そのものであるといえるだろう。マルシェの解体作業が行われるすぐ横の鋪道を歩いていた彼女は，建築資材のパイプの直撃を受け，声もなく倒れ込む。そのパイプを運んでいた作業員のマチューから誘われるままに食事に行った花は，次第に気持ちを和らげてゆくが，帰路につこうとしたところでマチューによって建築資材置き場に連れ込まれ，強姦される[19]。呆然と座り込んだ彼女はやがて半ば倒れるようにマ

18　ここまでのシークエンスで，大勢の人が行き交う路上で臆面もなく（しかも通行人の誰もが聞き取れる可能性の高いフランス語で）あからさまに性行為を申し出るところや，同じく人目のあるカフェでひとり眠りこんでしまうさまから，手持ちカメラの揺れる映像とあいまって花の無防備な不安定さが印象づけられる。その緊張感はマチューとの遭遇から強姦，さらにホテルに行って別れるまでという加速度的な性愛描写においてクライマックスに達することになる。

19　原作の小説では，ATM が使えず銀行を探していた花にマチューが声をかけるところから始まり，その日は電話番号を交換しただけでそのまま別れる。パイプをぶつけられることと強姦という，二度にわたって彼女の身体が物理的に突かれる描写は，映画によって加えられたものである。

259

第二部　中国系新移民の経験と葛藤

チューに身をもたせる。

　それから二人は性愛に主導されるように交際を始め，花が乗り物に乗って向かう先には必ずマチューが待つようになる。彼女が鉄道を利用するのは，郊外に暮らすマチューの家を訪ねる時と，マチューの実家のあるオーシェルを訪ねる時のみだ。いずれも一人で乗り込み，窓から鉄路が後ろに飛び去ってゆくのを眺める。自動車にしても同様だ。通訳の仕事のために一時帰国した北京で，かつての恋人に求婚され承諾した彼女だったが，やはりマチューの元に戻らずにいられない。このシーンでは，北京で空港に行くために恋人に送られてタクシーに揺られる彼女の姿がまず映し出され，それから車窓の風景にカメラが切り替わると，そこはすでにパリの街並みで，花は列車に乗っているというトリッキーな編集がなされている。都市から都市への移動であると同時に，ある男からもう一人の男への移動であることがここでも窺われる。

　ただし，車で連れられて行った先には，必ずしも恋人が現れるとは限らない。フィルムの中で花が乗る自動車は，タクシーを除けばマチューの友人ジョバンニの車に限られる。中でも自動車の映画的な機能が浮き彫りになるのは，マチューに指示されるまま，ジョバンニの車で友人の別荘というところに連れてゆかれる箇所においてである。多くの映画において，自動車のハンドルを取ることが自分の運命を決定する，あるいは他人の運転する自動車に乗ることが相手に自分の運命を委ねることを意味するが，花もジョバンニの車に乗ったところで行く先を自ら定めることはできなくなる。ジョバンニに強姦された彼女は，別荘を出てから日の暮れた道を早足に歩くが，いくら手を挙げてもタクシーは停まらない[20]。自動車が彼女を乗せてゆくべき目的地が恋人の待つ場所だとすれば，マチューに裏

20　後日，マチューとジョバンニは花がセックスの誘いに応じるかどうか賭けをしていたことが明らかになる。このプロットは原作を踏襲している。

260

第7章　家のない女たち

切られ，売られた彼女には，自動車が連れて行ってくれる目的地も
失われている。

　先に述べたように，映画の冒頭で花は地下鉄に乗って帰るように
とのティエリーの示唆を容れず，ふらふらとパリの街に歩きだして
いる。ラストシーンもこれに呼応するように，バス停に並んでいた
花が，バスが近づいてくるとふらりと列から抜けて下がり，乗車を
あえて見送ることで結ばれる。マルシェのテントを組み立てる作業
員たちの姿をしり目に，花は来たバスを眺めながら手にしたベリー
を口に運び続ける。冒頭では街のざわめきを背景に，マルシェのテ
ントを解体する作業員たちの姿がくっきりと映し出されていたが，
この場面では街の音は入っておらず，スローモーションが利用され
た上に音楽が重ねられることで，花にとってパリの街は現実感が稀
薄なものとなり，ほとんど乖離の状態にあることを想像させる。作
業員たちにもピントは絞られず，ぼんやりとした背景に滲むように，
その前を歩く花の姿のみが鮮明に捉えられる。ただし，最後に顔が
クロースアップされるまで，カメラは花と距離を取り，時には物陰
に半ば隠れつつさながら覗いているように彼女の姿を捉えつづける。

　ここで花がバスに乗れば，それは北京に待つ婚約者の丁一と大学
教師の職の元へと彼女を連れてゆくであろう。そうすれば，冒頭で
地下鉄に乗らなかったばかりに彼女のパリ生活に呼び込まれたマ
チューの存在はなかったことになり，全ては一場の夢であったかの
ように，フランス留学の経歴を胸にはなばなしく帰国することがで
きる。そもそも，彼女が北京からパリにいったん戻ったのは荷物を
まとめて引き払うためだった。しかし，彼女は実家にマチューを訪
ねて最後のセックスをし，中国に帰って結婚することを告げる。原
作では主人公は当初の予定通り映画研究でDEA（専門研究課程）学
位を取得して帰国するが，映画では花の最終的な選択は示されない

261

第二部　中国系新移民の経験と葛藤

まま終わる[21]。

　ただし，ここで注目すべきは，先に見てきたように花がパリにあって知識人の友人からは疎遠になり，かといってマチューの属する共同体に踏み込むわけでもないという状態である。彼女は共同体から剥落したというより，むしろ自分を絡め取る「紐帯」の一つ一つから身をもぎ離し，個として存在するためにマチューを求めたのだとも見ることができよう。すると，北京に帰って結婚し，大学教師の職に就くことは，婚姻関係や職場をはじめ知識人の間に形成される「紐帯」によって絡め取られ，個として立脚できなくなることを意味する。

（2）乗り物としての男

　『パリ、ただよう花』の花に比べ，『中国娘』の梅が乗り物に乗る場面は多く，その種類も豊富である。ただし，乗り物の持つ役割はより単純だ。山村に生まれてそこから出たことのなかった梅にとって，乗り物は外に出るために不可欠である。男の元へ行くために乗り物が必要なのではなく，外に出るための乗り物として男が必要とされるのだ。

　村の外に出る手段として，相次いで作中に登場するのはトラックとバイク，そしてそれを所有する男である。外に出るための方法としてまず提示されるのが男によって村外へと連れ出してもらうことだ。

　トラック運転手はしばしば花を乗せて映画館に行き，深圳への出稼ぎから帰郷した男はバイクで花を近くの街に連れてゆく。二人と

21　DEA については大場淳「フランスにおける修士・博士教育―ボローニャ・プロセスに対応した LMD の下で―」（広島大学高等教育開発センター編『大学院教育の現状と課題　戦略的プロジェクトシリーズ I』，2009 年）参照。（http://home.hiroshima-u.ac.jp/oba/docs/senryaku_france2009-03.pdf　閲覧日：2017 年 9 月 11 日）。

262

第7章　家のない女たち

も移動手段を所有していることが，梅への接近を可能にしている。しかし，村から外に出ようと思えば何らかの代償を要求される。バイクの男は梅に性的な接触を求めるが，梅が応じなかったため，二人の関係はそこで終わりを告げる。トラック運転手は後に人目のないところに彼女を誘い出して強姦する。

　やがて，村の外に出るための新たな選択肢が提示される。それは母に勧められた見合いである。長距離バスに乗って梅は見合い相手の暮らす街に出るが，紹介された男はまじめな公務員で，自転車の後ろに彼女を乗せて街を案内する。このパートは「你能愛上一個戴粗框眼鏡的男人嗎？」（太いフレームの眼鏡をかけた男を愛せるか？）と題されている [22] が，この眼鏡をかけた分に安んじる男が梅を連れてゆけるのは自転車で走れる範囲に限られる。彼にできるのは，スタジオでビッグベンの写真を背景に梅の写真を撮ってやることくらいである。結局，この見合いについてはそのまま触れられることはなく，梅は男を介さずに村の外に出ることになる。

　若い女性が村の外に出て暮らすことを望めば，結婚の次の選択肢は出稼ぎである。梅は同じ村の友人とともに山道を歩き，列車に乗って重慶に出る。しかし男によって連れ出されたのではない女は，容易に都市から剥落してゆき居場所を失う [23]。衣料品の縫製工場を解雇された梅は，街を歩くうちにヘアサロンを見つけ飛び込みで働き

22　このフィルムは全部で 16 のパートからなり，各パートの冒頭に英語と中国語で短文によるタイトルが挿入される。

23　女性の出稼ぎ労働者を題材にした映画では，都市で一人で生計を立てる彼女らが実にたやすく転落してゆくさまが描かれることが多い。李玉の『ロスト・イン・北京』（蘋果）（2007）には，マッサージ店を解雇された若い女性が「北京はこんなに広いのに，こんな小さな私の居場所もない」と酔ってぐちるシーンがある。重慶を舞台に格差社会を描いた張一白（チャン・イーバイ）『好奇心は猫を殺す』（好奇害死貓）（2006 年），賈樟柯（ジャ・ジャンクー）『罪の手ざわり』（天注定）（2013）でも，都市で追い詰められる女性労働者の姿がそれぞれ異なる側面から描かれる。

第二部　中国系新移民の経験と葛藤

始める。名前はヘアサロンだが，店の奥にはカーテンで仕切られた
スペースがあり，性的なサービスを行うことが暗黙裏に知られてい
る。次第に職業上の要請に応じる派手な化粧と服装がなじむように
なった梅は，近所に暮らす男・大釘と交際を始める。暴力的な請負
仕事で暮らしているらしい大釘はほとんど私物を持たず，バイクや
自動車を所有しているわけでもないが，それでも外の世界へと通じ
る窓口を梅に垣間見せてくれる。彼の部屋には外国の風景写真のカ
レンダーが貼られており，ビッグベンの写真を見ながら，金が貯まっ
たら外国に行くと梅に語る[24]。梅の家族は農作業のほか，ゴミ捨て
場でゴミ拾いもしており，父に弁当を届けた際にヨーロッパで作ら
れた瓶が捨てられているのを見つけた梅は，そっと瓶をポケットに
入れて持ち帰っていた。しかし，近くの街や県城を経て，重慶まで
出てきた梅には，ヨーロッパは遥かに遠い。

　それがひょんなことからヨーロッパに渡ることが現実になる。大
釘が急死し，ベッドに隠されていた金が梅のものとなったのだ。梅
は街で見かけた広告のツアー旅行に申し込み，ロンドンに向かう。
大釘の死の前日に港で遊んだ際，長江を通じてテムズ川の流れを
知った梅は，テムズ川のクルーズを経て，ガイドの隙をついてグリ
ニッジ天文台から公園へと駆け出し，そのままロンドンの街に入っ
てゆく。『パリ，ただよう花』の主人公は常に男を追って移動するが，
梅にはまず外の世界に出るという希望があり，それをかなえるため
にタイミングよく現れた男の力，あるいは男への愛を推進力に変え
る。彼女にとっては，さまざまな乗り物は男の待つ場所へと自分を
運ぶ道具ではなく，自分の行きたいところに行くための手段なのだ。

　ロンドンで暮らし始めた梅は，若い中国人女性ばかりのアパート
に身を寄せつつ，中華レストランの宣伝の着ぐるみバイト，医学生

24　ビッグベンのイメージはこれより前にも登場している。写真が趣味の見合い相手
　　とスタジオ撮影したとき，ビッグベンの背景を選んでいた。

相手の人体モデル，マッサージといくつかの仕事をする。そのうちに，妻を亡くした年金生活者のハント氏と知り合い，結婚することになる。

ロンドンに自分の場所を占めることに成功したかのように見える梅だが，再び家出し，インド料理店を営むラシードのところに身を寄せる。だが，やがて妊娠した彼女に，ラシードはインドに帰るつもりだと告げる。梅は荷物をまとめてラシードの元を去るが，合法的な夫であるはずのハントの元に帰ることは選ばない。大きくふくらんだ腹を抱え，歩き続ける彼女の姿がファーストショットと重なり，最初に示された終着点までたどり着いたところで映画は終わる。

大釘と港で遊んだ際，ペットの蛇を泳がせている中年女性が現れ，大釘はその蛇と戯れる。この場面はイギリスでラシードとプールで泳ぐ場面として反復される。これによって二つの場面が水でつながり，ラストのパート・タイトル「梅は知っている，世界中の水はつながっていると」（李梅知道，世界上的水都是相通的）が浮上する。彼女はもはや乗り物に身を任せることは選ばず，自分の足で歩き続けてついに海辺に到着する。

6．おわりに

二つの作品は，画面に向かって右の方に視線を向けた主人公の顔のクロースアップという，非常によく似た構図のショットで終わる。
『パリ、ただよう花』の主人公は，常に乗るべき乗り物に乗らず，乗るべきでない乗り物に乗ってしまう。最初に地下鉄に乗らなかったことが，パリの路上に無防備な心身を晒すことにつながり，その後のマチューとの混乱した関係をもたらすことになるし，ジョバンニの車に乗ったことでマチューが自分を売るような男であることに気づかされる。しかし，「乗るべき」乗り物，安定した生活へと導き，

265

第二部　中国系新移民の経験と葛藤

共同体への帰属へと導く乗り物に乗ってしまうことは，彼女にとって個としての自分が失われることにつながる。したがって，彼女にとっての歩行は，無目的な漫遊のように見えても，実際には自分を絡め取ろうとする様々な紐帯から身を離そうという努力である。ただし，絡め取られることを拒み，個であることを求めた女性が路上に身体を置く時，そこには性愛の形を借りた痛棒が下されずにはいない。

　『中国娘』の主人公も，様々な乗り物を利用して山村を離れた末に，ついには自分の足で海辺に到達する。彼女にも『パリ、ただよう花』の花と同様，何らかの紐帯を強固なものにして自分の生存基盤を確かなものにしようという意識は見られない。

　二人は間借りばかりで自分の家を持つことはなく，結婚するとしても自分の家ではなく相手のところに身を寄せるのと変わらない。家を持たない女たち，他人の家に暮らすことを拒みつづける女たちにとって，歩行こそが自分を個として立脚させる行為であるといえるだろう。

参考文献

【映像作品】

ロウ・イエ『パリ、ただよう花』（中国語題『花』，英題《Love and Bruises》），中国・フランス合作，2011 年。

グオ・シャオルー『中国娘』（中国語題『中国姑娘』，英題《She, A Chinese》），イギリス・フランス・ドイツ・中国合作，2009 年。

【日本語】

王維（2006）「新移民にみられる「弱い紐帯」のネットワークの活用」『香川大学經濟論叢』79（3）:451-475。

王維（2011）「中国系新移民──概況，原因，特徴及び発展の趨勢」陳天璽・小林知子編『東アジアのディアスポラ』明石書店，pp.96-123。

大場淳「フランスにおける修士・博士教育─ボローニャ・プロセスに対応したLMDの下で─」（広島大学高等教育開発センター編『大学院教育の現状と課題　戦略的プロジェクトシリーズⅠ』，2009 年。（http://home.

hiroshima-u.ac.jp/oba/docs/senryaku_france2009-03.pdf　閲覧日：2017
　年 9 月 11 日)。
小関和弘（2012）『近代日本の社会と交通 14　鉄道の文学誌』日本経済評論社。

【中国語】

劉捷（Jie LIU-FALIN）（2011）『花』, 鳳凰出版社。
「對話《花》女主演任潔：為拍片第一次去北京（北京新浪網）2011 年 09 月 03 日」
　　http://dailynews.sina.com/bg/ent/film/sinacn/20110903/20302740446.
　　html　（閲覧日：2017 年 9 月 6 日）

第三部

中国政府の移民ネットワークの
援用と創出

第8章 中国の文化外交における中国系移民の
媒介的作用

奈倉　京子

1．はじめに

　国際社会において，中国が経済大国としての立場を強めるにつれ
て，中国語学習者数や中国への留学生数が増加している。こうした
中国への移動は，世界の人々の方から主体的に起こされている面も
あるが，中国側の働きかけによる面も大きく，それは文化外交（パ
ブリック・ディプロマシー。中国語で「公共外交」）と称される。本章では
中国独特の文化外交を表現するために，「公共外交」の語を用いる
ことにする。

　中国で公共外交の取り組みが強調され始めたのは，江沢民政権時
代の1998年1月からである。これは，同政権時代の90年代末に
打ち出された「走出去」戦略（海外投資を積極的に拡大すること）との
関係を無視できない。周知の通り「走出去」戦略は，中国市場の拡
大や国際社会における中国企業の競争力を高めることを目的とした
ものであるが，これらの目標を達成するために，中国の国家イメー
ジを向上させることが重要であるからである。その後，胡錦濤が
2007年の中国共産党第17回大会で国家の「文化ソフトパワー（中
国語で「文化軟実力」）」を向上させること，全民族の文化的創造力を

掻き立て，中華文化を繁栄させることが必要であること等を述べた報告書を提出した[1]。

そして2013年，習近平が国家主席に就任し，「一帯一路」構想が打ち出された現在，公共外交の重要性も増している。

「ソフトパワー」の概念については，しばしば国際政治学者，ジョセフ・ナイの定義が引用されている。それは，「自国が望む結果を他国も望むようにする力であり，他国を無理やり従わせるのではなく，味方につける力」[2]「強制や報酬ではなく，魅力によって望む結果を得る能力である。ソフトパワーは国の文化，政治的な理想，政策の魅力によって生まれる」[3] と解釈されている。これに対し中国人記者の童倩は，中国の提起したソフトパワーはナイの提起した概念とは本質的に異なるもので，政府はソフトパワーを人に強制しようと計画していると批判的に捉えている。また中華意識は全世界の中でかなり深く根を張っているが，中国は中華意識をソフトパワーとして効果的に利用し，それを使って民族の凝集力を強化することが今後さらに明確になるだろうと述べている[4]。つまり，中国にとっての「ソフトパワー」とは，ナショナリズムおよび中華圏の形成を強

1　中川（2012）「中国のソフト・パワーとパブリック・ディプロマシー：Wang, Jian ed. Soft Power in China : public Diplomacy through Communication, の検討を中心に」『立命館国際地域研究』35：72-74, 胡錦濤（2007）「胡錦濤中国共産党第17次全国代表大会上的報告」http://cpc.people.com.cn/GB/64093/67507/6429849.html, 閲覧日：2017年5月7日。このような政治的動向を受けて，中国の学術界では公共外交研究が盛んに行われるようになった。2010年3月に研究者と政界人の観点を収めた学術雑誌，『公共外交季刊』が創刊されたことはそのことを物語っている（劉宏（2015）『海外華僑華人与中国的公共外交—政策機制，実証分析，全球比較 』暨南大学出版社，2頁）。

2　ナイ，ジョセフ・S・山岡洋一訳（2004）『ソフトパワー──21世紀国際政治を制する見えざる力』日本経済新聞出版社，p.26。

3　ナイ，前掲書，p.10。

4　童（2010）「中国のソフトパワー戦略の強みと弱み」『外交』時事通信社，pp.33-41。

271

化するための資源と捉えられているのである。加えて，中国政治を研究する中居良文も，中国の公共外交に対して批判的な見解を示している。中国の公共外交は，欧米諸国が考えるそれとは異なり，国家目標である経済発展の実現のための手段であり，共産党が主導する国家中心主義的傾向が顕著であることを指摘している[5]。さらに，海外の政治学者も「中国のソフトパワーは，モラルの空白状態，中国の政治体制や政治的文化によって妨げられている」[6]「中国のソフトパワーは，マルクス主義における地域格差，貧富の差，環境破壊，国際組織参加に対する消極的対応により不信を強いられている」[7]と批判的な論調である。

　このようなマクロな政治学的視座からの批判的見解に対し，本章ではミクロなレベルに着目する人類学的視座により，中国の公共外交におけるアクターの相互作用と中国系移民[8]の役割を明らかにしたい。さらに，そこで意味される中国の「ソフトパワー」，言い換えれば「文化」の意味を検討したい[9]。

　中国の公共外交における中国系移民の影響力については，主に

5　中居（2010）「中国の公共外交（Public Diplomacy）：批判的検討」日本国際問題研究所『平成 22 年度中国外交の問題領域別分析研究会報告』日本国際問題研究所，pp.14-27。

6　Lai Hongyi (2012) "China's cultural diplomacy: Going for soft Power" in Hongyi Lai and Yiyi Lu (ed.) .China's Soft Power and International Relations. Routledge.p.98.

7　Lai, Ibid.,p.99.

8　学術界では，現地生まれ現地育ちの華人の子孫を「華裔」で表現している。しかし本章で扱う若者は，必ずしも中国に対するアイデンティティを前提にしておらず，「華」という中国を中核とする概念である「華裔」を用いて表現することには違和感を覚える。そのため本章では，華人の子孫の若者について言及する場合，「中国系移民」や「中国系マレーシア人」「中国系インドネシア人」という表現を用いる。引用の場合はその著者の表記に基づくものとする。

9　中国の「ソフトパワー」が抽象的で不可視的な影響力・文化の力を指すのか，具体的で可視的な文化的資源を指すのか，中国の公共外交研究の中では曖昧である。

2010年以降，中国政府がその調査研究を奨励し始めてから中国人研究者によって調査研究が進められている[10]。これに対し張学軍は，実際，「公共外交」という概念が生まれる以前から，中国政府が「対外宣伝」のもとに華僑華人を通して海外に中国文化を伝播し，交流することにより，他国と良好な政治的関係を築いてきたことを，具体例を挙げながら論じている[11]。筆者も張の観点に賛同している。別稿で，「公共外交」が謳われる以前から，清朝政府や国民党政府によって，そして新中国成立以降は中華人民共和国華僑事務委員会や中華人民共和国国務院僑務弁公室（以下，僑弁と表記する）[12]により，いずれも僑務政策[13]の下で海外に在住する華僑華人に対し展開されてきた海外に居住する華僑華人に関する政策，とりわけ華

10 例えば，陳奕平，範如松（2010），孫霞（2012），潮龍起（2013），湯鋒旺（2013），劉澤彭［主編］（2013），劉宏［編著］（2015）。

11 張学軍（2015）「中国公共外交歴史与華僑華人政策」劉宏［編著］（2015）『海外華僑華人与中国的公共外交―政策機制，実証分析，全球比較―』暨南大学出版社，25-40頁。

12 1949年10月22日，中央人民政府委員会は『中華人民共和国政府組織法』第8条に基づき，政務院の直轄下に中華人民共和国華僑事務委員会（略称，中僑委）を設立した。1969年に中僑委は廃止され，僑務工作は外交部の管轄となった。中僑委には留守処が設立され，外交部が代わりに管理する形となっていたが，1978年1月に国務院僑務弁公室が成立するとそれも廃止された（中華人民共和国国務院僑務弁公室ウェブサイト http://qwgzyj.gqb.gov.cn/qwhg/139/1030.shtml，閲覧日：2016年12月12日）。

13 僑務政策とは，共産党と国家（中国大陸）が異なる時期において，国内外の「僑情」（華僑華人，帰国華僑，彼／彼女らの家族や親戚が置かれた状況）の変化に基づき，中国に必要なことも考慮した上で，関連部門の指導のために制定された「渉僑」に関する政策のことである。「渉僑」とは「僑」に関連するという意味で，「僑」とは①華僑，②外籍華人，③帰僑（帰国華僑），④僑眷（華僑の国内の親戚），⑤外籍華人の中国国内の中国籍をもつ眷属を指す。すなわちこの五つのグループの人々が僑務政策が適応される対象と範囲であり，この他に，一部の僑務政策は香港，マカオの人々やそこの人々を親戚にもつ大陸に居住する人にも適用される（毛起雄・林暁東（1993）『中国僑務政策概述』中国華僑出版社，1-3頁）。

273

語教育を対象に行われてきた政策を中心に「公共外交」の観点から
考察した[14]。

　このように，華僑華人と中国政府との関わりの歴史は今になって
始まったことではないが，近年になって「僑務公共外交」という中
国の公共外交と僑務政策の接点を表す新たな概念が現れた。潮龍
起によると，「僑務公共外交」という語は，2011年の全国僑務工作
会議において「以僑為橋─溝通中国与世界」（華僑を架け橋とする─中
国と世界のコミュニケーション）のスローガンとともに初めて提唱され
た。僑務公共外交とは，「我が国の政府，社団と民衆が情報の伝播
や文化交流などの手段によって華僑華人とコミュニケーションを取
り，彼らが居住国の人々（国民）と政府に向けて中国の基本的な国情，
発展ルート，内外政策，治国理念，歴史文化や価値観を紹介・奨励
し，誤解を解き，情報を伝えて価値を作り出すことにより，中国の
良い国家イメージを作り出し中国のソフトパワーを高めること」で
ある。潮は僑務公共外交の特徴として次の五つを挙げている。

　第一に，担い手が多いこと。僑務を担う「五僑」（国務院僑務弁公
室，全国人大華僑委員会，全国政協港澳台僑委員会，中国致公党，中華全国帰
国華僑聯合会）以外にも，外交，教育，文化，統戦，人事，公安，外
事，商務，科学技術といった部門も関わっている。第二に，対象の
華人が，世代，階層，地域，中国との関わり方等の多様性を有して
いる。第三に，外交ルートが複雑なこと。公共外交は，ある国の政
府と国民が，他の国の政府と国民に対して行う一次的な伝播活動で
あるのに対し，僑務公共外交は二次的ルートであるか，もしくは複
数のルートをもつ。僑務部門による公共外交の多くは直接行うので
はなく，華人組織や華人のリーダーを介して行われ，多くの華僑華

14　奈倉（2017）「中国の文化外交と華人社会との関わり─僑弁と漢弁の華語・中
　　国語教育への影響をめぐって─」髙橋五郎編著『新次元の日中関係』日本評論社，
　　pp.374-394。

人に伝えられていること。第四に，内容が政治レベル，経済レベル，文化レベルと多岐に渡ること。最後に，作用の間接性という特徴である。華僑華人は僑務公共外交の対象であると同時に，居住国の国民に対して中国の文化を伝える担い手でもある。つまり，中国政府は，華僑華人を通して間接的に外国の政府・国民に影響を及ぼすことができるのである（図1を参照）[15]。

図1　華僑華人による影響のメカニズム

出典：潮（2013：69頁）より。

加えて，王微・徐椿祥は，華僑華人が公共外交に及ぼす影響について，「ソフトパワー（資源），公共外交（手段），ナショナルイメージ（結果）」の三者の関係から検討している。海外華僑華人は居住国の言語と中国語の両方を使うことができ，居住国の価値観をより理解している。その上，政治色が希薄なため，彼らの発言は居住国の国民に受け入れられやすい。そのため，中国と彼らの居住国との間に何か事件が起きた場合，両国のコミュニケーションを円滑にすることができる。また，華人社団は公共外交を推進する中堅的力を有し，そのネットワークは公共外交システムの一環を構成し，居住国

15　潮龍起（2013）「僑務公共外交:内涵界定与特点辨析」『東南亜研究』第3期,65-69頁。これまでの僑務公共外交研究では，現象自体は今になって現れたものではなく，過去から存在する歴史的現象を公共外交の観点から読み直しているものが多く見られることが指摘されている（那朝英（2016）「"以僑為橋"：中国僑務公共外交的路径研究―評『海外華僑華人与中国的公共外交』」『公共外交季刊』第1期,102-107頁）。これに対し本章では，公共外交を目的として実施されている現在進行形の現象を対象とし，現在の華人社会との関わりを考察する。

で影響を及ぼす重要な手段となると述べている[16]。

以上の僑務公共外交の議論を踏まえ，本章では，2000年以降の中国の公共外交と華人社会との関わりにおいて，中国系移民が三つのレベル—政府との関わりのレベル，個人レベル，組織レベル—で媒介的作用を及ぼすケースを取り上げる。はじめに考察するのは，中国政府の政策に対し，海外に在住する中国系移民が（組織的に）直接的・間接的に介入するケースである。次に，こうした政府の政策の影響を受けて，若い世代の中国系移民個人が中国へ移動することによりもたらされる影響について考察する。最後に，中国系移民の組織の媒介的作用について検討する。僑務公共外交の先行研究に，海外の華人社団の公共外交への貢献を論じたものは少なくないが[17]，これに対し本章では，中国での生活経験を経て居住国へ戻った中国系移民による組織が架け橋的役割を果たしていることに注目する。

２．公共外交と華人社会

本節では，中国政府の対外中国語教育の促進と華語教育への関与の状況について考察していく。対外中国語教育（外国人を対象）と華語教育（華人を対象）はそれらを担う組織と対象は異なるが，両者の間には接点が見られる。本節では両者の相互作用に焦点化することにより，華人の公共外交への影響を論じる。

（1）対外中国語教育の拡大と孔子学院

1987年に中国の教育部の管轄下に国家漢語国際推広領導小組弁公室（漢弁）が創設された。ここから中国政府が対外中国語教育に

16　王微・徐椿祥（2013）「華僑華人在公共外交中的作用」劉澤彭［主編］『国家軟実力及華僑華人的作用——国際学術会議論文集』暨南大学出版社，116-122頁。

17　鄭一省（2013），祝家豊（2013）等。

力を注ぎ始める。漢弁の活動が活発化するのは2000年以降で,「中国語ブリッジプロジェクト」(「漢語橋」),孔子学院,漢語水平考試(HSK)の普及,中国語のボランティア教師派遣事業等を行ってきた。

教育部は2003年,63か国に97名の中国語教師を派遣したことに加え,漢弁は福建師範大学と雲南師範大学に委託して,それぞれフィリピンとタイに計53名のボランティア教師を試験的に派遣した。そして2004年から本格的にボランティア教師派遣事業が始まった[18]。注目すべきは,中国から派遣するだけでなく,教師不足に対応するため,2006年から現地住民や在住の華人,中国人留学生等からボランティア教師を募集する漢語教師海外志願者プロジェクトもスタートしたことである[19]。ここに,中国の公共外交と華人社会との関わりがみてとれる。

さらに,2003年から,漢弁が作成した「中国語ブリッジプロジェクト」の5か年行動計画が発表された。その趣旨を,「世界に中国語を広め,世界各国の中国に対する理解と友好を深め,世界における中国の影響力を拡大すること」と定め,その目標を,「中国語を世界の主要な国家・地域に可能な限り深く伝播し,中国語を諸外国の学校教育課程における重要な外国語科目となるよう働きかける。5年以内に世界における中国語学習者数が1億人に達するよう努め,中国語を21世紀の新しい国際的優勢言語にするよう働きかける」としている。内容は,オンライン教材およびマルチメディア教育教材の開発,国内外の中国語教師の養成,対外中国語教育基地の設置,各種中国語能力検定試験の開発,世界中国語人会および「中国語ブリッジコンテスト」の開催,中国語ブリッジ基金の設立,対外中国語教育に関する研究の推進等,各種の施策を行っているが,その中

18　玉置 (2010)「中国の対外中国語教育:『漢弁』と孔子学院」『海外事情』58:122-140。

19　玉置,前掲論文,p.113。

第三部　中国政府の移民ネットワークの援用と創出

でも特に中心的な施策として国内外の関心を集めているのが、「孔子学院プロジェクト」である[20]。

孔子学院は、中国語学習や文化交流等を目的に中国が海外の大学と提携して設立した非営利の教育機関のことであり、イギリスのブリティッシュ・カウンシル、ドイツのゲーテ・インスティトゥート、フランスのアリアンスフランセーズを真似て構想された。2004年に韓国・ソウルに設立されたのを皮切りに、全世界に広がっていった[21]。孔子学院は、一般的に非華人を対象とした第二言語教育としての中国語教育であり、それに対し、華語教育は華人を対象とした母語教育である。孔子学院による中国語教育の対象を「孔子学院の対象は海外華僑華人と中国語や中国文化に興味のある外国人」としている研究者もいるが[22]、必ずしも孔子学院と華人社会とが結びついているとは限らず、両者の結びつきが強い国の方がむしろ少ない。ここでは、孔子学院と華人社会との結びつきが強い事例をみていくことにする。

まず、アメリカのメリーランド大学に設立された孔子学院の事例を紹介したい。中国人留学生と中国系アメリカ人の学生と連携し、中秋節や春節を祝うイベントを企画・実施し、学内における中国文化の普及活動にも積極的に取り組んでいる。これに加え、中国系アメリカ人が自主的に運営している週末学校で開講していた子どもの

20　黒田（2010）「アメリカ合衆国における中国政府の中国語教育普及戦略：メリーランド大学孔子学院の事例を中心に」『神戸大学留学生センター紀要』16：21-22。

21　孔子学院の管理運営体制、設立申請方法等については、黒田（2010）や戴（2013）等に詳しい。また近年メディアで孔子学院に対する批判も出されている。例えば「中国のプロパガンダ教育機関・孔子学院がアメリカで次々閉鎖」（http://www.news-postseven.com/archives/20150213_301812.html, 閲覧日：2017年1月3日）、「中国政府のプロパガンダ「孔子学院」米シカゴ大学と契約終了」（http://www.epochtimes.jp/jp/2014/09/html/d17050.html, 閲覧日：2017年1月3日）等。

22　戴、前掲書、49頁。

278

第 8 章　中国の文化外交における中国系移民の媒介的作用

中国語クラスを，孔子学院が連携して同様のクラスを開講している[23]。

　続いてタイでは急速に孔子学院が普及したが，その理由の一つは，華人コミュニティの熱狂的な反響のためだといわれている。タイ華人人口は全体の15％を占めるが，若い世代のタイ化が進んでおり，多くのタイ華人は先代ほど中国語ができなくなっている。孔子学院はこうした若い世代の華人が祖先の言葉を勉強しルーツを発見することを助けるものと期待されているのである[24]。さらに，タイの孔子学院の特徴に，大きな規模の大学にあることと，華人密集地にあることが挙げられる。これは地元の華人コミュニティのサポートを受けながら社会のエリート層に中国語・中国文化を広めるのに大変有効である。実際に，華人社団（潮州会館，客家会館，海南貿易会館，福建会館等）は孔子学院のイベントにも貢献している[25]。ミャンマーでは，孔子学院設立がスムーズにいかず，2008年，ミャンマー政府は最終的に設立に同意したが，有名な大学に設立することには賛同せず，その代りに，三つの孔子学堂と地元の学校とを提携させることに同意した。ヤンゴンの Fuqing（福清）Language and Computer School は，2002年9月に地元の華人コミュニティによって設立された福建同郷会の附属学校で，この学校と連携している孔子学堂も，地元の華人コミュニティの資金援助によるものである。そこで中国語の授業を受講している大部分は地元の華人の子どもたちである。この学校のオフィスは，狭い通りの小さなビルの1階と2階にあり，右はにぎやかなチャイナタウンに接している。このような場所に設置されたのは，チャイナタウンエリアの地元の華

23　黒田，前掲論文，pp.19-36。

24　Nguyen. 2014. "Confucius Institutes in the Mekong Region: China's Soft Power or Soft Border?" *Issues & Studies* 50:99.

25　Nguyen, Ibid., pp.106-107.

279

人コミュニティと連携して活動しやすいようにするためだと考えられる[26]。

さらに，マレーシアで唯一のマラヤ大学「孔子漢語学院」は，筆者の陳忠院長への聞き取り（2013年8月）によると，中国から派遣されてきた中国語教師をマレーシア国立サバ大学，マレーシア科学大学，マレーシア工科大学へ派遣したり，2012年より政府機関（警察，外交学院，内政部等）から委託されて公務員向けの3か月のクラスを開講したりしているということだった。これらの活動からは，一見，華人社会との連携はみられない。しかし漢弁と共同で国内の中国語教師を中国へ派遣して研修を受けさせており，その大部分が華人であるということから，漢弁と孔子学院の間接的な華語教育への関わりをみることができる[27]。

以上でみてきたように，非華人を対象に行われている漢弁の対外中国語教育が，地元の華人と連携し，非華人に対する中国語教育を推進させているだけでなく，華人の華語教育を復活・高揚させ，中国に対する愛着を強める方向へ導こうとしているのである。

（2）中国政府の華語教育への関与

孔子学院は漢弁が主導で設立・運営されているのに対し，華語学

26　Nguyen, Ibid., pp.92-93.

27　マレーシアでは2009年に，マラヤ大学と北京外国語大学とが提携して「孔子漢語学院」が創設された。名前に「漢語」が入れられたのは，宗教色を軽減するためだという。これがマレーシアでは唯一の孔子学院である。華語教育の伝統が根強いマレーシアで孔子学院がどのような状況にあるかについて研究し，修士論文にまとめた黄敏詩（中国系マレーシア人）によると，華語教育と孔子学院による中国語教育の間に連携はみられず，前者は華人を対象とした母語教育，後者は非華人を対象とした外国語教育という線引きがあるという。このような状況から黄は，学校創設・運営の面で豊富な経験をもつマレーシアの華語教育と孔子学院の中国語教育の間で協力すべきだと提言している（黄敏詩（2014）『馬来亜大学孔子漢語学院在馬来西亜華人社会背景的発展現状与展望』廈門大学修士論文）。

第 8 章　中国の文化外交における中国系移民の媒介的作用

校は海外に移住した華人が華人社団に頼りながら独自に創設されて
きたものであるため，一見，中国政府の干渉は少ないようにみえる。
しかし，2000 年以降，孔子学院が盛んになる一方で，中国政府（僑
弁，教育部等）は海外の華語教育にも影響を与えている。このような
状況から，中国では中国政府と海外の華語教育との関わりについて
考察する研究者が現れ，報告書も出されている[28]。それらの研究を
参照しながら，以下では中国政府の海外華語教育に対する政策と影
響についてみていくことにする。

　まず，僑弁は 2009 年から 2 年に 1 回，世界華文教育大会を開催
している。そこでは，教材，教授法，教師，学校の発展等について
各国の華語学校責任者が報告し合い，世界の華語学校間の交流を促
進している。大会では，「華文教育模範学校」を選出し表彰も行っ
ている[29]。

　次に，僑弁は中国国内の教育機関と海外の華語学校との交流を促
進するための政策を実施している。例えば，国内の学校の中から「華
文教育基地」を選定し，華語学校の教師養成クラスや子どもたちの
交流活動等を委託している。その一例を挙げると，浙江省にある温
州少芸校は僑弁に指定された唯一の小学校の華文教育基地で，中国
系青少年の「ルーツ探しの旅」に協力している。また僑弁は，華語
学校の関係者を国内に招き入れるだけでなく，海外へ出て支援する
方法も採用している。例えば，浙江省僑弁は，2006 年から 2008 年に，
華文教育模範教学団をフランス，オーストリア，オランダ等十数か
国に派遣し，教師養成のための講演会や華語学校の教師との意見交

28　例えば，厳暁鵬（2014）は，管理学の視座から中国政府の孔子学院と華語学校へ
　　の関与について比較研究を行っている（『孔子学院与華文学校発展比較研究』浙江
　　大学出版社）。加えて『世界華文教育年鑑』（2013 〜 2015）（いずれも賈益民［編］，
　　社会科学文献出版社）には，中国政府（僑弁，教育部等）が海外の華語教育に対し
　　て行った政策や交流行事が記載されている。

29　厳，前掲書，139 頁。賈［編］（2014），前掲書，7 頁。

281

換会等の師範教育を行った[30]。

　これらの事例から，中国語教育と華語教育の接点および漢弁と僑弁の連携をみることができる。それらの成果の一つとして現れたのが，次節で紹介する中国系の若者の中国留学の増加である[31]。

３．中国留学・訪問の増加

　中国政府は海外の華語教育を支援することに加えて，華語学校を卒業した中国系の若い世代が中国へ留学しやすくなるように入学試験や奨学金などの面で便宜を図り始めた。こうした背景には，改革・開放以降，海外華人と故郷中国との関係が復活し，投資が増加したが，海外華人が若年化するなかで，中国への関心が希薄になり，単に中国が故郷・祖国だからという理由だけで彼／彼女を惹きつけることが難しくなってきたことがある。故郷・祖国といった感情に訴えるものの代わりに中国語をはじめとする「ソフトパワー」としての中国文化の力を利用して，海外の中国系移民および非華人に中国の魅力をアピールする必要があったと考えられる。

　華人の中国留学の動機については，陳弈容（2006）の調査結果が参考になる。陳は，厦門大学の外国人留学生 301 人（非華人も含む）に対し，留学の動機に関する質問紙調査を実施した。その結果によ

30　厳，前掲書，133-136 頁。

31　東南アジアの華人の若者の中国留学が増加するにつれて，2000 年以降，中国国内では，中国系の若者を対象とした研究も行われるようになった。例えば，彼らの中国語学習並びに中国留学の動機について質問紙調査を行った研究（尉万伝（2004），陳奕容（2006）等），彼らが中国語を勉強する動機と中華文化に対する文化的アイデンティティの関わりについて考察した研究（王愛平（2001）。王愛平，兪雲平（2013）等），彼らの中国での文化的適応について調査した研究（文峰（2007），文峰・周聿峨（2009）等）がある。こうした研究から，中国系の若者の中国観，僑郷観の動向を知ることができる。

ると，若い世代の華人の中国留学の動機は大きく二つある。一つは，中国語を勉強することが将来の就職に有利であるから。もう一つは，「華人として中国語を勉強するのは当然と考えるから」であった。加えて，両親の意思で留学を決めたと回答した者は非華人の子女では10.6％であったのに対し，華人の子女では22.6％に上った。

　こうした量的調査の結果を参照しながら，筆者は，2016年3月に，中国福建省の厦門大学（厦門所在），厦門理工大学（厦門所在）そして華僑大学（泉州所在）に学位取得を目的として留学する中国系マレーシア人留学生6人と中国系インドネシア人留学生7人に，半構造的な聞き取りを行った。内容は家族の状況・留学のプロセス・中国語学習歴・社会関係・将来の計画等である。マレーシアは東南アジア諸国の中で，華語教育が中断することなく継続されてきており，現地の華人の努力により華語教育体制が整えられてきた。それに対し，インドネシアでは1960年代から華僑排斥の気運が高まり，華語教育が中断された歴史をもつ。したがって両者は華語教育について対照的な歴史を有するため，それが華人の若い世代にどのような影響を及ぼしているかを比較するのに適しているといえる。加えて，調査地の厦門と泉州は多くの華人を送出した著名な僑郷の一つであり，華人留学生の父方祖先の出身地やその近くであることも多い。さらに，2014年8月と2016年4月に，クアラルンプールにて，中国留学経験のある中国系の若者5人に聞き取りを行うとともに，「華文独立中学」にて中国留学の現状に関する聞き取りを行った[32]。以下の内容はそれら筆者の調査を基にしている。但し，本調査の数例から中国系移民の留学経験全体に当て嵌まるモデルを議論するには無理があることは認めざるをえない。これを承知の上で本節ではミクロなレベルから移動する若者を捉える試みとして聞き取りを取

32　クアラルンプールにて，華語教育の現場を訪問し，中国留学の状況について董事会（理事会に相当）の役員に聞き取りを行い，統計資料も収集した。

り上げ，中国政府の公共外交との関係の議論をする材料を提示したい。

（1）中国系マレーシア人の中国留学

　マレーシアには1962年より華人の私立経営である「華文独立中学」（中高一貫校。以下独立中学と表記する）が60校ある。高校を卒業する時にはMCE（Malaysian Certificate of Education：マレーシア教育修了証明試験）とUEC（Unified Examination Certificate: 独中統一試験）を受けるが，後者はマレーシア政府が認めていないため，独立中学に通い続けるとマレーシアの大学に進むことができず，卒業生のマレーシアでの大学進学を妨げてきた。そこで卒業生の多くが，台湾やシンガポールの大学へ留学するのが主流であった。とりわけ，独立中学の教師に台湾留学組が多いので，学生にも台湾留学を勧める傾向にあるため，台湾留学を希望する華人の子どもが最も多く，依然としてこの状況は続いている。ところが，1989年にマラヤ共産党の問題が解決し，1990年代に入り中国との関係が改善されたことを背景に，1990年代後半から中国へ留学する華人若者が現れるようになり，2000年以降増加傾向にある[33]。現地の関係者によると，

33　しかしながら，独立中学に限っていえば，以下に示す独立中学卒業生の主な留学先の統計資料（出典：『工作報告書』（馬来西亜華校董事連合会総会，内部刊行）の2010年版〜2013年度版より）からみると，中国への留学生が増えたとはいえその増加は僅かであり，依然として台湾留学が主流なことがわかる。その理由に，教師に台湾留学組が多いので，学生にも台湾留学を勧める傾向があることや，台湾はアルバイトが許可されているが，大陸は許されていないこと等がある。但し，華人がマレーシアで教育を受ける場合，小学校（華語教育）終了後，国民中学に進学する子どももいる。彼らの中にも，高校卒業後に中国へ留学する人がいるが，本章ではその数を明らかにできなかった。

2010年
・中国：153名，3.41%（台湾：992人，22.10%；シンガポール481人，10.72%）
2011年
・中国：86名，1.79%（台湾：1225人，25.44%；シンガポール388人，8.06%）

第 8 章　中国の文化外交における中国系移民の媒介的作用

1970 年代には台湾，1980 年代から 90 年代は香港とシンガポール
から文化的影響を受けていたが，2000 年頃から中国の影響を受け
るようになったという。また，1990 年代に入りマレー語を教授用
語とする国民小・中学校でも華語学習を希望する父母や生徒が増え
たということだった。

　マレーシア華人学校理事会連合会総会（董事会）の責任者並びに
中国留学経験者に対する聞き取り（2014 年 8 月）により，以下のこ
とがわかった。独立中学では 1995 年から少しずつ中国へ留学する
者が増えた。現在は約 7,000 人が中国留学中で，学位取得を目的
としている者が約 3,500 人，そのうち 400 人はマレーシア政府が
派遣したマレー人である。大部分が華人で，独立学校の卒業生が中
心である。2003 年にマレーシアに高等教育所が設立され，中国教
育部と提携して，初めて中国の 50 校あまりの大学がマレーシアへ
学生募集に来た。同時に中国で独中統一試験の成績を認める大学が
増え始め，直接中国の大学へ進学できる機会が増えた。そして，台
湾留学と比べると，地方政府や大学そして企業等からの奨学金が得
やすいことやマレーシアで学位が認められることもメリットである。
中国留学の例を挙げると，近年，統一試験で優秀な成績を修めた者
の中から北京大学に 28 人が選ばれ面接に参加した。学費は無料で，
入学時期を自分で選べるという好条件だったという。また，奨学金
については，北京，上海の市政府から提供されたり，大学と企業が
提携して奨学金を給付したりしている。例えば，北京大学と郭鶴年
の企業（KUOK FOUNDATION）が提携して 1 年に 6 万人民元の奨学

2012 年
・中国：129 名，2.42%（台湾：1316 人，24.71%；シンガポール 407 人，7.64%）
2013 年
・中国：149 名，2.39%（台湾：1782 人，28.58%；シンガポール 511 人，8.20%）

金を出している。

　また，クアラルンプールでは，1995 年から 1997 年にかけて，華人による私立大学が創設された。有名な学校は，新紀元大学と南方大学学院である。この二つの学校が中国の大学と協定関係を結ぶ等交流を深め，留学や訪問の機会を広げたことも，華人が中国へ留学しやすくなった理由の一つとして挙げられる。「大陸へ華人留学生を送り込むことは，長期的にみると中国文化の継承のためのソフトパワーになる」と董事会の責任者が話していた。

聞き取りからみえること

　中国への留学経験者並びに留学中のマレーシア華人の若年層に対する聞き取りからわかったことについて，H 氏の聞き取り内容を中心に紹介していきたい。彼は，1976 年生まれ，国籍はマレーシア，父方祖先の出身地は中国海南省である。クアラルンプールにある華社資料研究センターの研究員で，マラヤ共産党の歴史研究を専門とし，華人の動向に詳しい人物である。そして中国に留学し，博士号の学位を取得した経験をもつ。彼は 1982 年に小学校（華語学校）に入学し，中国語学習において簡体字を使用した最初の学年で，1980 年以前は台湾のピンイン，80 年以降は北京のピンインを使用するようになったと記憶している。中学と高校はマレーシアの学校へ通っていたが，そこでも中国語のクラスはあった。15 名以上の要求があれば中国語のクラスを開設することになっていた。

　その後 H 氏は厦門大学の大学院博士課程に進学した。厦門大学を留学先として選んだのには三つの理由がある。まず，奨学金が得られたから。中国は台湾と比べ，奨学金を得られる機会が多い。次に，マラヤ大学と厦門大学南洋研究院との間に交流があり，指導教員を紹介してもらいやすかったから。最後に，厦門大学の学位がマレーシアでも認められるから。2012 年に留学した時，厦門大学にはマ

レーシアからの留学生が 250 人いた。マレーシア華人の留学先としてシンガポールと台湾が人気である。マレーシアではシンガポールの大学の学位は認められるが，台湾の学位は認められないという。

中国留学の動機については，「台湾へはたくさんの人が行っているので様子がよくわかっていた。両親から中国留学を勧められた」(会社員男性)，「将来中国の経済は発展すると思った」(起業者) 等，経済的要因を挙げる人もいれば，「中国文化の発祥地を見てみたかった」(留学中)，「中医を勉強したくて起源の中国を選んだ」(留学生) 等，文化的要因を挙げる人もいた。この他に，中国の大学院で学位を取ったある大学教員は，中国は妻子がいても受け入れてくれるのと，マレーシアと中国を行ったり来たりすることを認めてくれる柔軟性があることを挙げていた。さらに，「兄が台湾に留学 (本科生) して優秀なので自分は大陸を選んだ。それから兄弟で別の場所に行ったほうが家族にとってよいと思った」(留学中) という家族の将来を中心に考えている人もいた。彼は両親がパン屋を経営しており，兄とともに家業を継ぎたいと考えている。このように伝統的な家族経営を継承しようとする若者もみられた。

台湾留学組の教師から子どもたちに台湾留学の魅力が伝えられたように，こうした個人の中国留学経験が中国系移民集団の中で共有・伝達されていき，中国留学者を増加させることが予想できる。つまり，留学生個人が「媒介者」となり中国留学のメリットをマレーシア華人社会に伝えていく可能性がある。

このような動向は，華人の「華語世界」，すなわち海外華人が家庭や華語学校等で学び，華人コミュニティで使用されてきた中国語をコミュニケーションツールとすることで構築された人間関係のサークルと，「普通話 (標準中国語) 世界」とが出会う局面である。今日の中国系の若者は文化の中心である「普通話世界」に向かって移動する機会をもつ。しかし，留学経験は，一方向的に「普通話世

界」へ融け込ませるとは限らない。

　俞雲平（2014）は，中国のある大学において，マレーシア，タイ，インドネシアからの「新世代の華人」の留学生を対象に，留学経験が彼らのナショナルアイデンティティとエスニックアイデンティティに及ぼした影響について考察した。あるマレーシアからの留学生は，道で中国人が白人や黒人を見た時，「外国人だ」と叫ぶのを見た。その時，自分も外国人なのになぜ自分を見ても叫ばないのか不思議に思った。自分は中国人ではないと思うのだが，中国人の目には自分も中国人として映っていることを思い知らされた。また会員カードなどを申請する時，マレーシア人だと答えると，店員の態度が一変して丁寧になることも経験した。その時は自分が外国人であり，中国人だと言いたくないという。このマレーシア華人の若者のように，新世代の華人の留学生は，中国に来て初めて自分が中国人ではない（中国人だと思われたくない）ことを自覚するのである。他方，多くのタイの留学生は，タイでは現地化が進んでおり，「華裔」という身分の概念を自覚している華人の子女は少なく，非華人と相違はないと思っていた。彼らは中国へ来て初めて「華人である」ことを自覚するのである[34]。

　筆者の聞き取り対象者の中で，マレーシアの家庭では中国の方言を話し，年中行事や祖先崇拝の実践といった中国の伝統的習慣を継承している人がほとんどであった。だが，留学期間中，友人のほとんどは同じマレーシア華人か香港，マカオ，台湾のクラスメートと答えた人が多く，中国人の友人があまりできないと話していた。最も印象的だったのは，これまで使用してきた華語への影響を尋ねた時の次の回答である。「自分たち特有の中国語に誇りをもっているので中国人の話す普通話を真似たくないし，言語スタイルを変えた

34　俞雲平（2013）「多重認同的強化——留学経歴対中国大陸東南亜華裔留学生的影響」『華教発展与研究』第3期，59-67頁。

くない。もし相手が聞き取れなければ，普通話で言い直すことはある。中国人と話す時はきちんとした中国語を使い，マレーシア華人と話す時はマレーシア式の華語に変えている」。このように答えた人が複数いた。

　以上の内容に基づくと，中国系移民の中国留学が増加し，これまで中国に対して抱いてきた負のイメージを払拭する経験をしていることは中国の公共外交の成果であるといえる。だが，彼らが中国人・中国の文化習慣に接触した時，独自の人間関係のサークルや文化習慣を自覚し，境界が浮き出されている。果たして「大陸へ華人留学生を送り込むことは，長期的にみると中国文化の継承のためのソフトパワーになる」のだろうか。

（2）中国系インドネシア人の中国留学

　1990年のインドネシアと中国の国交正常化を背景に，インドネシア華人の中国への関心が高まり，中国は，彼らにとって魅力的な留学先の一つとなった。厦門市における筆者の調査によると，厦門には約400人のインドネシアからの留学生がおり，そのうち70％近くが華人だという。

　以下では，中国系インドネシア人留学生に対する聞き取りを通してわかったことを紹介する。

　2000年に「曙光」という民間の中国語学校ができて，そこで小学生くらいから週末に中国語を勉強していた留学生が多くいる。1980年代，90年代は中華学校が機能しない時期であった。その後，スラバヤの華人社団が中心となって奨学金制度を設け，曙光もその対象の一つで，非華人にも奨学金を提供している。この奨学金を得た者は，帰国後1，2年は曙光の学校で中国語を教えなければならない。そして留学先は華僑大学に限られている。中国へ留学に来た理由のなかでは，自分の意思よりも家族に勧められたからという者

が多かった。この他には，中国の経済発展が目覚しいからという理由や，もともと中国にも中国語にも興味がなかったが，祖父が家で中国語のテレビを観たりしているのを見て興味をもつようになり，中国留学はすでに他界した祖父の希望だったという者もいる。また，大学で日本語を専攻することを両親に反対され，最終的に「中国語が母語」であるため，自分で中国留学を決めたと話す者や，高校卒業後はインドネシアの大学に進学するつもりでいたが，従兄が泉州に留学しており，彼に「色々なところに遊びに連れて行ってあげるよ」と言われたので中国へ来ることにしたと話す者もいる。

　中国へ来る前と来た後の見方の変化については，「中国へ来る前は，テレビの情報から中国をイメージしていた。やることが早く，怖いと思っていたが，来てからは皆親切だと感じる。しかし中国人のつばを吐くことやごみをむやみに捨てる習慣が嫌い」「交通が便利」「中国に来る前は，賑やかで発展していて皆飲茶を食べていると思った。期待していたのに来てからはがっかりした」という意見が聞かれた。中国での交友関係については，中国人の友人を積極的に作ろうとしている者もいれば，距離を置いている者もいた。前者のタイプのなかに，大学の太鼓サークルに所属してから中国人の友人が増えたと話す者がいた。彼に「中国人の友人はどのように自分を見ていると思うか」という質問してみたところ，「最初は中国人と思って話しかけてくるが，話をすると自分たちとは違うと思うようだ」と答え，続けて「自分がインドネシア人なのか，中国人なのか，華人なのかという問題について今も考えている」と話してくれた。

　他方で，中国の生活に馴染めず，早く卒業して帰りたいと話す留学生もいる。彼女（音楽舞踊学院の学部2年生）のクラスのなかで，留学生は彼女とマレーシア人留学生だけである。中国人のクラスメートとは話をしないし，友達になりたいとも思わない。いつも一人で座って授業を受けていてつまらないし，孤独を感じている。中国人

はいくつかのグループに分かれていてそこには入れない。「中国人は自分を利用したい時だけ連絡してくる。留学当初から中国にいる意味を見出せずにいる。中国ではフェイスブックやラインがつながらないのでインドネシアの友人と連絡が取りにくく不便だと感じている」と話す。卒業後の進路については，「上海で仕事をした後，従姉のいるシンガポールへ行きたい」と答えた者が一人いたが，その他はすべてすぐにインドネシアに戻って就職したいと答えた。

　インドネシアでの家庭・生活環境について，家族とは閩南語で会話をしているという者が多く，客家語で会話をしている者もいた。両親は中国語ができないケースが多く，また家族のなかで「上の弟とは閩南語で話し，下の弟とは英語で話す」という者や，祖母に「インドネシア語はすぐにできるようになるから英語か中国語で話しなさい」と言われて育ったと答える者もいた。母親がインドネシア出身で，父親が華人の家庭では，父親は中国語や方言ができないため，家族内ではインドネシア語でコミュニケーションを取っている。

　学校教育に目を向けてみると，全員がインドネシア語を教授法とする学校に通っていたが，学校内の中国語の授業を受けた経験のある者もいた。インドネシアでの交友関係については，友人のほとんどが学校で知り合った華人だということだった。大部分が将来は華人と結婚したいと話してくれた。日常生活のなかでは，中国の暦にしたがって生活している者がほとんどであった。中国の親戚との付き合いについては，親戚が中国にいるのは知っているが連絡は途絶えているということだった。

　以上のマレーシア，インドネシアの華人の若者の留学体験により，二つのプロセスをみることができる。一つは，国家が規範的な言語（「普通話」）を認証し，「普通話」が市場で有利に働き，華人の若者がそれに吸い寄せられるプロセスである。もう一つは，ヴァナキュラーなものに形が与えられるプロセス，すなわち中国へ留学す

ることによって，現地の中国人とは異なる言葉，習慣を自覚すること，それによって同胞意識が生成されることである。この点について，中国系マレーシア人と中国系インドネシア人の留学生両方とも，現地の中国人と自分たちとの間に一線を画しているが，華人社会が発展し華語教育が継承されてきた中国系マレーシア人の方が，文化的ギャップ感が強いようである。

4．中国系移民組織の媒介的作用

　華人社団，とりわけ父方祖先の出身地の地縁・血縁を紐帯とする扶助組織は，新中国成立以前から移住先国で同胞意識を高めるだけでなく，出身地との関係を維持するための働きかけも行ってきた。改革・開放以降，海外華人の中国への経済的貢献が期待されるようになり，さらに公共外交が謳われるなかで，華人社団の媒介的機能が注目を集めるようになった。張学軍は1978年から1990年代末までの公共外交を回顧するなかで，華人社団の一つの同郷会が海外華人と僑郷との紐帯となってきたと述べている[35]。鄭一省や高偉濃等は，こうした現象をより具体的な事例を挙げながら公共外交における華人社団の影響力について論じている。

　鄭は，インドネシアの複数の華人社団を参与観察することにより，社団が地元の発展に寄与するとともに，中国とインドネシアの間の文化，経済，社会，政治等の関係の改善にも貢献していると述べている[36]。これは伝統的な華人社団が閉鎖的であったことから，地元社会に向けて開放的になり，利益を還元するようになった変化を示しており，そのことが現地における華人のイメージ，ひいては中国

35　張，前掲論文，35頁。

36　鄭一省（2013）「当代印度尼西亜華人社団在促進印中交流中的作用」劉澤彭［主編］『国家軟実力及華僑華人的作用―国際学術会議論文集』暨南大学出版社，99-102頁。

に対するイメージを良好にすることにつながることを示唆している。さらに鄭は，1990年代後半に華裔によって設立された新しい社団が，中国とインドネシアの文化交流や経済協力を推進していると述べている[37]。このような伝統的な社団，すなわち，地縁・血縁を紐帯に成り立ち，実際の生活のなかで扶助組織として機能してきたタイプとは異なる中国新移民によって設立された社団が近年研究者の調査対象となっている。例えば，高偉濃と寇海洋は，1970年以降に中国新移民や華人の再移民が増えるにつれて，彼らが新たな環境に適応するために，地縁，血縁，業縁，経済利益，政治目的，慈善意識，興味趣味，宗教信仰，学術教育等を紐帯として自発的に立ち上げられた民間組織を「新型華人社団」と定義し，それが中華文化を居住国の人々に知らせる仲介として，また中国国内の人々が外国の文化を理解するための仲介として重要な役割を果たしていると述べている[38]。

　鄭や高は，華人研究の文脈で「華人社団」の流れのなかに位置づけて論じているが，他方で石井由香は，国際移民研究の見地から「アジア系専門職移民」の動向と実態を検証するなかで，1980年代以降のオーストラリアにおける「新華人系移民」の「エスニック・アソシエーション」を考察した。これは高の定義した「新型華人社団」に相当する。マレーシア生まれの新華人系移民，つまり再移住した華人系移民によって創設された組織を取り上げている。メンバーは華人としての立場よりも「第一にオーストラリア人であること」が優先され，文化的活動を通じたホスト社会への貢献を重視している

37　鄭，前掲論文，102-104頁。

38　高偉濃・寇海洋（2013）「試析海外新型華人社団在中国公共外交中的文化仲介功能」劉澤彭［主編］（2013）『国家軟実力及華僑華人的作用——国際学術会議論文集』暨南大学出版社，140-146頁。

ことが報告されている[39]。

これらの事例は，移住先国における中国系移民とホスト社会との関わりについて，実際に組織を介してどのように現地の人々に文化的な影響を与えているのか，またどのように現地社会に融け込もうとしているのか，その実態を明らかにしている点で参考に値する。筆者は，これらの先行研究を踏まえつつ，移住先国で形成された伝統的華人社団とは性質の異なる二つのタイプの中国系移民の組織に注目してきた。その共通点は，中国もしくは移住先での生活を経て，母国に戻ってきた人々によって形成された組織である。一つは，組織のメンバーが中国と移住先における生活経験を有している帰国華僑による組織（帰国華僑聯誼会）であり，もう一つは，中国での留学経験を共通項とする華人によって設立された組織（マレーシア留華留学生会）である。前者は「華僑・華人」を主体とし，後者は「中国系新移民」の多くがメンバーとなっている，という相違がある。前者については，すでに研究成果を刊行しているので，そちらを参照されたい[40]。本章では後者に焦点を当てる。

マレーシア留華留学生会

前述した通り，中国系マレーシア人は高校を卒業すると台湾へ留学することが主流であったため，台湾留学経験組による同窓会はすでに存在していたが，2000年以降，中国系マレーシア人の中国への留学が増加したことを背景に，中国留学経験組が中心となり「留華留学生会」（中国留学帰りの者によって結成された同窓会）が組織されるに至った。以下ではこの同窓会の活動について，長く会長を務め，

39　石井「『社交クラブ』を越えて―アジア系専門職移民のエスニック・アソシエーション活動」石井由香・塩原良和・関根政美（2009）『アジア系専門職移民の現在―変容するマルチカルチュラル・オーストラリア』慶應義塾大学出版会，pp.71-97。

40　奈倉（2010; 2012）を参照のこと。

中国の僑弁や企業と連携してきた陳志成さん（1947 年生まれ。父方祖先の出身地は福建。家族とは閩南語で会話をしている）から得た情報（2016 年 3 月）と同窓会設立 10 周年記念刊を基に紹介する。

　留華留学生会は, 2005 年に設立した。「留華」の「華」は中国（大陸）だけを指すのではなく, 台湾, 香港, 中国, マカオの四つを含むとされている。現在の会員は 400 人あまりで, そのうち半数以上が中国留学組である。実は, 陳さん自身は 1967 年に台湾に留学しており,「留台留学生会」（台湾留学帰りの者によって結成された留学生会）の会長も務めたことがある。陳さんによると, 在マレーシア華人の台湾留学は 1950 年代から始まった。反共政策を採っていたアメリカが, 帰国後に反共を受け継いでほしいという考えから台湾へ留学に行く在マレーシア華人を経済的に支援したことも後押ししたという。息子（1976 年生まれ）には中国留学を勧め, 彼は北京大学への留学を選んだ。「もし中国へ留学できたならば, 自分も中国へ行きたかった。台湾は国ではなく, 一つの省, 島に過ぎないからだ」と話してくれた。

　活動資金は会員の会費と寄附による。「ただ集まって飲んだり食べたりしているだけでなく, 華人の教育に貢献するために動いている」という。そのために中国政府(僑弁)とも良好な関係を築いて様々な活動を行っている。それらの活動内容を, 四つの視点から整理してみたい。

　第一に, 華語教育の維持・促進のための活動である。とりわけ, マレーシアの華人出身の教師を対象としたスキルアップのためのプログラムを複数そろえている。具体的には, 教師の教授能力の向上のために, 毎年 300 人あまりの教員を中国へ送って研修を受ける機会を与えている。中国へ行けない教師のためには, 僑弁と協力して中国から講師を招いて研修会も行っている。五つの研修会場を設けているが, 一つの会場に 300 人あまりの参加者が集まる。加えて,

教師証明書を取得できるように，北京師範大学や上海師範大学など
の中文学部から講師を招いて講義をしてもらっている。さらに，教
師が在職しながら修士，博士の課程で勉強し，学位が取得できる機
会を与えている。

　これらのプログラムはすべて僑弁や教育局の協力がなければ実現
しない。中国政府の立場からみれば，在マレーシア華人の教師の質
が向上することによって，マレーシアでの中国語教育が維持・発展
し，華人の中国文化の継承を促すことにつながる。したがってこれ
は，「僑務公共外交」の好例といえる。

　第二に，中国文化を継承させるための活動である。留華留学生
会は「中国文化伝承の役割を担っている」という自覚があり，「中
国文化知識大会」を開催している。今年（2016年）で9年目になる。
この大会には，文化，歴史，地理の三つの部門がある。毎年2万
人あまりの学生が参加している。

　第三に，中国に対する故郷認識・愛着を高める活動である。具体
的には，冬に実施している華人学生を対象としたルーツ探しキャン
プである。筆者が中国の広東・福建で調査をしていた時，中国系移
民のルーツ探しの活動（「尋根活動」）に参加する中国系移民の若者に
しばしば出会った。これはマレーシアに限らず，東南アジアの他の
国やヨーロッパでも実施しており，中国の受け入れ先の僑弁，僑聯，
帰国華僑聯誼会，学校等が協力している[41]。

　最後に，中国の企業と連携し，華人の若者に中国語を使った仕事
に就く多くの機会を提供しようとしている。中国に留学中の中国系

41　筆者は広東やパリで調査をした時にも中国系移民のルーツ探しキャンプについて
　聞いたことがある。詳細は拙稿（2016）「パリに移住した中国系インドシナ難民の
　中国認識—非公式的な中国語教育の事例から—」『国際関係・比較文化研究』15(1)：
　77-98および前掲書（2012）を参照。

マレーシア人で構成された複数の留学生会[42]があり，そこを通じて留学中に中国の企業を紹介してインターンシップの機会を与え，帰国してからすぐに就職できるように支援している。現在新たに計画しているのは，マレーシアに進出している中国企業に必要な人材を尋ねて条件の合う学生を紹介し，その学生の中国留学のための奨学金を出してもらい，帰国後にその企業で働くというシステム作りであるという。先に紹介した三つの活動が中国政府との連携のもとに行われているのに対し，この活動は民間レベルの個人的な人間関係を活用して行われている。しかし，こうした民間レベルのつながりを作り出すきっかけとなったのは，中国系マレーシア人の中国留学の機会が増えたことであり，留学の機会は中国政府の働きかけによって作り出されていることが背景にある。したがって，これらの留学生会の活動も僑務公共外交の成果の一面とみることができる。

5. おわりに

　以上，本章では中国の公共外交と華人社会との関わりについて，中国系移民が三つのレベル―政府との関わりのレベル，個人レベル，組織レベル―で媒介的作用を及ぼすケースを取り上げてきた。まず，中国政府の対外中国語教育政策を，対象国に居住する中国系移民が媒介し，現地の人々（中国系移民，非中国系移民双方を含む）に中国文化を広めることに寄与していることを明らかにした。つづいて，対外中国語教育政策の効果により，若い世代の中国系移民が中国へ留学し，直接中国での生活を体験することが増加している現象を取り

42　暨南大学マレーシア校友会（1970 年成立），マレーシア厦門大学校友会（1992 年成立），華僑大学マレーシア校友会（2010 年成立），浙江大学マレーシア校友会（2013 年成立），北京清華大学マレーシア校友会（2014 年成立），北京大学マレーシア校友会（2013 年成立），マレーシア旅華同学会（1999 年成立）。

第三部　中国政府の移民ネットワークの援用と創出

上げた。このような留学経験者は，これまで中国に対して抱いてき
た負のイメージを払拭し，帰国してから，中国文化を広める一面も
みられた。さらに，こうした中国留学経験組によって立ち上げられ
た組織が，両国の人々に交流するためのプラットフォームを提供し，
中国政府・企業との仲介をする機能をもち始めたことを明らかにし
た。

　文化外交には，国家レベルで政府が相手国の国民に対して行う
政策の側面と，国家を介さない民間・市民レベルの側面があるが[43]，
本章の考察から，中国版の文化外交である公共外交は，この二つの
レベルをうまく合わせるメカニズムを有しているといえる。つまり，
国家レベルで政府が行う文化外交と民間レベルのそれを中国系移民
がつないでいるのである。

　このように，中国系移民は中国政府が主導で行っている公共外交
を，直接的または間接的に媒介しているだけでなく，個人や組織の
実践を通して自らが公共外交のアクターとなっているのである。こ
うしてみてくると，中国系移民が中国のナショナリズムに一役を
担っているようにみえ，序章で展開した「華人ディアスポラ」批判
と矛盾するように思われるかもしれない。すなわち，海外に分散し
て居住している中国系移民が中国に文化的・民族的アイデンティ
ティをもつという前提を問い直すはずが，現代の中国系の若い世代
も依然として「中国（華人）性」をもち続けており，中国ナショナ
リズムの構造のなかに取り込まれていくという構図を確認したに過
ぎないのではないかということである。しかし決してそうではない。

　公共外交の現場における「文化」にはいくつかのレベルがあり，
中国系移民の認識する「文化」と中国政府もしくは中国人が日常的
に実践している文化との間には差異が存在する。中国政府にとって

43　渡辺（2011）『文化と外交―パブリック・ディプロマシーの時代』中公新書，
　　pp.22-33。

の「文化」は，「政治的価値観，国家発展モデル，外交政策とナショナルイメージを高める直接的推進力」[44]であり，そのための中国語教育普及政策がある。一方で，中国系移民にとっては，二つの「文化」が差異化されている。それは中国系の若者の留学体験からみえる二つのプロセスから指摘できる。一つは，国家が規範的な言語（「普通話」）を認証し，「普通話」が市場で有利に働き，中国系の若者がそれに吸い寄せられるプロセスである。もう一つは，ヴァナキュラーなものに形が与えられるプロセス，すなわち中国へ留学することによって，現地の中国人とは異なる言葉，習慣を自覚すること，それによって同胞意識が生成されることである。

　要するに，中国系移民は，単に中国ナショナリズムに取り込まれる存在もしくは中国政府の経済目標達成のために利用される存在ではなく，主体的・戦略的に「中国（華人）性」を利用しながら「中国文化」を選び取っているのである。公共外交というシステムは，中国政府にとっても中国系移民にとっても双方にメリットのあるものといえる。

　付　記

　本章の基になった調査研究は，JSPS 科研費 26770293 の助成を得て実施した。

参考文献

【日本語】

石井由香「『社交クラブ』を越えて──アジア系専門職移民のエスニック・アソシエーション活動」石井由香・塩原良和・関根政美（2009）『アジア系専門職移民の現在──変容するマルチカルチュラル・オーストラリア』慶應義塾大学出版会，pp.71-97。

黒田千晴（2010）「アメリカ合衆国における中国政府の中国語教育普及戦略──メリーランド大学孔子学院の事例を中心に」『神戸大学留学生センター紀要』16：19-36。

44　本書第9章（李其栄・沈鳳捷）を参照のこと。

玉置充子（2010）「中国の対外中国語教育―『漢弁』と孔子学院」『海外事情』58：122-140。

童倩（2010）「中国のソフトパワー戦略の強みと弱み」『外交』外務省（発売は時事通信社），pp.33-41。

ナイ，ジョセフ・S・山岡洋一訳（2004）『ソフトパワー――21世紀国際政治を制する見えざる力』日本経済新聞出版社。

中川涼司（2012）「中国のソフト・パワーとパブリック・ディプロマシー：Wang, Jian ed. Soft Power in China : Public Diplomacy through Communication, の検討を中心に」『立命館国際地域研究』35：71-93。

中居良文（2010）「中国の公共外交（Public Diplomacy）：批判的検討」日本国際問題研究所『平成22年度中国外交の問題領域別分析研究会報告』日本国際問題研究所，pp.14-27。

奈倉京子（2017）「中国の文化外交と華人社会との関わり―僑弁と漢弁の華語・中国語教育への影響をめぐって―」高橋五郎編著『新次元の日中関係』日本評論社，pp.374-394。

―――（2016）「パリに移住した中国系インドシナ難民の中国認識：非公式的な中国語教育の事例から」『国際関係・比較文化研究』15(1)：77-98。

―――（2012）『帰国華僑：華南移民の帰還体験と文化的適応』風響社。

李妍焱（2012）『中国の市民社会――動き出す草の根NGO』岩波新書。

山口守（2015）「中国文学の本質主義を超えて：漢語文学・華語語系文学の可能性（2014年度大会シンポジウム 中国における規範と道徳）」『中国：社会と文化』30：18-44。

渡辺靖（2011）『文化と外交―パブリック・ディプロマシーの時代』中公新書。

【中国語】

潮龍起（2013）「僑務公共外交：内涵界定与特点辨析」『東南亜研究』第3期，65-69頁。

陳奕平，範如松（2010）「華僑華人与中国軟実力：作用，机制与政策思路」『華僑華人歴史研究』第2期，14-21頁。

陳奕容（2006）「理智与情感：東南亜華裔学生来華留学動機解読」『海外華文教育』第3期，41-46頁。

戴蓉（2013）『孔子学院与中国語言文化外交』上海社会科学出版社。

高偉濃・寇海洋（2013）「試析海外新型華人社団在中国公共外交中的文化仲介功能」劉澤彭［主編］，陳奕平・代帆［副主編］（2013）『国家軟実力及華僑華人的作用――国際学術会議論文集』暨南大学出版社，140-146頁。

胡錦濤（2007）「胡錦濤中国共産党第17次全国代表大会上的報告」http://cpc.people.com.cn/GB/64093/67507/6429849.html。閲覧日：2017年5月7日。

黄敏詩（2014）『馬来亜大学孔子漢語学院在馬来西亜華人社会背景的発展現状与展望』厦門大学修士論文。

黄小堅（2005）『帰国華僑的歴史与現状』香港社会科学出版社有限公司。

賈益民編（2014）『世界華文教育年鑑（2013）』社会科学文献出版社。

───（2015）『世界華文教育年鑑（2014）』社会科学文献出版社。

───（2016）『世界華文教育年鑑（2015）』社会科学文献出版社。

林暁東（2006）「浅析《中国僑聯章程》的歴史沿革」『華僑華人歴史研究』第2期，59-71頁。

劉宏［編著］（2015）『海外華僑華人与中国的公共外交―政策機制，実証分析，全球比較―』暨南大学出版社。

劉澤彭［主編］，陳奕平・代帆［副主編］『国家軟実力及華僑華人的作用──国際学術会議論文集』暨南大学出版社。

那朝英（2016）「"以僑為橋"：中国僑務公共外交的路径研究──評『海外華僑華人与中国的公共外交』」『公共外交季刊』第1期，102-107頁。

奈倉京子（2010）『「故郷」与「他郷」：広東帰僑的多元社区，文化適応』社会科学文献出版会。

孫霞（2012）「中国海外利益的政治風険与僑務公共外交」『華僑華人歴史研究』第2期，19-27頁。

湯鋒旺（2013）「華僑華人与中国軟実力：概念，方法及理論」『東南亜研究』第1期，73-79頁。

王愛平（2001）「東南亜華裔学生語言与文化背景調査芻議」『華僑大学学報（哲社版）』第3期，57-62頁。

尉万伝（2004）「東南亜華裔留学生漢語学習背景浅探」『東南亜縦横』第4期，56-59頁。

文峰（2007）「多様性文化適応：対華裔学生来華留学的調査与分析」『東南亜研究』第6期，86-89頁。

文峰・周聿峨（2009）「海外華裔青年来華留学的文化適応研究──基於暨南大学個案調査的分析」『中国青年研究』第10期，52-55頁。

王微・徐椿祥（2013）「華僑華人在公共外交中的作用」劉澤彭［主編］，陳奕平・代帆［副主編］『国家軟実力及華僑華人的作用──国際学術会議論文集』暨南大学出版社，116-122頁。

俞雲平（2013）「多重認同的強化―留学経歴対中国大陸東南亜華裔留学生的影響」『華教発展与研究』第3期，59-67頁。

厳暁鵬（2014）『孔子学院与華文学校発展比較研究』浙江大学出版社。

張学軍（2015）「中国公共外交歴史与華僑華人政策」劉宏［編著］『海外華僑華人与中国的公共外交―政策機制，実証分析，全球比較―』暨南大学出版社，25-40頁。

鄭一省（2013）「当代印度尼西亜華人社団在促進印中交流中的作用」劉澤彭［主編］，陳奕平・代帆［副主編］『国家軟実力及華僑華人的作用──国際学術会議論文集』暨南大学出版社，97-104頁。

祝家豊（2013）「海外華文教育与中華文化的伝播―馬来西亜華文教育之角色探

析—」劉澤彭［主編］，陳奕平・代帆［副主編］『国家軟実力及華僑華人的作用――国際学術会議論文集』曁南大学出版社，251-265 頁。

【英　語】

Nguyen, Van Chinh. 2014. "Confucius Institutes in the Mekong Region: China's Soft Power or Soft Border?" *Issues & Studies* 50:85-117.

Lai, Hongyi. 2012. "China's cultural diplomacy: Going for soft power" in Hongyi Lai and Yiyi Lu (ed.).*China's Soft power and International Relations*. Routledge. pp.83-103.

【インターネット資料】

国家漢弁ウェブサイト (http://www.hanban.edu.cn/confuciousinstitutes/node_10961. htm，閲覧日 2016 年 12 月 12 日。)

中華人民共和国国務院僑務弁公室ホームページ (http://qwgzyj.gqb.gov.cn/ qwhg/139/1030.shtml，閲覧日：2016 年 12 月 12 日。)

「中国のプロパガンダ教育機関・孔子学院がアメリカで次々閉鎖」(http://www. news-postseven.com/archives/20150213_301812.html，閲覧日：2016 年 8 月 16 日。)

「中国政府のプロパガンダ『孔子学院』米シカゴ大学と契約終了」(http://www. epochtimes.jp/jp/2014/09/html/d17050.html，閲覧日：2016 年 8 月 16 日。)

第9章 在アメリカ華人と中国の「文化的ソフト・パワー」

李　其栄・沈　鳳捷
奈倉　京子　訳

1．はじめに

「ソフト・パワー」[1]は，アメリカ・ハーバード大学ケネディスクールのジョセフ・ナイが，1980年代に初めて提出した概念である。元々は，国際関係において一国が持つ経済・軍事以外の第三の実力，主に文化や価値観，イデオロギーおよび民意などに関する影響力のことを指したが，その後，「ソフト・パワー」を地域や企業，個人などの分野においても使用するようになり，地域「ソフト・パワー」，企業「ソフト・パワー」，個人「ソフト・パワー」などと多様化し，その概念や意味はますます広く理解・賛同されるようになった。

中国において，国の「ソフト・パワー」が表れているのは恐らく文化面である。調査によると，中国はアメリカ・日本・韓国・インドなどと比べ，「大きな経済または軍事力を持つ国ではなく，独特

---

1 ジョセフ・ナイの解釈によると，一国の経済・軍事などといったハード・パワーに対し，文化・外交政策・政治的価値観のカリスマ性などをソフト・パワーと呼ぶ。「ソフト・パワー」資源には様々な要素が含まれるが，多くの学者は文化力がその中でも中核をなす要素であるとしている。

の文化と伝統を持つ国である」と認識されている[2]。文化はソフト・パワーを貫く縦糸・横糸であり，ソフト・パワーをつなぎ止める魂である。文化的ソフト・パワーの高度さの欠如は短絡的であることを意味し，その深さの欠如は思考の浅さを意味し，その寛容さの欠如は見識の狭さを意味する。文化創造のソフト・パワーが欠如すれば，膠着化・萎縮をもたらす。根本的に，ソフト・パワーが民族や国家の盛衰，人民の貧富に関わる理由は，主にその中の文化的ソフト・パワーの要素に左右されるからであり[3]，それゆえ「文化は一国のソフト・パワーの中核である」といわれるのである[4]。独特な中華文化は，中華民族のイメージおよびシンボルであり，中華民族にとって尽きることのないパワーの源であり，中国にとって重要なソフト・パワーの資源であるといえる。

　国の文化的ソフト・パワーを向上させることは，我々共産党および中国にとって重大な戦略的任務である。中国共産党第十七次全国代表大会（十七大）の報告で，共産党は「文化的ソフト・パワー」[5]

2　Lai, Hongyi, 2006. "China's Cultural Diplomacy: Going for Soft Power" *EAI Background Brief* 308:5.

3　張国祚（2011）『中国文化軟実力報告』社会科学文献出版社。

4　曹雲華（2015）『遠親与近臨──中美日印在東南亜的軟実力』（上）人民出版社，3頁。

5　「文化的ソフト・パワー」はジョセフ・ナイが打ち立てた「ソフト・パワー」国際政治理論の中でも然るべき概念の位置付けがなされていないが，「十七大」報告の後で一つの概念として正式に提唱されて以来，北京大学の中国「ソフト・パワー」課題チームにより「文化自体から大々的に放出される創生パワー」と定義された。すなわち，「文化の自己硬化力・競争力・伝播創造力およびカリスマ性が組み合わさって表現されるもの」である。実は，「文化的ソフト・パワー」という概念は広義の意味と狭義の意味でそれぞれ異なる。広義には文化・外交・政治制度などの要素を全て含む「ソフト・パワー」が他国に及ぼす影響力のことを指し，狭義には「ソフト・パワー」の基本要素である文化が他国に及ぼす影響力のことを指す。「十七大」報告および上述の定義は狭義の意味にあたる。この狭義の定義に基づき，本章における「文化的ソフト・パワー」は，国の「ソフト・パワー」の中核的要素，すなわち一つの国または地域の文化的影響力・団結力およびカリスマ性のみを指すものとする。

という概念を強調し，これを我が国が国際競争に参加する上で必要な手段であるとした。このことから，中国のソフト・パワー構築における文化パワーの地位が見て取れる。習近平総書記は，共産党第十八次全国代表大会（十八大）以降，様々な場面で国の文化的ソフト・パワーについて言及している。習近平氏は「国の文化的ソフト・パワーの向上は，『二つの100年』の奮闘目標と中華民族の偉大なる復興，チャイニーズ・ドリームの実現に関わることである」「核心的価値観は，文化的ソフト・パワーの魂であり，文化的ソフト・パワー構築における重点である」と指摘する。チャイニーズ・ドリームとは，中国国民および中華民族の価値観の体得・追求を指し，全面的にゆとりある社会（「小康社会」）の構築と，「中華民族の偉大なる復興」の実現を意味し，また一人ひとりがそのために奮闘する中で自分の夢を実現させることを意味する。さらに，中華民族の団結・奮闘の最大公約数であり，人類の平和と発展のためにさらなる貢献をしたいという中華民族の誠実な願いも含んでいる[6]。

　さらに，2017年2月17日，李克強総理は全国僑務工作会議（華僑実務に関する活動会議）において，第十三次五カ年計画（十三五）期間中，僑務政策資源の優位性を十分に生かして，国の経済社会の発展の推進，国家統一の保護および促進，海外交流・協力の推進，国のソフト・パワー向上などにおいてさらに役割を発揮するべきであると強調した[7]。

　では，現在の中国の文化的ソフト・パワー発展状況はどうなっているのだろうか。また海外の華僑華人は，中国の文化的ソフト・パ

---

6 「習近平談国家文化軟実力：増強做中国人的骨気和底気」(http://cpc.people.com.cn/
　xuexi/n/2015/0625/c385474-27204268.html) 中国共産党新聞網，閲覧日：2015年6月
　25日。
7 「習近平対僑務工作作出重要指示，李克強作出批示」(http://news.xinhuanet.com/
　politics/2017-02/17/c_1120486778.htm) 新華網，閲覧日：2017年2月17日。

ワー構築においてどのような役割を担っているのだろうか。そして中国の文化的ソフト・パワー向上過程にはどのような問題が存在し，我々はどのように対策を講じるべきなのか。これらの点は，いずれも本章で検討すべき課題である。

2．在アメリカ華人が中華文化を伝達するルートとその方法

華僑華人がアメリカへ移住するようになってからすでに160年以上経ち，アメリカは東南アジア諸国に次ぐ第二の華人居住国となっている。2012年2月16日，習近平総書記は在ロサンゼルス華人が開催した歓迎レセプションでの挨拶の中で「現在，アメリカの華人の総数は430万人に達しており，アジア系アメリカ人の最大グループとなっている」と述べた[8]。巨大な華人グループは，文化的潜在意識から，様々な方法を通じてアメリカに中華文化を伝え，中華文化の吸引力を強化させ，中華文化のソフト・パワーを向上させている。ここでいう中華文化とは，飲食文化・建築文化・中医学文化・中華伝統的価値観・文学芸術・言語文化・風俗文化などを指す。華僑華人は，中華文化を通じて中国のソフト・パワーを向上させている。

（1）飲食文化

飲食文化は，中国の伝統的文化の一つであり，また多くの華僑華人が海外で生計を立てるための，なおかつ長い時を経ても衰えることのない経済的支柱の一つにもなっている。また，華僑華人は世界に中華料理を広める長い歴史の中でも非常に重要な役割を果たしてきた。アメリカに最初の中華料理店ができたのは1850年のことで

8　習近平（2016）中国華僑華人歴史研究所『習近平同志僑務工作論述摘編』「在洛杉磯華人華僑挙行的歓迎晩宴上的致辞」（内部資料，2016年版），156頁。

ある[9]。当時の飲食業は，古くからアメリカへ移住した華僑華人が生
計を立てるための重要な手段であり，その半分以上が中華料理業ま
たはそれに関する業界に直接または間接的に従事していた。初期の
中華料理は広東料理が中心であった。味付けは比較的単調ながらも，
安くて味が良いことからアメリカ人に人気であった。中華料理は色・
香り・味のどれもが素晴らしいという強みから，アメリカの飲食業
界において頂点に君臨し，ますます多くのアメリカ人に歓迎される
ようになった。華僑華人はアメリカの人口の1% 占めるのみであっ
たにも関わらず，中華料理店の数は全米のレストランの1/3を占め
た。この数字は，アメリカにおけるフランス・イタリア・メキシコ
各料理店の数を遥かに上回っていた。このことからも中華料理の魅
力を十分に理解することができる[10]。

　1970年代後半，アメリカにおける中華料理はさらなる急成長を
遂げた。「アメリカ各地の中華料理店の数は1971年には9,355件，
2000年には35,779件，2016年までには4万件以上に達しており，
マクドナルド・バーガーキング・ウェンディーズの3社の合計店舗
数を上回っている」[11]。アメリカの「中華料理通信」によると，2005
年10月，著名なテレビ料理ショー司会者である中国系料理人のマー
ティン・ヤン（甄文達）は，アジア食品展におけるスピーチの際，「全
米の中華料理店数は41,350件に達しており，毎年175億ドルの売
上高を記録し，アメリカの家庭のために1日あたり250万食の栄
養ある食事を提供している」と明かした。最近の統計によると，ア
メリカにおける中華料理店の数はすでに5万件以上にのぼり，ア

9　300席ある広州料理レストランが1849年にはすでにサンフランシスコにあったと
　　いう意見もある。（劉海銘著，李愛慧訳（2010）「炒雑砕：美国餐飲史中的華裔文化」
　　『華僑華人歴史研究』第1期，4頁。）

10　木子（1996）「中国餐館在美国」『科技文萃』第7期，181頁。

11　任貴祥主編（2009）『海外華僑華人与中国改革開放』中共党史出版社，380頁。

メリカ式中華料理店の年間売上高は 210 億ドルを超えているとのことである[12]。

しかも，これらの中華料理店はチャイナタウンだけに集中しているのではなく，華人居住エリア以外の場所にも広く分布している。主な利用客も華人だけにとどまらず，アメリカ人住民やヨーロッパ人の多くも頻繁に利用している。その上，料理店の種類・味付けも，広東式の飲茶店，軽食店から大規模ホテル，レストランまで多種多様になっている。かつては広東料理が中心であったが，現在では中国の各地方料理，多彩な風味の料理が集い[13]，中国の少数民族であるタイ族が経営するレストランまで登場している[14]。その他，中華料理の西洋化，ファストフード化も見られるようになった。例えば現在，アメリカの陳文曼亜美公司（Chen Wanman and beauty Company）の企業グループの中の「陳査礼」という独特なファストフード企業が成長している。同社はアメリカ最大規模の中華式ファストフード企業であり，「エッグロール・揚州チャーハン・甘酸っぱいワンタン・チャーシューまん・各種点心などといった中華料理を提供している。こうした民族カラーの濃厚な中華食品は，多様化しつつあるアメリカ人の飲食習慣と，味に対する要求，より高い調理クオリティといったニーズを満たし，多くの地元のアメリカ人を引きつけている」[15]。

中華料理店は，アメリカ社会の中ではっきりとした特色を持っており，華人グループの存在と，華人がアメリカ全土に遍く分布しているという根拠を示している。

12　「中国餐飲文化在美国的伝播，発展和融合」(http://www.xzbu.com/2/view-6336350.htm) 論文網，閲覧日：2014 年 11 月 27 日。

13　任貴祥主編，前掲書，380 頁。

14　彼得・鄺 (Peter Kwong) 著，楊立信ほか訳 (2002)『新唐人街──当代美国華人社区』世界知識出版社，48 頁。

15　羅晃潮（1997）「中華飲食文化的海外伝播」『八桂僑史』第 2 期，31-32 頁。

308

中華料理店の名称は非常に多岐にわたり，料理体系も様々である。しかし，たとえアメリカの美食家たちのニーズに合わせて絶えず味付けを変えていても，中国の飲食文化の特徴と結びつけるというのが，全中華料理店に共通の傾向となっている。中国語・英語の二言語で書かれた店舗名およびメニュー，野菜炒めや米を中心としたメニューの種類，中国人コックや従業員，中国式の内装。これらは全て，中華料理店が文化のルーツを示すための手段なのである。こうした背景のもと，「多くの中華料理店は，中国文化における聖人・孔子との関係を非常に重視した店作りをおこない，孔子をそのレストランブランドの中に溶け込ませている。彼らは，孔子を店名の一部に加えたり，または孔子を参考に，経営理念や食事環境，メニューなどを説明したりしている。その独特な異文化的魅力により，孔子は，常にアメリカの美食家たちを引きつけ，さらには日々分散化していく中華料理店の中でも華人という文化的身分を守るための重要な手段になっているのである」[16]。

　以上から，中華料理は，アメリカの華僑華人による努力の結果，アメリカ文化の中に深く根付き，中華料理店はアメリカ文化全体から切り離すことのできない部分となったことがわかる。

(2) 建築文化

　住宅は，人が作った自然であり，文化を凝縮したものである。アメリカ在住の華僑華人たちによる建築物の中で，最も文化的特徴が顕著な建築様式である牌楼は，異郷の人々の心の中に伝統文化を投影するオブジェである。「緑の瓦・朱色の柱・龍の彫刻・鳳凰の図案・反り返った軒先・瓦の先端」という特徴を持つ中国の牌楼は，昔ながらの中国式建築芸術を十分かつ鮮明に表現している。こうした牌

16　張涛（2011）「孔子―戦後美国華人餐飲的文化標記―基于美国主要報紙的考察」『華僑華人歴史研究』第2期，39頁。

楼は，一般的にチャイナタウンの入口にあり，ひとたびその入口をくぐれば，濃厚な中国的雰囲気が味わえ，まるで中国の古城の中に身を置いているかのように感じられる。中国式牌楼は，チャイナタウンの隆盛に伴い，海外でも広く知られるようになっていった[17]。

一例を挙げると，ボストンのチャイナタウンは130年以上の歴史を有する。その牌楼は朱色の柱に金色の瓦，梁には彫刻，棟には絵付けが施され，堂々たる迫力を見せている。牌楼の上部分には正面側と反対側に「天下為公」「礼儀廉恥」という8文字が生き生きと輝いており，中華民族の伝統的美徳や政治的理想がこの文字に凝縮されている。また，シアトルのチャイナタウンにあるアーチ型牌楼「中華門」は，中国が古代より崇拝してきた吉祥カラーである赤・黄・青・緑を基調とし，その頂点には火の玉をかたどった装飾物が置かれている。この装飾物には「めでたいことに恵まれますように」という意味が込められている。内部は龍を主体とした装飾図案で，神聖さ・尊さ・権力を象徴しており，さらに華人は龍の伝承者であるという意味も込められている[18]。

中国式建築物，特に牌楼は，華人コミュニティにおける永久的な文化遺産であり，数千年の中華文化を象徴すると同時に，地元のアメリカ人たちの中華文化に対する認識にも影響を及ぼしている。

（3）中医学文化

中医学は陰陽五行理論を基本として，「望・聞・問・切」（望診・聞診・問診・脈診）の方法で診療する医学である。この中には奥が深い科学的・医学的道理が含まれているだけでなく，深遠な中華文化哲理も含まれている。早くにアメリカへ渡った貧しい華僑華人たち

---

17 「美国唐人街牌楼：古老而鮮明的中華民族建築風格」(http://www.chinaqw.com/hqhr/xq-pl/200903/20/155761.shtml) 中国僑網，閲覧日：2009年3月20日。

18 同上。

は，西洋医学による診察を受けることができなかったため，中医学による民間処方で病気を治した。中医薬文化はこのような理由から華僑華人によってアメリカに持ち込まれたのである。当時のアメリカの白人らは，薬草だけに頼って病を治すという方法はでたらめであると考え，中には漢方医を「バケモノの医者」と呼んだ人さえいたほどであったが，初期の華僑華人が中医学に頼って，西洋医学では治せなかった病の治療に成功してからようやく，現地の人も徐々に中医学を受け入れるようになり，中医薬がアメリカで発展を続けるための礎が築かれたのである。

1965年以降，新たな移民の到来に伴い，アメリカにおける中医学の影響力も高まっていった。例えば，中医学は北米医薬業界に登場した新たな医学分野である。選択医学（伝統的西洋医学とは異なる，全ての民族医学が含まれる）における重要な構成要素となっており，各大都市に選択医学学会および関連医師が存在し，中医学や鍼灸へ専門を変更したり，兼学したりする白人も多く見られるようになった[19]。医療学校も鍼灸に対して異議を唱えることはなく，鍼灸科も設置されるようになった。アメリカの大統領や有名人がどこかの病院で治療を受けると，その病院の中医学が大反響となる。これは，中医学文化がアメリカの現地人に深く受け入れられ，親しまれていることを表している[20]。中医学は1970年代に初めてアメリカ国民の視野に入ってきたものであるが，その後，補完代替医療によるプラスの影響を受け，中医学，特に鍼灸がアメリカでは著しく発展した。

1998年，アメリカ国立衛生研究所が正式に国家補完代替医療センターを設立した。アメリカのホワイトハウスは2002年に発表した医学政策報告書の中で，補完代替医療の医療価値について十分に

19　李未酔（2007）『加拿大華人社会内部的冲突与合作』世界知識出版社，88-89頁。

20　「中医在美国受歓迎」(http://news.sina.com.cn/pl/2012-06-01/180024520384_4.shtml)
　　sina新聞中心，閲覧日：2012年6月1日。

認めている。その中で「中国伝統医学」は独立した医学体系として分類され、もはやただの「一つの療法」ではなくなり、アメリカにおける中医学の合法的地位を確立した。現在、中医学には鍼灸、推拿・按摩、気功、太極拳および中国漢方などが含まれ、アメリカにおける補完代替医療体系の中で大きな影響力を持っている。アメリカが中医学・鍼灸を認めたことに伴い、現在では全米50の州のうち、44の州で鍼灸免許を交付することが認められている。同時に、100以上の中医学・鍼灸学校でも3年から4年の実習を提供し、卒業後は学士または修士の学位が授けられるようになっている。その他、鍼灸治療がアメリカの医療保険システムにも徐々に取り入れられるようになるなど、アメリカにおける中医学はすでに安定成長期に突入している[21]。

この期間に、中医学文化を伝える優秀な華人も多数登場した。例えば1982年にアメリカで中国文化医薬大学を設立した華人の崔巍氏は、20年以上に及ぶ模索期間を経て、独自の、なおかつ信頼できる中医学文化理論を打ち出し、『中国文化医学の根源』（原題『中国文化医学之根』）という本を著した。中医学に対して偏見を持っていたアメリカの医学界が、近年徐々に漢方医および中医学を重視するようになってきたのは、崔氏の功績によるところが大きい[22]。さらに、華人の黄志偉氏は「中国の伝統医学を発掘して普及させ、中医薬人材を育成し、中医学の伝統療法を研究すること」を信条とするアメリカ初の中医学学校を設立した[23]。華僑華人の努力により、中医学文化はますます大衆に親しまれ、認められつつある。

---

21 「中医在美国進入快速発展時期」(http://news.xinhuanet.com/world/2015-01/21/c_127404982.htm) 新華網、閲覧日：2013年2月4日。

22 任貴祥主編、前掲書、382頁。

23 沈燕清（1998）「美洲華僑与中医薬的発展」『八桂僑史』第3号、56-57頁。

（4）中国の伝統的価値観

　中国人は世界が認める優秀な品性・徳性を身につけ，「剛毅・奮起・自彊・智慧・家庭尊重・教育重視・勤労・倹約・忍耐・寛容」の心を持つ。「徳を尊び，義を重んじ，徳を備えた人物だけが物質的豊かさを手に入れることができる」という思想の影響を受け，華僑華人は高尚な道徳的情操を重んじ，家庭・民族・社会・国家に対する責任を強調している。

　家族主義は多くの海外華人の思想の中に根付いており[24]，華人の家庭，特に華人一世の家庭は現地の家庭に比べ，子どもたちが親孝行で両親の言うことをよく聞き，父親は家で権威的な地位を持っている。また，古い世代の華僑華人は母国に戻って肉親の臨終に駆けつけたい，もしくは帰国したいと考えており，そこには中華文化の伝統が表れており，海外で暮らす人々の祖国との関係も強く保たれている。

　米国籍華人の伝説的「名探偵」・李昌鈺氏は，中国の伝統文化の中で「孝行」が重要な地位を占めていると語っている。「孝」精神の本質は「反哺」という素朴な感情を具体的に表したものであり，孝の精神を昇華させた者こそが，この世の者全ての父母に孝行する，「他人の肉親に対しても自分の肉親のように接し，他人の子どもに対しても自分の子どものように接する」という精神なのである。こうした文化は現在でも海外華人の中に継承されている。「氷の女王」と呼ばれるミシェル・クワン（関穎珊）は，「アメリカ民間外交大使」No.1 として中国を訪問したが，彼女は，中国大陸や香港のメディアからのインタビューに応じて自身の成功体験を語った際，何度も彼女の「名言」を繰り返した。彼女はこう言ったのである。「私にとっ

24　Gordon C.K. Cheung. 2008."International Relations Theory in Flux in View of China's "Peaceful Rise"", *The Copenhagen Journal of Asian Studies* 26(1):11.

第三部　中国政府の移民ネットワークの援用と創出

て最も憧れの人物は両親です。彼らは私に尊重・規律・忠誠の精神を教えてくれ，生活を楽しむことを教えてくれました」[25]。アメリカで成功する華僑華人も，父母を尊重し，親孝行をしているということがわかる。

　アメリカにおいて青少年犯罪率が比較的高かった 1950 年代でも，華僑華人による青少年犯罪は比較的低かった。ニューヨークを例に挙げると，ニューヨーク市青少年局の報告によれば，1953 年に彼らが処理した 17,000 件の事件のうち，華人が関わっていた事件はわずか 12 件しかなく，しかもその内容はチョークで壁に落書きをしたなどの軽微な違法行為に過ぎなかったという[26]。アメリカで 20年近く弁護士をしている梁仲平氏は，新華社の記者によるインタビューに応じた際，「法律に関連する仕事に従事する人たちはさらに正義と良識を備え，業界の規定や国の法律を厳守すべきである」[27]と答えている。

　勤労・節約・忍耐という精神を持つ華僑華人たちは，どんな辛い仕事や汚れ仕事も厭わず，生活のために努力奮闘してきた。こうした精神は現地の人たちからも尊重されている。アメリカで鉄道建設がおこなわれた頃，その辛い歳月の中で各地の華僑華人は苦労に耐えつつ効率的に仕事をこなしたことで賞賛され，アメリカの建設事業の中で不可欠な存在となった。当時の『太平洋新聞報』にも，「白人はやりたくない仕事を軽蔑するが，華僑華人はそれをやろうとする。白人がやることは，華僑華人もマスターできる。彼らは空白を穴埋めする存在であり，他人がやりたくないこと，あるいは他人が

25　「海外華人伝承伝統道徳美国華裔名人重『孝道』」(http://www.zhongguodexiao.com/show-22-34-1.html) 中国徳孝網，閲覧日：2012 年 8 月 6 日。

26　宋李瑞芳（Betty Lee Sung）著，朱永涛訳 (1984)『美国華人的歴史和現状』商務印書館，170 頁。

27　「深華人律師梁仲平」(http://news.xinhuanet.com/legal/2015-07/19/c_1115969988.htm) 新華網，閲覧日：2015 年 7 月 19 日。

まだやったことのないことをやろうとする。彼らは常に白人の要求に適応できるのである…」[28] と書かれている。

一つの文化を気に入ることは「文化伝播の第一歩に過ぎず，文化的価値観を受容されてこそ繁雑化・複雑化する」[29] のである。華僑華人が中華文化的価値観を発揚することは，中華的伝統文化がより深く，長期に渡って現地住民を引きつける一助になるのである。

（5）文学と芸術

文学と芸術は国の文化の内情を表すものである。華僑華人は，文学作品，書道・絵画，音楽演劇，武術気功，竜舞・獅子舞・ドラゴンボート，工芸・手芸などといった中華文化の中で光り輝く真珠をアメリカへ持ち込み，中華文化の特色・魅力をアピールしている。

在アメリカ華人の中でも傑出した人物である林語堂氏は，アメリカ国民に向けて中国思想を紹介した人の中で最も優れた人物である。彼は1919年からアメリカに長期滞在し，親しみやすくユーモアのある文体で中国国民や中国の伝統，中国の様々な信念などを紹介し，人々の中国に対する情熱や興味を励起した。彼の著作は『孔子思想』や『老子思想』など非常に多く，アメリカのほぼ全ての図書館に彼の著書が所蔵されている[30]。文学芸術面における卓越した成功者の多く，例えば1980年代末にアメリカに留学した中国人小説家・詩人の哈金は，米国芸術文学アカデミーの終身名誉会員に選出されている。

中国の書道・絵画の歴史は古く，博大かつ深遠で，中華文化の中で最も重要な媒体の一つであり，中華民族の審美感や価値観，世界

28　Mary Roberts, Coolidge.1909. *Chinese Immigration*, Holt and company, pp.34-37.

29　Joel Wuthnow. 2008. "The Concept of Soft Power in China's Strategic Discourse", *Issues & Studies* 44(2):12.

30　宋李瑞芳（Betty Lee Sung），朱永涛訳，前掲書，295頁。

第三部　中国政府の移民ネットワークの援用と創出

観を体現し，中華民族の風骨・気質を伝承するものである。書画芸術は海外の華僑華人からも非常に人気で，華僑精神の団結，文化発揚における重要な紐帯となっている[31]。アメリカには華人の書道家もいる。例えば張澤川氏は，1967年9月に青島で生まれ，幼少期より祖父による薫陶を受け，18歳で数々の書法・筆法を習得した。1994年の渡米後は，西洋の写実芸術の影響を受けつつ，中国の伝統芸術と西洋の近代芸術の創作概念を巧妙に一体化させ，中国の国粋がアメリカでより発揚されることとなった。中国中央テレビのニュースチャンネル「新聞直播間（LIVE NEWS）」では，在米書家の張澤川氏が制作した書道作品および水墨山水画作品がアメリカ合衆国郵便公社によって5枚の郵便切手として発売されたことを報道した。中国の書道・山水画がアメリカで切手化されたのはこれが初めてである。さらに，張氏の個人書道展もロサンゼルスで開催された[32]。

　中華文化の「三宝」の一つである武術もまた，華僑華人によって大々的に伝えられている。1970年代後半，多数の華僑華人によってアメリカに「精武体育会」分会が設立された。アメリカに渡った華人武術家も続々とトレーニングクラブや武術館を設立し，中国武術の伝播を促し，当時は太極拳も世界的ブームとなった[33]。その後，「1993年8月21日，アメリカに『武術の大家族』が出来上がり，アメリカ国家武術総会が設立された。米国籍華人である呉廷貴氏が会長を務め，クリントン大統領自ら祝電を送った。会場には3,000名が駆けつけ，かつてないほどの盛況ぶりをみせた」[34] という。中

31　「華僑華人書画家是弘揚中華文化的重要力量」(http://finance.ifeng.com/a/20161011/14930143_0.s) 鳳凰網，閲覧日：2016年10月11日。

32　「中国書法山水画首現美国郵票」(http://collection.sina.com.cn/zwyp/20130219/0750103649.shtml) 新浪収蔵，閲覧日：2013年2月19日。

33　蔡揚武（1993）「華僑華人在体育伝播中的作用」『体育文化導刊』第5号，22頁。

34　荊福生主編（1996）『華僑華人与体育』中国社会科学出版社，71頁。

第9章　在アメリカ華人と中国の「文化的ソフト・パワー」

国武術の世界進出を考える際，華僑華人武術家による功績を抜きにして考えることはできない。

　シリコンバレーはアメリカにおける半導体・コンピューターテクノロジーの発祥地である。サンフランシスコ南部から車で30分ほどの場所に位置し，ヒューレット・パッカードやアップル，Yahoo! などといった世界的著名サイエンステクノロジー企業がこの地に本部を構えている。この地域は，アジア系住民，特に華僑華人が集まる場所でもあり，中国国内からやってきた武術のエリートたちの多くがこの地で大小様々な武術会館を立ち上げ，中国武術をサンフランシスコ地域に幅広く普及させている。また，このため中国武術の大会や交流活動も頻繁に開催されている[35]。

　戯曲に関しては，広東省の地方演劇である「粤劇」，湖北省地域の伝統演劇である「漢劇」，広東省潮州地方の伝統演劇である「潮劇」，海南省の地方演劇である「瓊劇」や福建省の地方演劇である「閩劇」などが華人社会の中で流行している。粤劇は最も早くにアメリカに登場した。「1852 年には鴻福堂という劇団がサンフランシスコで公演をおこなった。1877 年以降，サンフランシスコには常に 3，4 軒の劇場があり，1920 〜 30 年代まで，粤劇はアメリカで非常に活発に上演されていた。当時のサンフランシスコにはまだ粤劇の劇場が 2 軒あり，役者や芸人による団体組織『八和会館』も存在した」[36]。1865 年には「カリフォルニア州のセントアンドリュース（ST. Andreas）市で，華僑華人が資金を集めて粤劇の上演をおこなった。役者や楽師 30 名を雇い，テントを張って劇場を設営。中国人・西洋人の炭鉱労働者が観衆として集い，非常に賑やかであった。この劇団はその後各地の炭鉱やチャイナタウンを巡業し，大歓

35　「中国武術在美国硅谷」(http://www.qqgfw.com/News_1Info.aspx?News_1ID=5704) 全球功夫網，閲覧日：2011 年 4 月 18 日。

36　羅晃潮（1998）「華僑華人与中華文化海外伝播」『嶺南文史』第 2 号，85 頁。

317

迎を受けた」[37]。現在, 中華文化の海外普及の方法も絶えず刷新されている。ロサンゼルスの越劇劇団は, かつて南カリフォルニアで「紅楼夢」の上演に成功した。役者は全てロサンゼルスで暮らす華僑華人であり, 中国国内からは有名役者を芸術顧問として呼んだだけである。道具やセットは上海で制作後, アメリカまで輸送された[38]。

中国の伝統的祝日文化を歌った曲「私の中国の祝日」(原題「我的中国節」) が中国芸術文学界の「春晚」に登場した。2012 年, 中国青年報社は深圳のある文化企業と提携して, 若者が好むコミュニケーションメディアを通じ, 中国の伝統的祝日に含まれた豊かな文化的内容を伝承しようと, 「家庭あり温もりあり, 私の中国の祝日」(原題「家在情在, 我的中国節」) というミニ映画シリーズを制作した。シリーズの内容は, 「家庭あり温もりあり, 私の春節」(原題「家在情在, 我的春節」), 「家庭あり温もりあり, 私の端午の節句 (原題「家在情在, 我的端午節」」, 「家庭あり温もりあり, 私の中秋節」(原題「家在情在, 我的中秋節」), 「家庭あり温もりあり, 私の重陽の節句」(原題「家在情在, 我的重陽節」), そして主題歌である「我的中国節」である。この「我的中国節」のミュージックビデオは, 2013 年の端午の節句にニューヨークのタイムズスクエアにて放映された[39]。

(6) 言語文化

「言語は, 文化を伝達する上で最も効果的なツールの一つであり, また文化のグローバル化における中核的要素でもあり, 言語と文化は切っても切れない関係にある」[40]。一つの民族の団結力は主に言

---

37 廖悦清 (2007)『近代広東旅美華僑華人与中美文化交流』江西師範大学修士論文, 14 頁。

38 「海外同胞：在国外如何留住中華民族的『文化之根』」『人民日報』海外版, 2008年 2 月 15 日。

39 「『我的中国節』登上中国文学芸術節春晚」(http://news.163.com/17/0126/05/CBMCPBJE00018AOP.html) 網易新聞, 閲覧日：2017 年 1 月 26 日。

40 Sheng Ding and Robert A.Saunders. 2006. "Talking Up China: An Analysis of China's

第9章　在アメリカ華人と中国の「文化的ソフト・パワー」

語によって表現され，伝達される。初期に広東からアメリカへ移った華僑たちが使っていた言語は広東語であり，しかもそのほとんどが広東の地方方言であった。彼らはチャイナタウンに集住し，広東語を使えばチャイナタウンで仕事も探すことができ，人との交流も可能であったため，学校に通って英語を勉強しようとする人は極少数であり，仕事に必要な簡単な英語を話すにとどまっていた。このように長い間広東語が使用されていたという状況が，華僑華人社会の中で中華伝統文化の発揚と民族の団結力の向上を維持するのに重要な役割を果たした。後に，「音としてそのまま英語の中に取り入れられ，権威的な英語辞書に収録される中国語も登場した。例えば，英語の中の"choumei（炒麺, 焼きそば）"，"tofu（豆腐）"，"chopsuey（野菜炒め）"などがそうである」[41]。

　華僑社会から華人社会へと移り変わり，新世代華人が増加するにつれ，中国語を話せない若者がますます増えてきた。そのため，長年に渡り，多くの華人が家庭教師を雇ったり，中国語学校に通わせたり，子どもを帰国させたりするなどといった様々な方法で下の世代に中国語や漢字の読み書きを身につけさせてきた。世界規模で儒家の価値観が形成されるにつれ，中国語も中国におけるソフト・パワーのシンボルとなりつつある[42]。

　国家漢弁の主任で孔子学院本部の総幹事を務める許琳氏によると，2015年末時点で，全世界に500の孔子学院および1,000の孔子学堂が存在し，学校に登録している生徒は合計190万人に達するという。アメリカは世界で最も孔子学院の数が多い国である。2004年，アメリカで最初の孔子学院がメリーランド州に開校した。現在，全米には109の孔子学院と348の孔子学堂が存在し，約40万人の

　Rising Cultural Power and Global Promotion of the Chinese Language", *East Asia* 23:6

41　廖悦清，前掲論文，14頁。

42　Gordon C.K. Cheung, Ibid, p.12.

319

学生が中国語を学んでいる。アメリカにおける「中国語ブーム」は孔子学院の急速かつ多様な発展の中に体現されているだけではない。中国語教育は，さらに公立学校や中国語研修機関・政府機関・私立商業学校・インターネット学校などでも提供されている。中国語学習は，アメリカの子どもたちの未来に新たな扉を開いたのである。シカゴ市のスティーブン・コーク副市長によると，シカゴにおける中国語学習者は 1.3 万人にのぼるという。市政府は毎年 500 万米ドルをかけて 48 校を開校しており，すでに 10 年が経つ。ここ数年，シカゴは上海や江蘇省，広東省などとの貿易額が増加し，中小企業との連携も緊密化している。政府は中国語の普及を通じて，中国とアメリカ企業との連携・マッチングをより一層進めていきたいと考えている[43]。

　海外華人にとって，中国語を話せ，漢字が読めるということは下の世代に中華文化を理解してもらうための根幹であり，中国のソフト・パワーを向上させるための重要な手段でもある。

(7) 風俗文化

　5,000 年以上の歴史文明を誇る中国には数々の伝統的祝日がある。こうした祝日の風習も，多くの華僑華人らによって異国の地に持ち込まれた。中華民族にとって，数ある伝統的祝日の中でも「春節」(旧正月) が最も盛大かつ賑やかで，なおかつ最も大衆的な祝日である。春節には「年画」と呼ばれる絵や福の字を貼り，「春聯」と呼ばれる春節を祝う対聯や窓に貼る切り絵を作成し，旧正月を祝うための食品や飾り物などを買い，餃子を作り，縁日をめぐり，爆竹を鳴らし，龍舞・獅子舞をする。これらの風習は全て何千年もの間中国における旧暦の新年を祝うための伝統的な要素として受け継がれてき

43　「美国漢語熱進入新階段」(http://world.people.com.cn/n1/2016/0506/c1002-28331691.html) 人民網，閲覧日：2016 年 5 月 6 日。

第 9 章　在アメリカ華人と中国の「文化的ソフト・パワー」

たものである。近現代に入り，華僑華人は事業を起こすのと同時に，中国の春節の要素も忘れることなく現地へ持ち込んで伝え，根を下ろして発芽させ，現在まで継承してきた。春節は，祖国を離れた異郷者を団結させ，中華文化の魅力を世界に向けて発信している。アメリカではすでに数十の州が中国の春節を法定祝日と定めている[44]。近年，中国の国力と国際的影響力の継続的な上昇に伴い，アメリカにおいて，旧暦の新年は華人華僑だけの祝日でなく，アメリカ人の生活の中にも静かに広まりつつあるのだ[45]。

　ある意味では，中国の伝統的祝日はすでに現地の主流社会の文化の中に溶け込んだともいえる。国慶節もまた，アメリカの華僑華人が盛大に祝う祝日である。ヒューストンでは，現地の華僑華人が 10 年以上連続で国慶節のイベントを開催している。しかも，祝賀イベントは毎年それぞれ特色がある。それは全て，現地の華人社団が心を込めて準備し，実施している。その目的は「この機会を利用して，多くの華僑華人の祖国に対する情熱を励起し，アメリカの主流社会に向けて中国の輝かしい伝統文化を紹介する」ことにある。ニューヨークでは，国慶節 45 周年を迎えるにあたって華僑華人が開催した「東海岸華人大パレードフェスティバル」がアメリカの社会各界から注目を浴び，アメリカの有名華人歴史学者・麦礼謙（Lai, Him Mark）氏によって「アメリカ華人史上における大きな一歩であった」と称された[46]。

　中国の民間風習は華僑華人によってアメリカで伝承されている。2014 年 7 月 4 日，アメリカの首都ワシントンにある国立公園，ナショナル・モールの広大な芝生が黒山の人だかりとなり，人々の喜

44　尚文（2007）「"四海同春"彰顕中国軟実力」『僑務工作研究』第 1 号，29-31 頁。

45　「美国人歓慶中国年」（http://news.ifeng.com/a/20150216/43191937_0.shtml）鳳凰網，閲覧日：2015 年 2 月 16 日。

46　任貴祥主編，前掲書，374 頁。

321

びの表情であふれかえった。2週間に渡る2014年スミソニアン・フォークライフ・フェスティバルのテーマイベント「中国：伝統と生活の芸術」が佳境に入るところであったためである。高ぶる太鼓の音，高らかに響くトン族の歌，しなやかで美しい舞踊，精巧で美しい手工芸などを通じて，現地の民衆や各国から訪れた観光客らに，中国の民俗文化が持つ無限の魅力を身近に感じ取ってもらえるひとときとなった。これは，中国が主賓国として初めて参加したスミソニアン・フォークライフ・フェスティバルでもあった。イベント会場には，高くて大きな白いテントが立てられ，芝生のあちこちに美しい切り絵の宣伝画や赤提灯が飾られるなどして，中国テイストが凝縮された会場となった。八つの舞台演目と16種類の民間手工芸項目は「団結と均衡」をテーマに巧妙な演出がなされ，パフォーマンス・体験・ビジネスなど，プログラムも細かくジャンル分けされており，人々が中国の伝統民俗的生活の様子やスタイル，趣を体験できるイベントであった[47]。民俗文化は，中国とアメリカとの間の文化的架け橋を築いたのである。

3．在アメリカ華人による中国の「文化的ソフト・パワー」　向上の主要な方法

（1）チャイナタウン

かつて，華僑たちは自分たちが集まっている一角を「チャイナタウン」「唐人街」，または「華埠」「中華街」「中国城」などと呼んでいた。チャイナタウンの建物の多くは「東屋に楼閣，龍の彫刻と鳳凰の絵，庭園に水亭，中国語で書かれた看板や入口の対聯などといった中国様式を備え，至るところに中国ムードが漂う。中国人の

47　「中国民俗之花在美国首都盛開」(http://news.xinhuanet.com/world/2014-07/05/c_1111471957.htm) 新華網，閲覧日：2014年7月15日。

経営する各種中国地方料理レストランや中国式商店も山のようにあり，中国標準語や各種方言が通じる。中国の音楽や戯曲が方々から聞こえ，中国の商品・中国人社団・中国語学校・中国語刊行物なども至るところにある。旧正月を迎える際の風習は中国の伝統と全く同じで，提灯を掲げ，竜舞・獅子舞を踊り，爆竹を鳴らし，豊穣を願う踊りを踊り，竹馬に乗り，竹船を使って踊り，春聯を貼り，神と先祖を祀り，ゲストを迎え，友人たちのもとを訪ねて挨拶まわりをする……」[48]。これらは，中国の風土・人情と華僑華人のルーツに対する名残惜しさを表していると同時に，多くの外国人を魅了するものとなっている。

　ニューヨーク・マンハッタンにあるチャイナタウンとサンフランシスコにあるチャイナタウンを例に挙げる。ニューヨーク・マンハッタンのチャイナタウンは，100年以上の歴史を誇る。ある程度の規模が形成されて以来，ニューヨークのチャイナタウンは在ニューヨーク華人にとって最も重要な商業活動の中心地となってきた。その中でも最も歴史ある華僑華人の店舗は，19世紀半ばまでその歴史を遡ることができる。事実，マンハッタンのチャイナタウンは，アジア以外の海外において華僑華人が築きあげた華人商店街の中で最も古い商店街の一つとして「模範的」役割を果たしている。ニューヨークのチャイナタウンは，アメリカ政府によって国の史跡リストに取り入れられている。サンフランシスコのチャイナタウンは，従来の意味での「一本の通り」ではなく，数々の通りが縦横に交錯して形成された街であり，アジアを除く海外最大のチャイナタウンであり，北米地域で最も古い華人集住エリアでもある。ロイター社の言葉を借りれば，「サンフランシスコは華人が海を渡り，太平洋を横断してアメリカ大陸に上陸した時，最初に足を踏み入れた場所であり，アメリカ大陸において中国的要素が最も集中している場所の

48　李原，陳大璋 (1991)『海外華人及其居住地概況』中国華僑出版社，359頁。

第三部　中国政府の移民ネットワークの援用と創出

一つでもある。統計によると，毎年サンフランシスコのチャイナタウンを訪れる観光客の数は，ゴールデンブリッジを訪れる人数よりも多いという」[49]。

どのチャイナタウンも，異国の中にある「故郷」であり，チャイナタウンは華僑華人が移民・起業・発展の中で苦労してきた経験や彼らの諦めることのない闘志を見届けてきた。何世代にも渡る思い出を載せた場所であるだけでなく，華僑華人が現地社会に最も貢献した縮図でもある。チャイナタウンは延々と受け継がれてきた民間文化や貴重な精神文明の宝庫であり，チャイナタウンの中華文化的雰囲気は，若い華人が自分の民族的ルーツを知ることを促してくれるとともに，白人が中華文化を理解することも促してくれる。あるアメリカ人記者は，チャイナタウンについてこのような感想を記している。「チャイナタウンというのは，実は社会・経済・文化が一体となった『中華文化街』であり，外国人は，そこに行けば中華文化の神秘や魅力を感じることができる。外国人にとって，チャイナタウンは中国を知るための第一歩なのである」[50]。中国の特色ある飲食文化や祝日の風習が各地で観光名所化していると同時に，中国文化は現地の文化の多様な発展にも大きく貢献しているのである。

(2) 華人社団の媒介的役割

華僑華人は生きるため，発展するため，そして文化的伝統や血縁・種族・言語・習慣などにおける共通認識を確認しあうために，居住国で様々な華人社団を形成している。華人社団は海外華僑華人社会の基盤または中核であり，海外華僑華人を結びつけ，団結させるた

49　「年味兒飄散華人華僑聚居地」(http://www.wenming.cn/sjwm_pd/hwcf/201101/ t20110130_63445.shtml) 中国文明網，閲覧日：2011 年 1 月 30 日。

50　「唐人街変化：折射出華人移民海外歴史足跡」(http://www.epochtimes.com/ gb/6/10/26n1499056.html) 人民網，閲覧日：2006 年 10 月 17 日。

324

めの媒介である。そのルーツは海外へ渡った多くの華僑華人にあり，彼らが団結し，中華的イメージを構築する上で先天的な優位性を持つものである。彼らは中華文化の「見守り役」であるとともに，「伝達役」でもある。彼らは，祖国を通して多種多様な「中国文化フェスティバル」や各種コンサートを開催したり，各民俗文化パレードに参加したりするなどして，中国の武術・グルメ・中医薬などといった文化がますます現地の主流社会に根付くよう取り組んでいるのである[51]。

華人社団は，多かれ少なかれ中華文化の発揚や団結・相互支援といった内容を信条として掲げて活動している。統計によると，中華文化の発揚を信条としてはっきりと掲げている社団が全体の約12%を占める。例えば，学術研究学会や，非営利文芸パフォーマンス社団，書道・文学作家協会，さらに中文書店，ビデオ・DVD店などといった団体である。その他にも，約32%の社団がそれぞれ信条の中に「中華文化の発揚」「中国語教育の推進」「中国語学校設立の提唱」といった内容を盛り込んでいる[52]。

(3) 中国語メディアの利用

中国語新聞は，海外華人社会における重要なメディアの一つであり，中華文化の伝達，華人コミュニティや中国の情報の報道など様々な面で大きな役割を果たしている。アメリカにおける中国語新聞は19世紀半ばに登場した。1854年，アメリカ初，また世界初の中国語新聞『金山日新録』（ゴールド・ヒルズ・ニュース）が創刊された。アメリカ華人学者の麦礼謙氏は同誌について，「現代の新聞の各種

---

51 「発揮海外華人社団作用 促進中華文化走向世界」(http://xuewen.cnki.net/CCND-RMZX20070725A035.html) CNKI 学問，閲覧日：2007 年 7 月 25 日。

52 李明歓（1995）『現代海外華人社団研究』厦門大学出版社，214-215 頁。

特徴を完全に備えた世界最古の刊行物」[53] であるとしている。創刊
当初の同誌の機能は，キリスト教の教義の伝達，華僑情報の提供な
どであった。

　20世紀初頭から1970年代にかけての中国語新聞は政治的特徴
が顕著となり，アメリカの各政治勢力派閥にとって世論の陣地と
なっていた。1970年代から現在に至るまでの中国語新聞は，「政治
的色合いが薄れた」[54]影響で多様化していった。1980年代以前，ア
メリカの華僑華人が暮らす5都市において，中国語による日刊紙は
15種類発行されていた。1日16紙面の『国際毎日新聞』（1981年に
カリフォルニア州で創刊）は，総発行部数13〜15万部，およそ8人
に1人の華人が購読する中国語新聞であった。他にも，中国語雑
誌や日刊紙以外の新聞など95種類が発行され，刊行物の種類は合
計110種類に達し，世界の海外中国語刊行物総数の30%を占めて
いた。これは，アメリカの各華人家庭が1部以上の中国語刊行物
を保有していたことになる[55]。1980年代以降，中国大陸から欧米に
渡る新たな移民が急増したことに伴い，彼らが創刊した中国語刊行
物の数はますます増加し，しかも中国の伝統文化および現代文化を
より正確に紹介できるようになった。21世紀に入ると，全米で「100
以上の中国語刊行物が登場し，半分以上の州に中国語新聞・雑誌が
存在するようになった。そのうち1/3は中国大陸からアメリカに移
住してきた華僑華人らによって創刊されたものである」[56]。現在，ア
メリカで影響力のある中国語新聞は『世界日報』（ワールド・ジャーナル）
と『僑報』（US CHINA PRESS）の2誌である。このうち『世界日報』

53　「美国華文報刊的歴史発展与特征」(http://www.doc88.com/p-0911668663858.html) 道
　　客巴巴，閲覧日：2013年3月24日。

54　「美国華文報刊歴史研究」(http://d.wanfangdata.com.cn/Periodical/xwehz-xby201002073)
　　万方智捜，閲覧日：2010年5月4日。

55　李原，陳大璋，前掲書，25-27頁。

56　国務院僑弁僑務幹部学校編著 (2005)『華僑華人概述』九州出版社，124頁。

326

第 9 章　在アメリカ華人と中国の「文化的ソフト・パワー」

は国境を越えたメディアネットワークになっている[57]。他にも，中国語があまり読めない華人向けに「二言語版」新聞も登場している。こうした新聞は，外国語はわかるが中国語はわからない，けれど中国のことを知りたい華人や外国人にとって一つの福音となり，文字という壁を乗り越えるのに役立っている[58]。

　コンピューターネットワーク技術の発展に伴い，ネットワークメディアも中華文化の伝達における新たなツールとなっている。現在，世界各地にいる華僑華人は，インターネット環境さえ整えば，華人世界のニュースや文化，ビジネス情報に触れることができ，自身の祖国や故郷・親戚・同郷者などと連絡をとることができるため，子どもに母国語の学習をさせる際の補助的ツールとしたり，中華文化に触れさせるきっかけにしたりしている。現在，世界中の中国語サイトは連携化される傾向にあり，2001 年 2 月にはアメリカ，カナダなど 20 以上の国の中国語サイトがシリコンバレーに集結して第一回中国語サイトフォーラムを開催し，「海外中国語サイト協会」（OCWA）の設立を宣言した[59]。その他，中国語による電子マガジンもネット上で散見されるようになった。例えば『華夏文摘』『威大通訊』『中華経済時報』『美中網際電子報』などがそうである[60]。海外の中国語電子マガジンは華僑華人のメディア業界における新生物であり，伝統的中国語刊行物に対する革命であり，また海外における中国語刊行物の将来的な発展傾向でもあるのだ。

　ラジオ・テレビ・映画も中華文化の影響力を拡大する上で重要なメディアである。華僑が最初にラジオ局を開局したのは 1930 年代のことである。1970 年代までに，在アメリカ華人によるラジオ局

57　孔秉徳，尹暁煌（2004）『美籍華人与中美関係』新華出版社，169 頁。

58　李原，陳大璋，前掲書，25-27 頁。

59　劉権（2008）「建立全球華人研究信息連系模式探討」『研究学者網絡月報』第 2 期，2 頁。

60　任貴祥主編，前掲書，348-349 頁。

327

はニューヨーク・サンフランシスコ・ロサンゼルスの 3 都市を中心に発展した。概算統計によると，1990 年代半ばまでに，60 局以上の中国語ラジオ局が海外で次々と開局し，そのうちアメリカで開局したラジオ局の数は 25 であった[61]。その他，調査によるとアメリカには「亜美電視」「中華電視」「北美衛視」の三大中国語テレビネットワークが存在するという。「三大テレビ局はいずれも中国語と広東語の二言語で，衛星通信を利用して，1 週間 7 日，1 日 24 時間，スクロール形式でアメリカ各地に向けて放送している。有線のテレビネットワークがある都市では，三大テレビネットワークも有線テレビ局を通じて 1 日 2 〜 15 時間，様々な番組を放送している」。放送している番組のタイプは主に 2 種類で，一つはニュースやインタビュー。内容は中国大陸・香港・台湾のニュースダイジェストや世界情報およびアメリカ国内・地方および華人エリアのニュースである。もう一つは，様々な特別テーマリポートやバラエティ番組である。三大中国語テレビ局以外にも，アメリカには少なくとも 12 の中国語テレビ放送局があり，主に全国的，地域的なテレビネットワークの中から中国大陸・香港・台湾に関係するテレビ番組を放送している[62]。さらに，アメリカには 3,000 〜 4,000 人を抱える中国語テレビ・映画制作チームがあり，ドラマや映画など十数作品を制作している。その題材の多くは，在アメリカ華人の生活を反映させたものとなっている[63]。

　以上をまとめると，華僑華人が中華文化を伝達する方法は宗教による先導でも，植民・統治行為による強制的な普及でもなく，チャイナタウンや社団団体，中国語メディアなどを通じて平和的・民間的に，順を追って中華文化を伝達して中華文化をアメリカの大衆に

61　周南京主編（2002）『華僑華人百科全書（総論巻）』中国華僑出版社，745 頁。

62　周敏著，郭南審訳（2006）『美国華人社会的変遷』上海三聯書店，157-158 頁。

63　李原，陳大璋，前掲書，28 頁。

第9章　在アメリカ華人と中国の「文化的ソフト・パワー」

知らしめ, さらに現地の社会生活の中に知らず知らずのうちに感化・融合させて, 現地の多様性ある文化の中の一つとなっているのである。

4. おわりに：中国の「文化的ソフト・パワー」を向上させるために

　移民の東洋的バックグラウンドは, 結局のところ西洋文化の主流にはならない。アメリカの華僑華人が文化伝達機能を発揮する際, 中華文化の伝達にとって不利となるアメリカ国内の文化環境や政治的雰囲気, 新世代華人らに見られる深刻なルーツ・言語喪失問題, 中国語教育現場に見られる喫緊の教学改善問題, 使用される字体・言語の不統一問題, 華人社団の実力と発展力の欠如などといった様々な要因による影響を常に受けやすい。こうした問題は, 華僑華人がアメリカで生活・発展することに影響を及ぼし, 中華文化を伝達することを阻害し, 中国の「文化的ソフト・パワー」向上に不利に働いている。これらを考慮し, 五つの提案をしたい。

　第一に, 華僑華人が自我を認識することを支援し, 中華民族に対する文化的アイデンティティを促すことである。一部の華人は, アメリカが華人を排斥した歴史を忘れ, 自分の文化・言語・生活習慣および華人であるという身分を忘れれば, その分早く主流社会に吸収してもらえると誤解している。しかし, 個人が経済的に成功しても, それで自然に主流社会に受け入れられるわけではない[64]。彼らの言行がどれだけアメリカナイズされても, 身体的・心理的に明らかに違いがあるため, 彼らはやはり社会から隔絶されたり, 経済的

64　Min Zhou and James V. Gatewood (eds.). 2000. *Contemporary Asian America*, New York University Press, p.353.

第三部　中国政府の移民ネットワークの援用と創出

差別を受けたり，法的な不平等を受けたりするのである[65]。まさに
ある華人が語った「大学卒業後に就職活動をしてみたが，何のチャ
ンスも得られなかった。私は，『華人だから採用することはできない』
と言われた」という通りなのである[66]。こうしたどうすることもで
きない状況は，華人たちに身分的困惑をもたらし，自信を喪失させ，
身体的・精神的健康に影響を及ぼすおそれがある。

　このような問題を解決するためには，二重の環境の中で育った在
アメリカ華人青年を励まし，支援することのできる「中華文化クラ
ブ」がより多く設立されると良いのではと考える。彼らに中国の歴
史や文化を学び，自身の文化的ルーツを考えることを促したり，自
我を取り戻し，困惑から抜け出し，自信を持たせるようサポートし
たりする。また，中国国内において，華人が帰国して働くのに役立
つ起業プラットフォームを構築し，華人青年たちが中国へ戻ってく
ることを大々的に奨励し，中国には無数のチャンスがあるというこ
と，人種的バックグラウンドを理由に拒絶することはないというこ
とを彼らに教えるのである。

　その他にも，専門の華人向け心理カウンセリング機関を設立し，
東西文化の衝突の中にいる華人に対して2種類の文化的身分を肯
定する。つまり「自身の民族的身分の捉え方を，環境や接する人の
違いに応じて使い分ける」[67]よう提案するのだ。具体的には，「彼ら
が両親または同じ種族の仲間と一緒にいる時には，中国式の行動を
とり，主流社会のメンバーと接する時には，西洋の文化的習慣にな
らって行動する」のである。このような文化適応タイプを採用す

65　Benson Tong. 2000. *The Chinese Americans*, Greenwood Press, p.65.

66　Lei Jieqiong. 1931. *A Study of American-born and American-raised Chinese in Los Angels*, University of Southern California, pp.68-79.

67　Jean S. Phinney and Victor Chavira.1995. "Parental Ethnic Socialization and Adolescent Coping With Problems Related to Ethnicity" in *Journal of Research on Adolescence* 5:92.

ることが最も理想的であると考える。なぜなら，こうすることで2
種類の文化的価値観による衝突が最も軽減される，つまり，精神的
疾病の発生を最小限に抑えられるからである[68]。同時に，彼らに対
して「人種とは祖国を振り返る手段でも，アメリカ人になる手段で
もなく，アメリカという常に多様性ある文化の中に身を投じる手段
なのであり」[69]，2種類の文化を兼ね備え，主流社会の精髄と本来の
民族文化の精髄を組み合わせれば，自分自身の成長によりプラスに
働くであろうことを教えるのである。

　第二に，中国の調和思想を伝え，中華文化の対外伝播環境の改善
を促すことである。「中国脅威論」「排中華思想」といった空気は中
国の「文化的ソフト・パワー」向上に不利に働く。ここで，我々は様々
な方法を通じて次のような宣伝をおこなっていく必要があると考え
る。一つめに，中国のソフト・パワーの向上という行動を正確に宣
伝し，中国のソフト・パワー向上は決してアメリカのソフト・パワー
に対抗するためのものではないということを伝える。中国の台頭は，
13億人の中国人がグローバル化に参加した産物であり，中国が13
億の国民の人権を向上させるための必然的な要求なのである[70]。中
国の台頭は，中国が「ゼロサム」[71]的競争手段でアメリカと正面衝
突することを意味するのではない[72]。中国がソフト・パワーを発展
させる過程でおこなっていることは，客観的に見てアメリカの一部
の利益にも役立つということを指摘する。そうして，中国の「ソフ

68　滑明達（2006）『文化超越与文化認知——美国社会文化研究』中国社会科学出版社，
　　167頁。

69　Min Zhou, Ibid, p.73.

70　Rosita, Dellios. 2005. "China:The 21st Century Superpower？" Lecture, Casa Asia,
　　Barcelona, pp.11-14.

71　ゼロサムとは，ゲーム理論における概念であり，一方が得をすれば一方が損し，
　　双方に協力のチャンスがないことを意味する。

72　Gordon C.K. Cheung, Ibid, p.15.

ト・パワー」はアメリカに脅威をもたらすというアメリカ国民の思考を変えるのである。

二つめに，文化交流の必要性や我が国の「調和の文化」の精髄を伝え，中国の文化交流の目的やその手段は，いずれも平和を基本としていること，中華文化の発揚・伝達は，民族排外主義あるいは文化侵略のためではないと発言していくことである。我々は，純粋な文化交流に多くの政治的意味を付け加えてはならない。文化の違いを異端とみなし，受け入れられないと感じたり，憎悪を感じたりしてはならない。そうではなく，それらを共生における経験とみなし，その中には全人類にとって価値のある教えや情報が含まれているのだと主張すべきである[73]。そうして，中国は華僑華人や孔子学院を利用して「中華思想」を浸透させているというアメリカ国民の誤解を解くのである。

三つめは，華僑華人がアメリカに貢献しているということを伝え，いわゆる「華人経済圏」はある特定の国またはいくつかの国に属するのではなく，全世界的なものであり，本国の華僑華人をより多く奨励・支援した国は，その分多く世界各国にいる華僑華人の経済的パワーを利用して国際的経済競争に参加できるということ，そうしなかった場合，本国の華僑華人の人材や資本が他国の手に渡ってしまうのだということを，事実をもって証明すべきである[74]。それにより，華僑華人は中国に忠誠を尽くしている，華僑華人経済はアメリカ経済に悪影響を及ぼすというアメリカ国民の誤解を解くのである。

第三に，海外への文化伝播力を強化し，中国の声をしっかりと届けることである。文化の伝播は，中国が世界と結びつき，相互作用をもたらすプロセスでもあり，また各国の国民との理解や友情を深

73　Javier Pérez de Cuéllar etc.1996. *Our Creative Diversity*, UNESCO Publishing. p.25.

74　汪抗ほか（1994）『活躍在世界経済舞台的明星——海外華僑，華人』天津社会科学院出版社，127-129頁。

めるために必要なことでもある。海外への伝播は文化のソフト・パワーにおけるキーポイントである。ある国の文化の影響力は，先進的な伝播手段や強大な伝播能力を持っているかどうかでほぼ決まる。華僑華人が異国の地における中華文化の伝播において貢献していることは誰が見ても明らかなことであるのだが，何にせよパワーが弱いのだ。しかも，若者世代の中国に対する感情が弱くなるにつれて，そうしたパワーもより一層小さくなってしまう。我々は，中国本土の文化を伝播させる力を強化し，外国人が中国文化を理解することを促すだけでなく，華人の子孫の祖国への愛着を高めるように努力しなければならない。「中国と外国との異文化コミュニケーション交流の中で，我々は自身の文化に対する自信・忍耐力・定力を持ち続けなければならない」[75]のである。

　その他，文化交流活動も幅広くおこなうべきである。具体的には文化センターを建設したり，文化宣伝活動の規模を拡大したり，各種華人社団や華人の若い世代との交流を強化したりすることが挙げられる。国の関連部門は，「請進来」（中国への呼び込み）として，著名な華人社団のリーダーや華人の政治的リーダーをしばしば中国に招いたり，科学技術分野における華人のエリートを中国のハイテクパークに定期的に招き視察してもらったり，また華人を中国に招いてサマーキャンプなどのレクリエーション活動に参加させたりするなどといった活動をおこなうと良いだろう。また，「走出去」（対外進出）として，「文化中国」シリーズイベントを海外で実施し，様々な形式の文化グループの運営を継続しながら，華人コミュニティでの講演・才芸の研修・文化パフォーマンス活動などを実施し，中華民族の優秀な伝統文化をよりふんだんに詰め込んだ文化製品を海外

75　習近平（2016）「在柏林与徳国漢学家，孔子学院師生代表座談時的講和」中国華僑
　　華人歴史研究所『習近平同志僑務工作論述摘編』（内部資料，2016年版），30頁。

の同胞たちに捧げると良いだろう[76]。

　一部の人たちは中国に対して偏見を持っているが，それはよくわからないから・壁があるから知らないから・といったことが原因となっている。習近平総書記は「外国の人々が聞こえ，理解でき，そして聞き入れられる方法を多用して中国のストーリーを語り，中国の声を届け，世界の人々に少しでも多く中国を理解し，支持してもらう」[77]と語っている。また，アメリカの華僑華人の一人ひとりが中華文化の使者となり，「自分の身をもって中華文化の魅力をアピールし，リアルな中国を紹介し，中国に対するアメリカ国民の理解を深め，中米両国民の友情を促し，中米関係の民間レベル基盤を固めてほしい」[78]と述べている。

　第四に，中国語教育を発展させ，アメリカにおける中華文化の伝承を促すことである。中国語教育は中国と華僑華人を結びつける重要な紐帯であり，中華文化の伝承にとって最適な手段であることから「海外の希望プロジェクト」ともいえる。中国語教育を普及させる目的は，中華文化の伝承にある。中米間で新型大国関係を構築する過程で，中国語教育は中米間の人文交流文化において独特な役割を果たしている一方，多くの課題にも直面している。そのうち重要な課題の一つは，どのようにして中国語教育をアメリカの主流教育体制の中に溶け込ませるかである。それにはまず，華人社会は民族教育の権利に立脚し，アメリカの主流社会において中国語教育に対する承認・支持を獲得するよう努力すべきである。

　2015 年の青書では，「アメリカは多様な文化を持つ国であり，各

76　Joshua, Cooper Ramo.2007. *Brand China*, The Foreign Policy Centre. p.46.

77　習近平（2016）中国華僑華人歴史研究所『習近平同志僑務工作論述摘編』「在欧美同学会成立 100 周年慶祝大会上的講和」（内部資料，2016 年版），17 頁。

78　習近平（2016）中国華僑華人歴史研究所『習近平同志僑務工作論述摘編』「在西雅図出席僑界挙行的歓迎招待会時的講和」（内部資料，2016 年版），77 頁。

民族がそれぞれの民族の言語文化教育を受ける権利を有する。アメリカの華人社会は，政府の関連政策を十分に生かしてコミュニケーションを強化し，中国語教育のためにより多くの学校経営費用の支援や，より強力な政策的保障を手に入れるべきである」と書かれている。また，「華人社会は，既存の中国語学校の教員がアメリカの主流教育体系に進出することを奨励・支援すると同時に，母国語教育意識に関して内容や形式面における束縛から脱却し，教学理念や教育現場管理などの観点からもっと主流教育の特徴やニーズに注目し，参考にし，吸収する必要がある」とも呼びかけている[79]。

　教員・教材・教学方法などの面においては，効果的な措置を講じる必要がある。教員については，教員の育成をしっかりとおこない，「走出去」と「請進来」を密接に組み合わせるべきである。また，教材づくりにおいては，中英二言語版の書物や中国語と英語の優れた文学作品の映像製品の出版・制作を大々的に強化するほか，伝送ルートを拡大し，民間や私営機関が中国語普及のチームに加わってくれるよう奨励していくべきである。教学面においては，できる限り海外の児童に適した中国語学習環境をつくり，授業では子どもたちの成長のバックグラウンドやアメリカの文化教育を考慮し，楽しく学べる方法を採用するべきである。文化環境面においては，学校が学生のために中国文化を学ぶ環境を提供することに加え，華人の家庭においても子どもたちに中国語で話し，中国の伝統文化を理解する環境づくりを促していく必要がある。

　最後に，国際的発言権を高め，国家イメージを向上させるように努めることを提案する。発言権とは世論をコントロールする権力のことである。発言権が誰の手に握られているかによって，社会世論の方向性が決定する。外交的発言とは，外交的発言，外交的発言を

79　「美国華文教育如何融入主流」(http://www.news.dahe.cn/2015/12-23/106207410.html)
　　中国新聞網，閲覧日：2015 年 12 月 23 日。

おこなう権利，そして外交的発言をおこなう権力を意味する。グローバル化・情報化の時代，また国際体系・国際秩序が大きく変化する現代において，外交的発言には国の文化伝承，イデオロギー，重大な利益，戦略の方向性および政策・措置などといった，政府としての基本的立場を表すべきである[80]。

　中国は，新たな英語メディアを開通したり，国際的広報企業を利用したオーダーメイドのブランド戦略を試したりするなど，ソフト・パワー戦略を通じて世界における影響力を拡大している[81]。改革・開放以降，中国の総合的国力は増強を続けており，国際的実務の中での地位も高まり続け，日々世界の舞台の中心へと近づきつつある。しかしそれと同時に，中国の外交的発言における「短所」も日増しに際立っている。中国は大国外交における充実した実践を基盤とした上で，外交理論を十分に研究し，外交的発言システムの構築を強化し，中国の発言の国際的影響力と世界的意義を高めることで関連する課題に効果的に対応できるように努める必要がある。

参考文献

【中国語】

彼得・鄺（Peter Kwong）著，楊立信ほか訳（2002）『新唐人街——当代美国華人社区』世界知識出版社。

蔡揚武（1993）「華僑華人在体育伝播中的作用」『体育文化導刊』第 5 期，22-24 頁。

曹雲華（2015）『遠親与近隣——中美日印在東南亜的軟実力』（上）人民出版社。

沈燕清（1998）「美洲華僑与中医薬的発展」『八桂僑史』第 3 期，55-58 頁。

国務院僑弁僑務幹部学校編著 (2005)『華僑華人概述』九州出版社。

滑明達 (2006)『文化超越与文化認知——美国社会文化研究』中国社会科学出版社。

荊福生主編（1996）『華僑華人与体育』中国社会科学出版社。

孔秉徳，尹暁煌（2004）『美籍華人与中美関系』新華出版社。

80　「中国特色大国外交和話語権的使命与挑戦」(http://www.china.com.cn/opinion/think/2017-01/18/content_40127075.htm) 智庫中国，閲覧日：2017 年 1 月 18 日。

81　「中国推『環球電視網』用軟実力提昇話語権」(http://news.163.com/17/0102/10/C9P5UUUG00018AOQ_all.html) 網易新聞，閲覧日 2017 年 1 月 2 日。

李明歓（1995）『現代海外華人社団研究』厦門大学出版社。

李未酔（2007）『加拿大華人社会内部的冲突与合作』世界知識出版社。

李原，陳大璋（1991）『海外華人及其居住地概况』中国華僑出版社。

廖悦清（2007）『近代広東旅美華僑華人与中美文化交流』江西師範大学修士論文。

劉海銘著，李愛慧訳（2010）「炒雑砕：美国餐飲史中的華裔文化」『華僑華人歴史研究』第 1 期，3-17 頁。

劉権（2008）「建立全球華人研究信息連系模式探討」『研究学者網絡月報』第 2 期，2 頁。

羅晃潮（1997）「中華飲食文化的海外伝播」『八桂僑史』第 2 期，28-32 頁。

───（1998）「華僑華人与中華文化海外伝播」『嶺南文史』第 2 期，82-85 頁。

木子（1996）「中国餐館在美国」『科技文萃』第 7 期，181-191 頁。

任貴祥主編（2009）『海外華僑華人与中国改革開放』中共党史出版社。

尚文（2007）「"四海同春"彰顕中国軟実力」『僑務工作研究』第 1 期，29-31 頁。

宋李瑞芳（Betty Lee Sung）著，朱永涛訳 (1984)『美国華人的歴史和現状』商務印書館。

汪抗（1994）『活躍在世界経済舞台的明星─海外華僑，華人』天津社会科学院出版社。

習近平（2016）「在柏林与徳国漢学家，孔子学院師生代表座談時的講和」『習近平同志僑務工作論述摘編』中国華僑華人歴史研究所（内部資料, 2016 年版）。

───（2016）「在欧美同学会成立 100 周年慶祝大会上的講和」『習近平同志僑務工作論述摘編』中国華僑華人歴史研究所（内部資料，2016 年版）。

───（2016）「在洛杉磯華人華僑挙行的歓迎晩宴上的致辞」『習近平同志僑務工作論述摘編』中国華僑華人歴史研究所（内部資料，2016 年版）。

───（2016）「在西雅図出席僑界挙行的歓迎招待会時的講和」『習近平同志僑務工作論述摘編』中国華僑華人歴史研究所（内部資料，2016 年版）。

張国祚（2011）『中国文化軟実力報告』，社会科学文献出版社。

張涛（2011）「孔子─戦後美国華人餐飲的文化標記─基于美国主要報紙的考察」『華僑華人歴史研究』第 2 期，39 頁。

周敏著，郭南審訳（2006）『美国華人社会的変遷』上海三聯書店。

周南京主編（2002）『華僑華人百科全書（総論巻）』中国華僑出版社。

【英　語】

Benson Tong. 2000. *The Chinese Americans*. Greenwood Press.

Gordon, C.K. Cheung. 2008. "International Relations Theory in Flux in View of China's "Peaceful Rise"", *The Copenhagen Journal of Asian Studies* 26(1):5-21.

Javier Pérez de Cuéllar etc. 1996. *Our Creative Diversity*, UNESCO Publishing.

Joel, Wuthnow. 2008. "The Concept of Soft Power in China's Strategic Discourse" *Issues & Studies* 44(2)1-28.

Joshua Cooper Ramo. 2007. *Brand China*, The Foreign Policy Centre.

Lai, Hongyi. 2006. 'China's cultural diplomacy: going for soft power", EAI Background Brief No.308, East Asian Institute, National University of Singapore. http://www. eai.nus.edu.sg/BB308.pdf26.

Lei, Jieqiong. 1931. *A Study of American-born and American-raised Chinese in Los Angels*, University of Southern California.

Mary Roberts, Coolidge. 1909. *Chinese Immigration*. Holt and company.

Jean, S. Phinney and Victor, Chavira. 1995. "Parental Ethnic Socialization and Adolescent Coping With Problems Related to Ethnicity", *Journal of Research on Adolescence* 5:31-53.

Rosita, Dellios. 2005. "China: The 21st Century Superpower?" Lecture, Casa Asia. Barcelona. pp.11-14.

Sheng Ding and Robert A.Saunders. 2006. "Talking Up China: An Analysis of China's Rising Cultural Power and Global Promotion of the Chinese Language", *East Asia*23:3-33.

Zhou, Min and James V.Gatewood,eds.2000, *Contemporary Asian America*, New York University Press.

【インターネット資料】

「習近平談国家文化軟実力：増強做中国人的骨気和底気」(http://cpc.people.com. cn/xuexi/n/2015/0625/c385474-27204268.html) 中国共産党新聞網，閲覧日：2015 年 6 月 25 日。

「習近平対僑務工作作出重要指示，李克強作出批示」(http://news.xinhuanet.com/ politics/2017-02/17/c_1120486778.htm) 新華網，閲覧日：2017 年 2 月 17 日。

「中国餐飲文化在美国的伝播，発展和融合」(http://www.xzbu.com/2/view-6336350. htm) 論文網，閲覧日：2014 年 11 月 27 日。

「美国唐人街牌楼：古老而鮮明的中華民族建筑風格」(http://www.chinaqw.com/ hqhr/xq-pl/200903/20/155761.shtml) 中国僑網，閲覧日：2009 年 3 月 20 日。

「中医在美国受歓迎」(http://news.sina.com.cn/pl/2012-06-01/180024520384_4.shtml) sina 新聞中心，閲覧日：2012 年 6 月 1 日。

「中医在美国進入快速発展時期」(http://news.xinhuanet.com/world/2015-01/21/ c_127404982.htm) 新華網，閲覧日：2013 年 2 月 4 日。

「海外華人伝承伝統道徳美国華裔名人重『孝道』」(http://www.zhongguodexiao. com/show-22-34-1.html) 中国徳孝網，閲覧日：2012 年 8 月 6 日。

「深華人律師梁仲平」(http://news.xinhuanet.com/legal/2015-07/19/c_1115969988. htm) 新華網，閲覧日：2015 年 7 月 19 日。

「華僑華人書画家是弘揚中華文化的重要力量」(http://finance.ifeng.com/ a/20161011/14930143_0.shtml5) 鳳凰網，閲覧日：2016 年 10 月 11 日。

「中国書法山水画首現美国郵票」(http://collection.sina.com.cn/ zwyp/20130219/0750103649.shtml) 新浪収蔵，閲覧日：2013 年 2 月 19 日。

第 9 章　在アメリカ華人と中国の「文化的ソフト・パワー」

「中国武術在美国硅谷」(http://www.qqgfw.com/News_1Info.aspx?News_1ID=5704)
　　全球功夫網，閲覧日：2011 年 4 月 18 日。
「『我的中国節』登上中国文学芸術節春晩」(http://news.163.com/17/0126/05/
　　CBMCPBJE00018AOP.html) 網易新聞，閲覧日：2017 年 1 月 26 日。
「美国漢語熱進入新階段」(http://world.people.com.cn/n1/2016/0506/c1002-
　　28331691.html) 人民網，閲覧日：2016 年 5 月 6 日。
「美国人歓慶中国年」(http://news.ifeng.com/a/20150216/43191937_0.shtml) 鳳凰網，
　　閲覧日：2015 年 2 月 16 日。
「中国民俗之花在美国首都盛開」(http://news.xinhuanet.com/world/2014-07/05/
　　c_1111471957.htm) 新華網，閲覧日：2014 年 7 月 5 日。
「年味兒飄散華人華僑聚居地」(http://www.wenming.cn/sjwm_pd/hwcf/201101/
　　t20110130_63445.shtml) 中国文明網，閲覧日：2011 年 1 月 30 日。
「唐人街変化：折射出華人移民海外歴史足跡」(http://www.epochtimes.com/
　　gb/6/10/26/n1499056.html)　人民網，閲覧日：2006 年 10 月 17 日。
「発揮海外華人社団作用 促進中華文化走向世界」(http://xuewen.cnki.net/CCND-
　　RMZX20070725A035.html）CNKI 学問，閲覧日：2007 年 7 月 25 日。
「美国華文報刊的歴史発展与特征」(http://www.doc88.com/p-0911668663858.html) 道
　　客巴巴，閲覧日：2013 年 3 月 24 日。
「美国華文報刊歴史研究」(http://d.wanfangdata.com.cn/Periodical/xwehz-xby201002073)
　　万方智搜，閲覧日：2010 年 5 月 4 日。
「美国華文教育如何融入主流」(http://news.dahe.cn/2015/12-23/106207410.html/) 中
　　国新聞網，閲覧日：2015 年 12 月 23 日。
「中国特色大国外交和話語権的使命与挑戦」(http://www.china.com.cn/opinion/
　　think/2017-01/18/content_40127075.htm) 智庫中国，閲覧日：2017 年 1 月 18 日。
「中国推『環球電視網』用軟実力提昇話語権」(http://news.163.com/17/0102/10/
　　C9P5UUUG00018AOQ_all.html) 網易新聞，閲覧日：2017 年 1 月 2 日。

【新聞記事】
「海外同胞：在国外如何留住中華民族的『文化之根』」『人民日報』海外版，
　　2008 年 2 月 15 日。

おわりに

　本書の執筆が終わり，すべての原稿をまとめて提出して間もない2018年3月，中国で第13回全国人民代表大会が開催され(3月17日)，国務院から提案された大規模な行政機関組織改編案が可決された。その改編案の一つに，公安部の管轄下に「国家移民管理局」を新設することが盛り込まれた。その時，筆者はちょうど学生の語学研修の引率で浙江大学におり，現地のメディアを通じてそのニュースを知り，これは本書にとっても重要な情報だと思っていたその時，呂雲芳さんから微信（We Chat）でメッセージをもらい，ぜひ移民管理局設立の内容を，第3章に加筆したいと相談を受けた。詳細は第3章を参照いただくとして，中国が移民誘致に対して「日増しに激化する国際人材競争により良く参加するうえでプラスだ」[1]と，現在のアメリカの移民排斥の風潮とも，日本の消極的な態度とも異なる，積極的かつ肯定的な態度を示しており，「移民政策」という明確な位置づけ・方針とそれを実践するための行政機構の創設が迅速だと感じた。

　国家移民管理局の主要業務内容をみると，外国人の滞在・居留・永住管理，難民管理，国籍管理，外国人の不法就業・不法入国・不法居留対策，不法移民の送還，中国公民の普通パスポートによる出入国サービス管理等が記載されているが，その中には「辺民往来管理」（国境付近に居住する人々の行き来の管理）や「到着ビザ」の管理が含まれており，中国へ／からの移民の国境の越え方は，空路での離着陸に限らない，多様な方法があり，「外国」へ行くことが非日常であるとは限らず，日常の生活の一部として存在することも想像で

1　「中国，国家移民管理局を新設へ」人民網日本語版ホームページ（http://j.people.com.cn/n3/2018/0319/c94474-9438864.html　閲覧日：2018年6月30日）。

きる。中国にとって「移民」とは，意思疎通の困難な異文化で生きる人々ばかりでなく，国境を越えて生活する同じ民族だったり，国籍が無化されるような市場のなかで相互に依存しあう関係だったりするのである。

　国家移民管理局創設をめぐる記事の中で，香港のフェニックスウィークは，「上海の戸籍と華裔カード」について言及している。記事の概要は次の通りである。2018 年 3 月 9 日，上海市公安局は「上海市常住戸籍管理規定に関する通知」を出し，その中の第 46 条に，「出国し海外で定住している者，もしくは外国籍を取得した者は，本人が戸籍の所在する公安派出所へ出向き，戸籍登録の手続きを行わなければならない」と記載され，手続きを拒否した者，もしくは 1 か月以内に手続きを行わなかった者については，当該者の戸籍を強制的に抹消すると公布され，同年 5 月 1 日より施行するとされた。これまで，海外に住む多くの中国系移民は，移住先国の国籍または永住権を取得しながらも，出身地の戸籍は維持したままでいるというグレーな状態を利用してきたのだった。そうすれば，中国に滞在する際に，身分が保証され，運転免許証，銀行口座，株，交通機関チケットの購入，ホテル宿泊，結婚手続き等，多くの手続きが簡略化される。しかし，戸籍がなくなると，それらの手続きが煩雑化し，中国に長期滞在することが難しくなるのである。これに対し，本書の第 3 章でも紹介されているように，2018 年 2 月に，海外に居住する中国系移民のために「准グリーンカード」を発行し，5 年の滞在資格を与える政策が施行されたこと，そして，中国グローバル化シンクタンク主任の王輝耀氏は，国家移民管理局成立後には，正式に「華裔カード」を発行し，有効期限を 10 〜 20 年に延長し，その上，インドで実施されているように，四世代以内であれば申請できるようにしたいと述べている[2]。

2　「成立国家移民管理局：中国強勢加入全球人才争奪戦」鳳凰周刊ホームページ（http://

この記事から，これまで移民に対する政策が曖昧だったからこそ，中国系移民は中国と移住先国の双方で国のサービスを享受することができ，それが中国の経済発展への貢献にもつながったことを窺い知ることができる。一方で，このような状況は，中国国内に留まる人にとっては不平等となる。国家移民管理局の創設によって，「曖昧さ」が是正されると，中国系移民は同胞として優遇されながらも，「外国人」としての性格を強めることになるだろう。

こうした中国政府の移民政策を重視する背景に，「一帯一路」構想があることが想起される。しかし，中国国内と国外を結ぶ中国系移民のネットワークは，「一帯一路」構想が提起されるずっと以前から存在してきた。改革・開放以降の中国の発展の中で，中国系移民は，政府の政策によって様々に読み替えられながらも，一貫して中国社会にプラスの作用をもたらすものとして捉えられている。

本書をふり返ると，中国政府の政治的・経済的政策転換による中国から／への人の移動の変化が，全論文を貫く主題もしくは背景となっている。この点について，中国偏重であると批判的に捉える読者もいるかもしれない。中国系移民の移動と実践は，様々な視座から論じることが可能であることを意識した上で，筆者はあえて，中国重視の構成にした。なぜなら，中国政府の政策転換に左右される移民の移動の現実がそこに存在するからである。

本書のもう一つの主題は，「華人二世」「華人子孫」の自己認識と文化の継承の問題である。中国の学術界では，「海外の華人が今も伝統的な中国文化の継承を維持している」という論調が主流であるが，本書に収められた第 4 章や第 5 章では，「華人二世」「華人子孫」がローカル化，グローバル化している現実や，移住の時期や家庭背景によって彼／彼女らも一枚岩的な「二世」「子孫」ではないことが論じられた。こういった移民子孫のアイデンティティに関する現

www.ifengweekly.com/detil.php?id=5810，閲覧日：2018 年 6 月 30 日）。

状は，他の移民とも共通する普遍的な問題である。先日，新聞でハワイの日系人社会が時代とともに変化しており，自らを「日系」ではなく「自分はローカル」と称する四世の若者を紹介する記事[3]を目にした。多種多様な人種が共存するハワイの社会的文脈で「ローカル」という語のニュアンスは独特であるが，中国系移民の子孫にも応用できる議論である。日系の先代の人々との比較，日本との距離，日本文化に対する態度，そして日本を知らない世代というように，「日本」は一つの指標であり比較の対象となる。しかしその一方で，日本をエスニックマーカーとしない世代，すなわち「ローカル」の若者が声を上げ始めたのである。本書は，「中国系新移民」を用いて「ローカル」の人々を捉えようとするとともに，彼／彼女らによって，「中国」がどのように照射されるのかということにも留意した。

　本書の出版は，明石書店の大江道雅社長と日中社会学会の首藤明和会長からいただいた機会により可能となった。両氏には，本書のコンセプト，構成，内容について，貴重なご助言をいただいた。加えて，明石書店編集部の李晋煥さんには，編集・校正の面で大変お世話になった。また，本書の序章を執筆する際には，同僚の石井由香先生に草稿を読んでいただき，内容の相談にのっていただいた。本書の「中国系新移民」の構想は，石井先生の玉稿「オーストラリア・アジア系専門職移民の文化・社会参加戦略─ある作家の自叙伝と文化・社会活動に注目して」（『国立民族学博物館研究報告』40(3)：375-410,2016年）で論じられたカンボジア出身の華人系移民二世の女流作家のストーリーから多くの啓発を得たものである。最後に，大石かさねさんには，中国語論文の翻訳，そして本書の校正を全面的に手伝っていただいた。大石さんの助けがなかったら，本書の出版は大幅に

3　「(世界発 2018) ハワイ『元年者』の足跡　明治元年に海を渡った人々　日経移民150 年」『朝日新聞』2018 年 6 月 5 日朝刊。

遅れたと予想される。以上の方々に対し，ここに感謝の意を表したい。

奈倉　京子

参考文献

「（世界発 2018）ハワイ『元年者』の足跡　明治元年に海を渡った人々　日系移
　　民 150 年」『朝日新聞』2018 年 6 月 5 日朝刊。
「中国, 国家移民管理局を新設へ」人民網日本語版ホームページ（http://j.people.
　　com.cn/n3/2018/0319/c94474-9438864.html，閲覧日：2018 年 6 月 30 日）。
「成立国家移民管理局：中国強勢加入全球人才争奪戦」鳳凰周刊ホームページ
　　（http://www.ifengweekly.com/detil.php?id=5810，閲 覧 日：2018 年 6 月
　　30 日）。

索　引

【あ行】

アジア系　15, 16, 33, 293, 294, 299, 306, 317, 344

厦門　26, 28, 34, 283, 289

厦門大学　12, 27, 28, 34, 46, 87, 97, 119, 130, 146, 193, 213, 217, 221, 226, 239, 280, 282, 283, 286, 287, 297, 300, 325, 337

石井由香　15, 33, 293, 294, 299, 344

異世代移民カップル　30, 175, 176, 180, 185, 186

移民子孫　6, 29, 161-169, 171-176, 179, 184-186, 343

移民ハビトゥス　159, 161, 168, 169, 171, 173, 185

ヴァナキュラー　9, 21, 22, 291, 299

エスニック・アソシエーション　293

エスニックアイデンティティ　288

温州　51, 64, 65, 75, 160, 190, 191, 193, 194, 190, 200, 281

【か行】

外国専家　124, 125, 127, 128, 131, 142

華僑大学　27

華語教育　276

華語語系　17-22, 33, 34, 300

華語語系文学（Sinophone Literature）　17

華人子孫　6, 29, 158, 159, 164, 167, 192, 194, 196, 343

華人社団　14, 199, 213, 275, 276, 279, 281, 289, 292-294, 301, 321, 324, 325, 329, 333, 337, 339

華人ディアスポラ　9, 17, 20, 298

華人二世　7, 30, 189, 191, 194-196, 198-200, 202-206, 209-212, 343

華文独立中学　284

帰国華僑　28, 78, 80-83, 90, 274, 294, 296, 300, 301

帰国華僑聯誼会　294

暨南大学　28

僑郷　12, 14, 28, 75, 76, 78, 79, 81-85, 86, 88, 90-92, 94, 96, 97, 119,

150, 154, 155, 171, 213

僑眷　28, 36, 38, 41, 78, 80-83, 90, 273

僑務公共外交　24, 32, 274-276, 296, 297, 301

僑務資源　24, 91, 96, 273

クレオール化　20

公共外交　23-25, 31, 32, 270-277, 289, 292, 293, 297-301

孔子学院　24, 32, 277-281, 300-302, 320, 332, 333, 337

国家漢語国際推広領導小組弁公室（漢弁）　276

【さ行】

在地化　18

少数民族　10, 17, 18, 24, 308

新移民　12, 28, 30, 36-38, 40-47, 50-52, 54, 56-61, 63-71, 73-76, 78, 79, 85-88, 90, 92-100, 103, 107, 109-115, 117, 119, 244, 266, 293

新華人系移民　294

新型華人社団　293, 294, 300

新僑　92, 94, 98, 100-102, 115-117, 120

尋根活動　296

請進来　333, 335

青田　64, 66, 73, 155, 160, 161, 164, 165, 167-174, 176, 178-180, 183-185, 190, 199

泉州　27, 81, 82, 91, 92, 120, 283, 290

千人計画　128, 129

専門職移民　15, 33, 293, 294, 299, 344

荘国土　12, 32, 34, 43, 44, 59, 73

走出去　24, 53, 54, 64, 270, 333, 335

【た行】

対外中国語教育　14, 276-278, 280, 297

ダイナミクス　15

打洋工　63, 74

チャイナタウン　32, 70, 279, 308, 310, 317, 319, 322-324

チャイニーズディアスポラ 17, 18, 20, 22

中華圏　10, 271

中華人民共和国華僑事務委員会　273

中華人民共和国国務院僑務弁公室（僑弁）　44, 58, 73, 74, 273, 274, 281, 282, 295, 296, 300, 326, 336, 337

中華民族　10, 18, 304, 305, 310, 315, 316, 318, 320, 329, 333, 338, 339

中国系新移民　9-13, 15, 17, 23, 29,
　31, 32, 344

中国語ブリッジプロジェクト（漢語
　橋）　277

中国性　18, 19, 21

張秀明　37, 39, 46, 48, 73

潮龍起　273-275, 300

強い紐帯　160, 165, 244, 246, 253

投資目的移民　29, 130, 131, 145

トランスナショナリズム　158

トランスナショナル　158-164, 167-
　173, 175, 184-186

【な行】

ナショナルアイデンティティ　174, 288

ナショナルイメージ　275, 299

【は行】

濱下武志　14, 33

閩南　76, 77, 85-87, 90, 92, 94-98, 100,
　107, 202, 291, 295

福建同郷令　279

佛光山　30

文化外交　21, 23, 25, 31, 32, 270, 274,
　298, 300

文化的ソフト・パワー　32, 303-306,

322, 329, 331

【ま行】

マラヤ大学　280

マレーシア華人学校理事会連合会総
　会（董事会）　285

マレーシア留華留学生会　294

【や行】

兪雲平　288, 301

弱い紐帯　244, 246, 266

来華外国人　6, 26, 29, 122, 124-126,
　140, 142

【ら行】

落地生根　223

落葉帰根　18, 223

李明歓　79, 82, 119, 130, 135, 146, 189,
　191, 193, 195, 197-200, 213, 325, 337

留華留学生会　295

劉宏　12, 34, 271, 273, 301

留守児童　149, 155

老僑　29, 92, 100-102

＜編著者略歴＞

奈倉京子（なぐら　きょうこ）

静岡県立大学国際関係学部・准教授。

東京女子大学現代文化学部地域文化学科（学士），東京女子大学大学院現代文化研究科（修士，現代文化基礎論）中国中山大学大学院人文学院（現社会学与人類学院）博士課程修了。博士（法学）。専攻は文化人類学，中国地域研究。これまでは帰国華僑の文化的適応や故郷認識について考察してきた。最近は，中国特有の社会主義的近代化を，社会的弱者の眼差しから照射することに関心をもって調査研究に取り組んでいる。

著書に，『帰国華僑：華南移民の帰還体験と文化的適応』（風響社，2012 年），『「故郷」与「他郷」：広東帰僑的多元社区，文化適応』（北京：社会科学文献出版会，2010 年）。主要な論文に，「中国の文化外交と華人社会との関わり─僑弁と漢弁の華語・中国語教育への影響をめぐって」高橋五郎編著『新次元の日中関係』日本評論社，2017 年，pp.380-399,「中国系移民の故郷─帰国華僑の中国認識─」（2016）『文化人類学』80(4)：615-634 等がある。

＜執筆者略歴＞ （執筆順）

朱　東芹（Zhu, Dongqin）

華僑大学華僑華人研究院・准教授。

主な業績に，単著『沖突与融合：菲華商連総会与戦後菲華社的発展』（厦門大学出版社，2005 年），編著『多元視野下的海外華僑華人社会発展』（社会科学文献出版社，2018 年）等がある。

呂　雲芳（Lü, Yunfang）

厦門大学外文学院・准教授。

主な業績に，「厦門外籍基督徒教師的宗教活動研究」（2010）『世界民族』5:67-74,「超越『朋友圏』：正在形成中的在華外籍団体」（2011）『開放時代』5:29-40,「荷蘭『華二代』佛教徒的叠合身分認同研究」（2017）『華僑華人歴史研究』2:19-26 等がある。

大石かさね（おおいし　かさね）

フリーランス翻訳者。

慶應義塾大学文学部人文社会学科（学士，中国文学），静岡県立大学大学院国際関係学研究科（修士，比較文化）

イレネ・マスデウ・トルエジャ（Irene Masdeu Torruella）

バルセロナ自治大学翻訳・東アジア研究科・助教。

主な業績に，"Interseccions: Fer treball de camp en un qiaoxiang", in the monographic "Campos Imprevistos: Etnografías de Asia oriental en el context académico español"

351

(2015) *Quaderns d'Antropologia* (30): 133-151. "Transnational Ritual Practices among the Chinese Migrants in Spain" (2014) In: Tan Chee-Beng (ed.) *After Migration and Religious Affiliation: Religions, Chinese Identities and Transnational Networks.* Singapore: World Scientific. pp. 329-349. 等がある。

何　啓才（Ho, Keechyê）
マラヤ大学中文系・講師。
主な業績に、共著『晋風南揚:馬来西亜晋江社群与社団研究』（マラヤ大学中文系，マレーシア馬来晋江社団連合会，2018年），編著『潮遷東殖:馬来西亜半島東海岸潮州人移殖史与会館史略』（華社研究中心・東海岸三州潮州会館聯誼会，2015年),「重返馬来亜:馬来亜共産党的南下策略与意義」(2017)魏月萍・蘇頴欣編『重返馬来亜：政治与歴史思想』歴史思想』策略資訊研究中心・亜際書院，pp.126-139 等がある。

及川　茜（おいかわ　あかね）
神田外語大学アジア言語学科・講師。
主な業績に、「サラワク作家のダヤク人表象」(2017)『マレーシア研究』6：107-129,「日本人の性的表象——南洋を描いた中国語小説」『記憶と忘却のアジア』青弓社，2015年，188-212頁。翻訳『誰かが家から吐きすてられた―唐捐詩集（台湾現代詩人シリーズ）』（思潮社，2014年）等がある。

李　其栄（Li, Qirong）
華中師範大学国際移民・海外華人研究センター・教授，国務院僑務弁公室理論研究武漢基地主任，麗水学院華僑学院・院長（特任教授）。
主な業績に、『国際移民与海外華人研究』（湖北人民出版社，2003年），『国際移民政策与治理』（中国華僑出版社，2017年）等がある。

沈　鳳捷（Shen, Fengjie）
湖北美術学院人事部。
主な業績に、「跨国移民与東亜現代化―以中，日，韓三国為例」(2010)『社会科学』5:21-30,「華僑華人与中国文化軟実力的提昇―以美国華僑華人為例」劉澤彭［主編］(2013)『国家軟実力及華僑華人的作用―国際学術会議論文集』暨南大学出版社，pp.147-162 等がある。

中国社会研究叢書　21世紀「大国」の実態と展望　1

中国系新移民の新たな移動と経験
——世代差が照射する中国と移民ネットワークの関わり

2018年10月15日　初版第1刷発行

編著者	奈 倉 京 子
発行者	大 江 道 雅
発行所	株式会社明石書店

〒101-0021 東京都千代田区外神田6-9-5
電話03 (5818) 1171
FAX 03 (5818) 1174
振替　00100-7-24505
http://www.akashi.co.jp/

装丁／組版	明石書店デザイン室
印刷／製本	モリモト印刷株式会社

（定価はカバーに表示してあります）　　　　ISBN978-4-7503-4736-3

JCOPY 〈(社) 出版者著作権管理機構　委託出版物〉
本書の無断複写は著作権法上での例外を除き禁じられています。複写される場合
は，そのつど事前に，(社) 出版者著作権管理機構（電話03-3513-6969，FAX
03-3513-6979，e-mail: info@jcopy.or.jp）の許諾を得てください。

中国社会研究叢書
21世紀「大国」の実態と展望

首藤明和（日中社会学会 会長）［監修］

社会学、政治学、人類学、歴史学、宗教学などの学問分野が参加して、中国社会と他の社会との比較に基づき、何が問題なのかを見据えつつ、問題と解決策との間の多様な関係の観察を通じて、選択における多様な解を拓くことを目指す。21世紀の「方法としての中国」を示す研究叢書。

❶ **中国系新移民の新たな移動と経験**
── 世代差が照射する中国と移民ネットワークの関わり
奈倉京子 編著　　　　　　　　　　　　　　　　◎3800円

❷ **日本・韓国・中国の相互イメージとポピュラー文化**
── 国家ブランディング政策の展開
石井健一、小針進、渡邉聡 著

❸ **下から構築される中国**
──「中国的市民社会」のリアリティ
李妍焱 著　　　　　　　　　　　　　　　　　◎3300円

❹ **近代中国の社会政策と救済事業**
── 合作社・社会調査・社会救済の思想と実践
穐山新 著

❺ **中国の「村」を問いなおす**
南裕子、閻美芳 編著

❻ **中国のムスリムからみる中国**
── N. ルーマンの社会システム理論から
首藤明和 著

❼ **東アジア海域から眺望する世界史**
鈴木英明 編著

❽ **日本華僑社会の歴史と文化**── 地域の視点から
曾士才、王維 編著

❾ **現代中国の宗教と社会**
櫻井義秀 編著

〈価格は本体価格です〉

日中社会学叢書

グローバリゼーションと東アジア社会の新構想

◆ 全7巻 ◆ 【監修】中村則弘、袖井孝子、永野 武

日中社会学会と中日社会学会が協力し、中国を素材に世界史的潮流をにらんだ、東アジアにおける新たな社会構想の提示をめざす研究叢書。従来、難しかった調査データによる実証研究によって構成され、中国の将来的展望はもとより、日中の相互理解と協力関係を見据えながら、「中国社会研究」のスタンダード構築を目標とする。

❶ 脱オリエンタリズムと中国文化
——新たな社会の構想を求めて
【編者】中村則弘　　　　　◎3,000円

❷ チャイニーズネスとトランスナショナルアイデンティティ
【編著】永野武　　　　　◎4,000円

❸ グローバル化における中国のメディアと産業
——情報社会の形成と企業改革
【編著】石井健一・唐燕霞　　◎4,500円

❹ 分岐する現代中国家族
——個人と家族の再編成
【編著】首藤明和・落合恵美子・小林一穂◎4,300円

❺ 転換期中国における社会保障と社会福祉
【編著】袖井孝子・陳立行　　◎4,500円

❻ 中国における住民組織の再編と自治への模索
——地域自治の存立基盤
【編著】黒田由彦・南裕子　　◎3,400円

❼ 移動する人々と中国にみる多元的社会
——史的展開と問題状況
【編著】根橋正一・東美晴　　◎4,000円

〈価格は本体価格です〉

現代中国を知るための44章【第5版】
エリア・スタディーズ⑧　藤野彰、曽根康雄編著　◎2000円

北京を知るための52章
エリア・スタディーズ160　櫻井澄夫、人見豊、森田憲司編著　◎2000円

香港を知るための60章
エリア・スタディーズ142　吉川雅之、倉田徹編著　◎2000円

台湾を知るための60章
エリア・スタディーズ147　赤松美和子、若松大祐編著　◎2000円

北京スケッチ　素顔の中国人
渡辺陽介著　◎1700円

中国共産党とメディアの権力関係
改革開放期におけるメディアの批判報道の展開
王冰著　◎4800円

世界華人エンサイクロペディア
リン・パン編　游仲勲監訳
田口佐紀子、山本民雄、佐藤嘉江子訳　◎18000円

中国年鑑 2018　特集：〈習1強体制〉長期化へ
一般社団法人中国研究所編　◎18000円

インドネシア　創られゆく華人文化
民主化以降の表象をめぐって
北村由美著　◎3800円

ある華僑の戦後日中関係史
日中交流のはざまに生きた韓慶愈
大類善啓著　◎2300円

改革開放後の中国僑郷
在日老華僑・新華僑の出身地の変容
山下清海編著　◎5000円

移民と「エスニック文化権」の社会学
在日コリアン集住地と韓国チャイナタウンの比較分析
川本綾著　◎3500円

世界と日本の移民エスニック集団とホスト社会
日本社会の多文化化に向けたエスニック・コンフリクト研究
山下清海編著　◎4600円

移民政策のフロンティア　日本の歩みと課題を問い直す
移民政策学会設立10周年記念論集刊行委員会編　◎2500円

日本人と海外移住　移民の歴史・現状・展望
日本移民学会編　◎2600円

新 移民時代　外国人労働者と共に生きる社会へ
西日本新聞社編　◎1600円

〈価格は本体価格です〉